49. DEUTSCHER GEOGRAPHENTAG BOCHUM

BAND 4
EUROPA IM UMBRUCH

49. DEUTSCHER GEOGRAPHENTAG BOCHUM

4. bis 9. Oktober 1993

Tagungsbericht und wissenschaftliche Abhandlungen

im Auftrag
des Zentralverbandes der Deutschen Geographen
herausgegeben von
DIETRICH BARSCH und HEINZ KARRASCH

Band 4: Europa im Umbruch

Franz Steiner Verlag Stuttgart
1995

Europa im Umbruch

koordiniert von

HEINER DÜRR

Franz Steiner Verlag Stuttgart
1995

Die Vorträge des 49. Deutschen Geographentages Bochum 1993 werden von Dietrich Barsch und Heinz Karrasch herausgegeben und erscheinen in vier Bänden:

1: Umbau alter Industrieregionen
   (Koordinator: Manfred Hommel)
2: Ökologie und Umwelt – Analyse, Vorsorge, Erziehung
   (Koordinator: Hans-Jürgen Klink)
3: Die Dritte Welt im Rahmen weltpolitischer und weltwirtschaftlicher Neuordnung
   (Koordinatoren: Christoph Beier und Jürgen Blenck)
4: Europa im Umbruch
   (Koordinator: Heiner Dürr)

Die Deutsche Bibliothek - CIP-Einheitsaufnahme
Deutscher Geographentag <49, 1993, Bochum>:
Tagungsbericht und wissenschaftliche Abhandlungen / 49. Deutscher Geographentag Bochum, 4. bis 9. Oktober 1993 / im Auftr. des Zentralverbandes der Deutschen Geographen hrsg. von Dietrich Barsch und Heinz Karrasch. - Stuttgart : Steiner.
    ISBN 3-515-06412-5
NE: Barsch, Dietrich [Hrsg.]; Tagungsbericht und wissenschaftliche
    Abhandlungen
Bd. 4. Europa im Umbruch. - 1995
Europa im Umbruch / koordiniert von Heiner Dürr. [Im Auftr. des Zentralverbandes der Deutschen Geographen hrsg. von Dietrich Barsch und Heinz Karrasch]. - Stuttgart : Steiner, 1995
    (Tagungsbericht und wissenschaftliche Abhandlungen / 49. Deutscher Geographentag Bochum, 4. bis 9. Oktober 1993 ; Bd. 4)
    ISBN 3-515-06712-4
NE: Dürr, Heiner [Hrsg.]

ISO 9706

Jede Verwertung des Werkes außerhalb der Grenzen des Urheberrechtsgesetzes ist unzulässig und strafbar. Dies gilt insbesondere für Übersetzung, Nachdruck, Mikroverfilmung oder vergleichbare Verfahren sowie für die Speicherung in Datenverarbeitungsanlagen. Gedruckt auf säurefreiem, alterungsbeständigem Papier. © 1995 by Franz Steiner Verlag Wiesbaden GmbH, Sitz Stuttgart. Druck: Druckerei Peter Proff, Eurasburg.
Printed in Germany

INHALT

Vorwort der Herausgeber (D. Barsch, H. Karrasch) 7
Europa im Umbruch – Geographie als theoretische, empirische und
    politikberatende Raumwissenschaft (H. Dürr) 11

Fachsitzung 1: Der Neue Binnenmarkt
(Leitung: K. Kunzmann und W. Gaebe)

Einleitung (K. Kunzmann/B. Gaebe) 17
Standortattraktivität als Grundlage einer europaorientierten Regionalpolitik:
    Fallbeispiel Schweiz (R. Burkhalter) 20
Die Auswirkungen der EG-Strukturfonds auf alte und neue Länder in der
    Bundesrepublik Deutschland (R. Graafen) 27
Europa 2000: Europäische Raumordnung im gemeinsamen Binnenmarkt
    (G. Siebeck) 33

Fachsitzung 2:
Regionen in Europa zwischen Regionalismus und Globalisierung
(Leitung: H.H. Blotevogel und G. Heinritz)

Einleitung (H.H. Blotevogel) 43
Regionalismus: Eine neue soziale Bewegung (B. Werlen) 46
„Regionalismus" und Globalisierung, Herausforderung an den britischen
    Nationalstaat? (G. Wood) 56
Raumordnungspolitik in den 90er Jahren zwischen Regionalismus
    und Supranationalisierung? Untersuchung in deutschen und schweizeri-
    schen Grenzregionen (M. Lezzi) 66
Ostfriesland: Europäische Problemregion oder innovativer Lebensraum?
    (R. Danielzyk/R. Krüger) 75

Fachsitzung 3: Umbau im östlichen Europa
(Leitung: H. Förster und B. Kortus)

Einleitung (H. Förster/B. Kortus) 83
Probleme der Transformation und ihrer gesellschaftlichen Konsequenzen
    in Ostmittel- und Osteuropa (H. Faßmann) 86
Der Zerfall der Sowjetunion als Gegenstand politisch-geographischer
    Analyse. Territorien, Genzen, Konflikte (J. Stadelbauer) 93
Infrastrukturausstattung der baltischen Staaten im Zeichen neuer Markt-
    orientierung (E. Buchhofer) 104
Die Veränderung der altersspezifischen Frauenerwerbsquote in Ungarn
    zwischen 1980 und 1990 (P. Meusburger) 112
Rumänien – permanente Peripherie Europas? (P. Jordan) 120
Sozioökonomischer Wandel in Grenzregionen: das Beispiel Nordwest-
    böhmen (H.-J. Bürkner) 129

Grenzüberschreitende Zusammenarbeit im Gebiet Nordostbayern, Sachsen,
  Thüringen und Westböhmen – Erfahrungen aus der REGIO EGRENSIS
  (J. Vos) 138

Fachsitzung 4: Europa vor dem Verkehrsinfarkt?
(Leitung: J. Deiters und J. Masuhr)

Einleitung (J. Deiters/J. Masuhr) 147
Verkehrswachstum und europäische Integration – zur Notwendigkeit einer
  neuen Verkehrspolitik (J. Deiters) 151
Güterverkehrszentren und kombinierter Verkehr – Raumwirksamkeit
  europäischer Netze (D. Höltgen) 157
Telekommunikative Vernetzung europäischer Verkehrsleitsysteme und ihre
  regionalen Einflüsse (P. Gräf) 164
Satellitengestützte Navigation und Kommunikation als Strategie zum
  Verkehrsmanagement in Europa (F.-W. Strathmann) 170
Vernetztes und ganzheitliches Denken als Chance für die Verkehrsplanung?
  (A. M. Walker) 178

Fachsitzung 5: Die Zukunft der Stadt in Europa
(Leitung: E. Lichtenberger)

Einleitung (E. Lichtenberger) 183
The Future of the Cities in Western Europe (P. Hall) 187
Die Zukunft der Städte in altindustrialisierten Gebieten (J. Friedrichs) 194
Stadtsysteme im Wandel. Ursachen und Konsequenzen zwischenstädtischen
  Wettbewerbs und unternehmerischer Stadtpolitik (H. Leitner/
  . S. Sheppard) 199
Die Zukunft der europäischen Stadt in West und Ost (E. Lichtenberger) 206

Verzeichnis der Autoren 218

VORWORT

Die zunehmende Differenzierung in allen Wissenschaften hat auch vor der Geographie nicht haltgemacht. Spiegelbild dieser Entwicklung ist auch der Deutsche Geographentag, der seit mehr als 100 Jahren – von kriegsbedingten Unterbrechungen abgesehen – die deutschen Geographen alle zwei Jahre zusammenführt. Die Fülle der Themen, die der zunehmenden Spezialisierung entspricht, hat dazu geführt, daß derjenige der sich einen Überblick über den Stand der mitteleuropäischen Geographie verschaffen möchte, in der Fülle der Details versinkt. Auf der anderen Seite haben sich die Spezialisten in vielen Fällen auf dem Geographentag auch nicht mehr wiedergefunden, da ihnen in der Regel die Differenzierung noch nicht weit genug gegangen ist. Der Zentralverband der Deutschen Geographen als Organisator des Deutschen Geographentages hat dieses Dilemma seit langem verfolgt und versucht, Abhilfe zu schaffen. Ausdruck des empfundenen Unbehagens ist u.a. die Einsetzung einer Kommission gewesen, die sich unter Führung von Günter Heinritz mit einer Erneuerung, einer Reorganisation des Deutschen Geographentages beschäftigt hat. Diese Kommission hat eine Reihe von Vorschlägen erarbeitet; und auf dem Geographentag in Bochum ist zum ersten Mal versucht worden, dieses Konzept umzusetzen. Es sieht u.a. vor, daß der Geographentag in Leitthemen und streng mottogebundene Fachsitzungen strukturiert wird. Entsprechend der vier Leitthemen des 49. Geographentages werden nun auch 4 Teilbände vorgelegt. Die damit verbundene Volumenzunahme ermöglicht eine umfassende Dokumentation der Referate, zwar nicht in einer Langfassung, jedoch in einem Umfang, der i.a. über das in der Sitzung Dargebotene hinausgeht. Dazu kommen die Einführungen der Sitzungsleiter, die die Einzelthemen in den größeren Zusammenhang einordnen. Insgesamt hat es in Bochum die folgenden vier Leitthemen gegeben:

I   Umbau alter Industrieregionen
II   Ökologie und Umwelt-Analyse, Vorsorge, Erziehung
III Die Dritte Welt im Rahmen weltpolitischer und weltwirtschaftlicher
     Neuordnung
IV   Europa im Umbruch

Bei der Programmplanung des Bochumer Geographentages gab es ausgiebige Diskussionen darüber, inwieweit auch Fachsitzungen zugelassen werden können, die nicht durch die ausgewählten Leitthemen und die Arbeitskreissitzungen abgedeckt werden, die aber wichtige Forschungsfronten anzeigen und „auf den Markt drängen". Um niemanden auszugrenzen, einigte man sich auf zusätzliche Variasitzungen. Auf ihre Aufnahme in die wissenschaftlichen Abhandlungen des Geographentages sollte jedoch verzichtet werden, um nicht die angestrebte Transparenz zu verwischen. Damit ist freilich eine eigenständige Publikation solcher Sitzungen nicht ausgeschlossen, sondern grundsätzlich sogar zu begrüßen. Daß tatsächlich ein Bedarf für diese zusätzlichen Sitzungen bestand, wird

durch die 6 Variasitzungen belegt, die auf dem Geographentag stattfanden. Sie waren den folgenden Rahmenthemen gewidmet:
1. Ausbildung von Geographen /Arbeitsmarkt für Geographen
2. Geomorphologische Prozesse und Bilanzierungen
3. Karakorum und Himalaya – Berichte aus laufenden Forschungsprogrammen
4. Neue Raumstrukturen globaler Politik. Herausforderungen für die Politische Geographie
5. Raumbewertung mit Geographischen Informationssystemen - Anwendungen in der Umweltplanung
6. Fernerkundung und Geographische Informationssysteme im Umweltmonitoring

Eine weitere Neuerung des 49. Geographentages war es, daß auf eine langatmige Begrüßungszeremonie verzichtet werden sollte. Konsequenterweise ist daher in die Verhandlungsbände nur die Schlußansprache des neuen Zentralverbandsvorsitzenden aufgenommen worden, die eine Schlußbilanz beinhaltet. Es wurde also auch in der Publikation bei den offiziellen Reden kräftig „abgespeckt", was letztlich der ausführlicheren Dokumentation der mottogebundenen Fachsitzungen zugute kommt. Man mag bedauern, daß dadurch auch einige Vorträge von eingeladenen prominenten Rednern fehlen, so etwa der Eröffnungsvortrag des Bundesumweltministers Prof. Dr. Klaus Töpfer, der allerdings im „Rundbrief Geographie" veröffentlich worden ist.

Das neue Konzept macht – wie bereits angedeutet – auch eine Änderung der Form des Verhandlungsbandes des Deutschen Geographentages notwendig. Traditionsgemäß sind bisher die Einzelreferate in gekürzter Form (auch Zusammenfassung) unter den Themen der Fachsitzung, in der sie gehalten worden sind, publiziert worden. Dafür geben die bisherigen Bände den Beleg. Damit ist eine beachtliche Dokumentation der deutschen Geographie, wie sie auf den Geographentagen dargeboten worden ist, geschaffen worden. Möchte man jedoch, daß diese Bände nicht nur als Archiv, etwa zum Studium der Entwicklung von Fragestellungen, benutzt werden, sondern als Nachschlagewerk, dann ist es notwendig, daß hier andere Formen der Publikation gefunden werden. Für den letzten Verhandlungsband, der den Geographentag in Basel wiedergibt, ist deshalb an die einzelnen Fachsitzungsleiter der Wunsch herangetragen worden, zusammen mit dem Referenten einen gemeinsamen Aufsatz zum Thema der Fachgruppensitzung zu erstellen. In den meisten Fällen ist das auch hervorragend gelungen, so daß der Verhandlungsband zum 48. Geographentag Basel neben dem dokumentarischen Charakter vor allen Dingen aber einen echten Nachschlagcharakter und einen hohen Informationswert besitzt, der über die Darstellung der bisherigen Zusammenfassung weit hinausgehen dürfte.

Selbstkritisch sollte gesehen werden, daß durch die Teilung der Verantwortlichkeiten in Koordinatoren und Herausgeber der Erscheinungstermin der Publikation merklich verzögert wurde. Um weitere zeitliche Verluste zu vermeiden, mußten am Ende auch einige Kompromisse akzeptiert werden, die sich in manchen Uneinheitlichkeiten ausdrücken. Die Herausgeber sind aber mit den

Koordinatoren der Überzeugung, daß es gelungen ist, die neue Konzeption des Geographentages auch in den Verhandlungsbänden sichtbar zu machen. Mit großem Interesse wird verfolgt werden, wie die Aufgliederung in Teilbände von den Lesern aufgenommen werden wird und ob die erhoffte Steigerung der Verkaufszahlen realisiert werden kann.

Die Herausgeber danken namens des Zentralverbandes der Deutschen Geographen dem Verlag herzlich für die stets gute und reibungslose Zusammenarbeit.

Dietrich Barsch				Heinz Karrasch

EUROPA IM UMBRUCH – GEOGRAPHIE ALS THEORETISCHE, EMPIRISCHE UND POLITIKBERATENDE RAUMWISSENSCHAFT

Heiner Dürr, Bochum[1]

Europa ist in aller Munde. Europawahlen, Europa im Kampf gegen die Spaltungen, die als Folge älterer kultureller Differenzierungen[2] und des Eisernen Vorhangs eingetreten waren, europäische Fußballwettbewerbe, Europa als Konkurrent in der Triade der Weltwirtschaftsmächte, Europa als Festung gegenüber andrängenden Fremden, Europa als Verfechter universalistischer Menschenrechte...

Wie andere Wissenschaften[3] nimmt auch die Geographie die politischen und gesellschaftlichen Fährten auf, im guten Sinne einer Reaktion auf dominante politische Strömungen, man könnte sagen: wie es sich für den problembezogenen, anwendungsorientierten Teil einer Wissenschaft gehört. Die Leitthemen des Geographentages in Bochum stellten solche Reaktionen dar. Daß deshalb im engeren Sinne theoretische und konzeptuelle Fragen der „reinen" Humangeographie nicht im Zentrum der Diskussion stehen würden, war mit der thematischen Vorgabe „Umbruch in Europa" beabsichtigt und erhofft worden.

Dennoch werden auch im vorliegenden Band wichtige theoretische und konzeptuelle Elemente einer anwendungsnahen Humangeographie thematisiert, insbesondere mit *B. Werlens* Referat über den Regionalismus als soziales Phänomen, mit *J. Stadelbauers* Aufarbeitung politisch-geographischer Grundkonzepte am Beispiel der ehemaligen Sowjetunion sowie mit theoretischen Skizzen, die sich in den planungs- und politikbezogenen Ausführungen von *G. Wood, D. Höltgen, H.-J. Bürkner* und *H. Leitner/E.S. Sheppard* finden. Eine gute Theorie ist eben immer noch etwas Praktisches.

Selbst bei der thematischen Eingrenzung auf den aktuellen Umbruch in Europa führen die Referate zum Leitthema 4 erneut vor Augen, welche Vielfalt an Gesichtspunkten, Erhebungs- und Analyseverfahren und an planerischen Lösungsvorschlägen das Teilfach Humangeographie in die wissenschaftliche und politische Diskussion einbringen kann. Raumentwicklung ist eine höchst komplexe Sache – komplex in fachlicher (sowohl theoretischer wie empirischer) Hinsicht, komplex in den Verfahrenstechniken und Methoden, komplex im Hinblick auf Betrachtungsmaßstäbe, Planungstechniken und -kulturen.

1   Für die engagierte Unterstützung bei der Edition des vorliegenden Bandes danke ich Theo Ebbers, Christa Gram und Anke Hünninghaus (alle Bochum) – insbesondere dafür, daß auch sie die umfangreichen Aufgaben der Textbearbeitung neben ihren gewohnten Arbeitsroutinen erledigt haben.
2   Vgl. dazu die ungewöhnlich anregende Studie des französischen Kulturwissenschaftlers BRAQUE, Rémi: Europa. Eine exzentrische Identität. Frankfurt a.M./New York (= Edition Pandora 13)
3   Hauptthema des Deutschen Soziologentags 1992 in Düsseldorf war Europa. Vgl. SCHÄFERS, Bernhard (Hrsg.) 1993: Lebensverhältnisse und soziale Konflikte im neuen Europa. Verhandlungen des 26. Deutschen Soziologentages in Düsseldorf. Frankfurt a.M./New York

Fachlich hat Raumentwicklung etwa mit Entwicklungen auf dem Arbeitsmarkt zu tun, dabei auch mit so speziellen Phänomenen wie der Veränderung altersspezifischer Frauenerwerbsquoten als Folge der gesellschaftlichen Transformation in Mittelost- und Osteuropa (*P. Meusburger*) oder der Ausbildung des Fernpendelns und der Grenzgängerei (*H.-J. Bürkner*). Der Zustand und die Funktionsfähigkeit von technischen Infrastruktureinrichtungen, z. B. von Güterverkehrseinrichtungen (*E. Buchhofer, D. Höltgen,*) ist eine andere Einflußgröße. Immer mehr Beachtung findet aber die Frage, wie die vorhandenen Stärken und Schwächen der Räume von den Politikern wahrgenommen und bewertet werden (*H.-J. Bürkner, M. Lezzi, R. Danielzyk/R. Krüger*). Ohne daß die Wahrnehmungsgeographie explizit bemüht würde, beweist sie ihre wichtige Funktion als eine Brücke zwischen reiner und angewandter Humangeographie.

Verfahrenstechnisch (methodisch) schlagen die empirischen Beiträge den bekannt weiten Bogen der Geographie. Die empirische Basis besteht entweder aus präzisen sekundärstatistischen Kennziffern, die etwa demographische (*P. Meusburger*) oder wohnungswirtschaftliche Sachverhalte (*E. Lichtenberger*) exakt beschreiben, oder sie wird durch ebenso genaue standardisierte Interviews (*H.-J. Bürkner*) oder eine Darstellung organisatorischer Strukturen (*J. Vos*) gelegt.

Hinsichtlich der *Maßstabsebenen* und räumlichen *Analyseeinheiten* ist festzustellen, daß Versuche über Europa als Ganzes, also etwa in der Rolle des Konkurrenten in der weltwirtschaftlichen Triade, fehlen; diese Sichtweise bildet, meist repräsentiert durch den Begriff der Globalisierung (*G. Wood, H. Leitner/H. S. Sheppard*), allenfalls einen Hintergrund für geographische Betrachtungsweisen. Europa-Geographen disaggregieren ihren Kontinent nach räumlichen Teileinheiten. Welche das im einzelnen sind, ist höchst unterschiedlich; auch hier spiegelt sich die methodische Vielfalt des Faches Humangeographie. – Betrachtungsweisen der historischen Kulturgeographie nutzend, ordnet *P. Jordan* Rumänien als Peripherie Europas ein, nicht zuletzt aufgrund der historisch überkommenen kultur-, sozial- und siedlungsräumlichen Spaltungen dieses Staates. – Aus Brüsseler Sicht spielen die Regionen eine wesentliche Rolle, trotz (oder wegen?) des wissenschaftlich unbefriedigenden Status dieses raumordnungspolitischen Kernbegriffs; *G. Siebeck* schildert die diesbezüglichen raumordnungspolitischen Konzepte der Akteure an der Spitze der EU, *R. Graafen* zeichnet Auswirkungen dieser Politik am Beispiel der neuen Bundesländer der BRD nach. – Voreiligen Modernisierungstheoremen zum Trotz haben die Gegensatzpaare Stadt-Land und Zentrum-Peripherie ihren Wert als Kategorien der raumwissenschaftlichen Beschreibung und Analyse keineswegs eingebüßt. Im Gegenteil! heißt die eindeutige Schlußfolgerung, die man aus den Referaten von *R. Danielzyk/R. Krüger, E. Lichtenberger, M. Lezzi* und *G. Wood* ziehen kann. Auf mehreren Maßstabsebenen und hinsichtlich verschiedener Elemente der Raumstruktur entwickeln sich als Folge der Modernisierung neue wirtschafts- und sozialräumliche Ungleichheiten. Ob es sich dabei immer auch um Disparitäten handelt, ob also die Unterentwicklung peripherer und ländlicher Gebiete tatsächlich kausale Folge der Aufwärtsentwicklung in den Zentren ist, bleibt in jedem Einzelfall zu klären.

Viele Befunde in den genannten Referaten sprechen dafür. – Im Europa der offenen Grenzen wird den nationalstaatlichen Peripherien an vielen Stellen besonders intensive Förderung zuteil. Ob sie dieser politische Rückenwind auf einen konstanten Wachstumskurs bringen kann, hängt aber nicht nur von der Grenzlage ab, sondern auch von übergeordneten Faktoren, wie etwa der Lage im Netzwerk der dominanten Verkehrsströme. Ein Vergleich der Befunde, die *M. Lezzi* und *J. Vos* aus Projekten der transnationalen Regionalentwicklung am Hochrhein bzw. in Nordostbayern/Böhmen liefern, ist in dieser Hinsicht aufschlußreich. – Prozesse der räumlich und sozial ungleichmäßig wirksamen Modernisierung lassen sich auch und vor allem bei Betrachtung der Städtesysteme in Europa beobachten. Die Beiträge der von E. Lichtenberger konzipierten und geleiteten Fachsitzung 5 enthalten hierzu recht einheitliche Befunde. Die *global cities* sind die Gewinner des Modernisierungskurses, die Mittelstädte versuchen – in teils scharfer nationalstaatlicher und interurbaner Konkurrenz (*H. Leitner/E. S. Sheppard*) –, sich ihren Anteil des Wachstumskuchens zu sichern, die Kleinstädte stagnieren oder fallen zurück. Der Ausbau hochtechnologischer Transportsysteme zwischen den Wachstumsgebieten treibt diese kumulative Entwicklung weiter an (*E. Lichtenbergers* Einleitung zur Fachsitzung 5).

Unter verfahrenstechnischem Aspekt zeigt sich in allen Fachsitzungen erneut, welchen Zuwachs an Erkenntnis multiskalare Analysen gewähren können – also Betrachtungsverfahren, die Strukturen und Entwicklungen in kleineren Raumgebilden mit solchen auf höheren Ebenen wechselseitig verzahnen (allgemein dazu: *H. H. Blotevogels* Einleitung zur Fachsitzung 2). *G. Woods* Analyse der regionalistischen Tendenzen in Großbritannien als Folge veränderter internationaler Wirtschaftsverflechtungen sowie – damit zusammenhängender! – nationaler Politiktrends liefert dafür ein ebenso gutes Beispiel wie die vergleichende empirische Städteuntersuchung von *H. Leitner/E. S. Sheppard* und die souveränen Überblicksanalysen von *P. Hall* und *E. Lichtenberger*.

Besonders auffällig ist schließlich, welches Gewicht insgesamt auf Fragen der *Planungskultur und -verfahren* gelegt wird. Ihnen wird nun auch von Vertreterinnen und Vertretern der Geographie jene Bedeutung zuerkannt, die sie im Rahmen planungstheoretischer Überlegungen schon seit längerem haben.[4] Auch hier herrscht große Vielfalt. Neben harten Verfahren, die mit allen Mitteln der computergestützten Hochtechnologie betrieben werden – etwa für Zwecke der Verkehrslenkung (*F.-W. Stratmann, P. Gräf*) – finden Fragen nach geeigneten institutionellen und organisatorischen Rahmenbedingungen auffälliges Interesse (*J. Vos, R. Danielzyk/R. Krüger*). Gleichzeitig werden Formen des Denkens, des planerischen Entwerfens und politischen Aushandelns in Erinnerung gerufen und neu diskutiert, die den veränderten Rahmenbedingungen besser entsprechen (*A. M. Walker*).

Versucht man, die hier versammelten vielfältigen, Beiträge zu einem Gesamtbild des „Umbruchs" in Europa zusammenzufügen, so ergibt sich ein Bild mit

---

4 Als internationaler „Fahnentext" dieser Bewegung hat sich etabliert: FRIEDMANN, John 1992: Empowerment. The Politics of Alternative Development. Cambridge, Mass./New York

deutlichen Kratzern. Viele Autoren äußern ihre Sorgen vor einer sozial und territorial ungleichen Entwicklung im Zuge der Modernisierung. Dies gilt um so eher, wenn solche normativen Einschätzungen im Vergleich mit gesellschaftlichen und räumlichen Entwicklungen vorgenommen werden, die derzeit in den USA ablaufen. Vor allem in den stadtgeographischen Beiträgen der Fachsitzung 5 ist das der Fall.

Im Neuen Europa fehlt es wahrlich nicht an Anstrengungen, sozial und politisch unverträgliche Formen der Modernisierung als Teil der globalen Wirtschafts- und Informationsstrukturen zu verhindern. Eingriffe aller Art in das freie Spiel der marktwirtschaftlichen Kräfte werden in mehreren Beiträgen dargestellt und bewertet. Dabei sind die eher klassischen Formen der Regionalplanung und -politik, bei denen es vorrangig um den Ausbau von Infrastruktur und die Verbesserung von Standortattraktivitäten und Regionspotentialen geht, noch immer gefragt (*R. Graafen, R. Burkhalter*). Sie werden vor allem durch die politischen und wirtschaftlichen Zentralmächte Europas in Brüssel bzw. in den High-Tech-Städten forciert (vgl. *J. Siebeck,* sowie *E. Lichtenberger* in ihrer Einleitung zur Fachsitzung 5). Wenn dadurch, allen Versuchen der Gegensteuerung zum Trotz, Ballungs- und Konzentrationstendenzen Auftrieb erhalten und damit die interregionalen und internationalen Verkehrsmengen nicht verringert werden, dann ist das „Management" des Verkehrs gefragt. Es ist kein Zufall, daß sich drei Referate ausführlich mit diesem Thema befassen (*H. Faßmann, E. Buchhofer, R. Höltgen*). Der technischen Faszination eines Verkehrsleit- und -warnsystems, das von weltraumgeparkten Satelliten aus steuerbar ist, kann man sich schwer entziehen. Raumplanung als Science Fiction .... Viele technische Potentiale sind hier noch ungenutzt.

Aber sollen wir oder dürfen wir, was wir könnten? Diese Frage und die dadurch ausgelöste Kritik an lediglich „physischen" Lösungen der Probleme, die sich auf dem Gebiet der Raumorganisation und Raumverflechtung stellen, ist im Laufe der letzten Jahre immer drängender gestellt worden. Raumplanung und Raumentwicklung als soziale Ethik ... *J. Deiters* und *J. Masuhr* artikulieren wichtige Bedenken in ihrer Einleitung zur Fachsitzung 4 ebenso wie *J. Deiters* in seinem eigenen Beitrag zu den Notwendigkeiten einer veränderten Verkehrspolitik. Demnach können die aktuellen Probleme auf ökologisch und sozial verträgliche Weise nur gelöst werden, wenn (gleichzeitig) „psychologische" Veränderungen eintreten, wenn es einen Wandel der Einstellungen und Lebensprioritäten und Lebensstile auf breiter Front gibt. Diese aktuelle Forderung wird die angewandten Raumwissenschaften in Zukunft in Atem halten, und es ist deshalb ermutigend, daß sie in vielen Geographentags-Referaten im Mittelpunkt steht.

An vielen Stellen in Europa erprobt man entsprechende neue Ansätze der Regionalentwicklung. Ihre Fahnenwörter heißen Akzeptanz, Teilhabe, Partizipation und *empowerment*. Die im einzelnen recht unterschiedlichen Formen der Planung, der Imagebildung, der Finanzierung und der Kontrolle von Projekten haben das gemeinsame Ziel, eine bessere Teilhabe breiterer Bevölkerungskreise am Planungs- und Entwicklungsprozeß zu gewährleisten. Dieser neue, „weiche"

Planungsmodus wird auch und gerade in grenzüberschreitenden Planungen angewendet (*M. Lezzi, J. Vos*). Mancherorts werden an diesen Planungsstil allzu hohe Erwartungen im Sinne sozial verträglicher und politisch emanzipativer Formen der Modernisierung von Raum, Gesellschaft und Wirtschaft geknüpft. Am Beispiel der Peripherregion Ostfriesland setzen *R. Krüger* und *R. Danielzyk* solchen überzogenen Hoffnungen einen Dämpfer auf; das Urteil dieser Autoren hat besonderes Gewicht, weil sie es nicht aus der Distanz der abständigen Beobachter fällen, sondern auf der Basis reicher persönlicher Alltagserfahrungen. Engagierte Geographie als glaubwürdige Kritikerin im laufenden politischen Diskurs ....

Es bleibt am Ende wieder einmal die Frage nach dem und die Sorge um den fachlichen und institutionellen Zusammenhalt der Geographie als wissenschaftliche Disziplin. Sie wird vor allem diesen Zusammenhalt gebrauchen, wenn sie sich im Wettbewerb mit anderen humanwissenschaftlichen Fächern als Instanz der Politikberatung behaupten will. Ihre Stärken heißen nicht theoretische Kreativität und konzeptuelles Raffinement und daraus genährte innovative Vorschläge für neue Gesellschaftsstrategien; in dieser Hinsicht hat der Bochumer Geographentag erneut gezeigt, daß Geographen aufs Ganze gesehen eher Theoriekonsumenten als -produzenten sind. Ihre Stärke sind vielmehr die empirisch gesättigten Darstellungen und verstehenden Analysen der räumlich so vielfältig differenzierten Wirklichkeit. Diese Stärken kommen im erwähnten Konkurrenzzusammenhang besonders dann zur Wirkung, wenn die Geographie *erstens* in sektoraler Hinsicht weiterhin mit jener Breite und jenem Vollständigkeitsanspruch zu Werke geht, die für das Fach seit langem kennzeichnend sind, wenn sie, mit anderen Worten, also weiterhin versucht, die kaum ausschöpfbare Vielfalt der Faktoren, die sich auf räumlich differenzierte Gesellschaftsentwicklungen auswirken, zu berücksichtigen. Diese Breite und Vielfalt der Wirklichkeitserfassung wird durch die hier versammelten 23 Referate über den „Umbruch in Europa" nochmals eindrucksvoll vor Augen geführt. In der Welt der Humangeographie – die naturwissenschaftliche Hälfte des Faches bleibe hier weiterhin außer Betracht – spielen beispielsweise außer technischen und ökonomischen Faktoren und Prozessen immer auch soziale und nun auch institutionelle und politische Entwicklungen eine Rolle.

Das ist gut, aber es ist nicht genug. Entscheidend wird vielmehr *zweitens* sein, ob und wie überzeugend es gelingt, den anhaltenden Forderungen nach integriertem, vernetztem und ganzheitlichem Denken zu genügen, die auch im Rahmen dieses Leitthemas wieder so eindringlich erhoben worden sind. „Leicht gesagt, schwer getan": dieser Satz hat hier seine besondere Berechtigung. Die Anforderungen an neue Formen des integrierten anwendungsbezogenen Forschens – Anforderungen, die übrigens auch von der skizzierten veränderten Planungskultur ausgehen – sind in der Tat weitreichend. Um dies an einem Beispiel wenigstens anzudeuten: Es wird immer weniger ausreichen, die wechselseitigen Verbindungen zwischen neuen Formen der Verkehrsstrombeeinflussung einerseits und Prozessen der soziologischen Individualisierung andererseits mit allen ihren ökonomischen, ökologischen und sozialen Folgewirkungen in feinräumlicher

Differenzierung allein so zu analysieren, daß bewährte Standards der Wissenschaft nicht verletzt werden. Es geht vielmehr auch darum, diese komplexen Sichtweisen so voranzutreiben und ihre Ergebnisse so zu präsentieren, daß ihre Adressaten und Abnehmer, also die Politiker und die Bürger, sie nachvollziehen können.

Die aus engagierter Weltbetrachtung gespeiste Bereitschaft zu beherzten Eingriffen in aktuelle Prozesse der planerischen – und das heißt: politischen – Gestaltung des Lebensraumes wird in fast allen Beiträgen des Bandes erkennbar. Diese Bereitschaft muß Antrieb für die Herstellung noch „wahrerer", vollständiger geographischer Abbildungen der gesellschaftlichen und räumlichen Moderne bleiben.

FACHSITZUNG 1:
DER NEUE BINNENMARKT

EINLEITUNG UND RESÜMEE

Klaus R. Kunzmann, Dortmund / Wolf Gaebe, Stuttgart

Europa im Umbruch. Der Fall der Mauer in Berlin hat die politischen und wirtschaftlichen Verhältnisse in Europa sehr entscheidend verändert. Der Binnenmarkt, 1988 als ehrgeiziges Projekt zur wirtschaftlichen Union Europas initiiert, um den Herausforderungen des Wettbewerbs mit Japan und den USA um globale Märkte standhalten zu können, ist schnell wieder in den Hintergrund des öffentlichen, aber auch des fachlichen Interesses geraten. Die „Vollendung" des Binnenmarktes zum Jahresende 1992 wurde daher schon beinahe als normal empfunden. Viele Anliegen des Binnenmarkt-Projektes waren schon Jahre vor dem magischen Datum erfüllt worden, andere werden noch auf Jahre hinaus die entsprechenden politischen Ausschüsse und Kommissionen der EG beschäftigen.

Die Begeisterung um das Binnenmarktprojekt hat in den letzten Jahren erheblich abgenommen. Nicht nur weil mit der neuen politische Lage in Europa alte Feinde von der Bildfläche verschwanden und damit eine politische Legitimation der Europäischen Gemeinschaft ihre Gültigkeit verlor, sondern auch weil neue Herausforderungen die Diskussionen beherrschten, Herausforderungen, die die bestehenden internen Probleme der 12er-Gemeinschaft in den Schatten stellen. Aber auch, weil immer deutlicher wird, daß sich nicht alle hohen wirtschaftlichen Erwartungen, die im Cecchini-Bericht noch formuliert waren, erfüllen, während umgekehrt immer mehr negative soziale und ökologische Wirkungen des deregulierten Wirtschaftsmarktes offensichtlich werden. Tendenzen der Polarisierung und der räumlichen Segregation nehmen zu, nicht nur zwischen den reichen Staaten Nord-West Europas und den armen in Südeuropa, sondern auch innerhalb der einzelnen Städte und Regionen und Staaten.

Die negativen Reaktionen auf den Vertrag von Maastricht haben viele Bemühungen um ein Vereintes Europa vorerst in die weitere Zukunft verschoben. Nun stehen kleinere und langsamere Schritte auf der politischen Tagesordnung, während die Wirtschaft die neuen Freiheiten in Europa genießt ; dies gilt vor allem für die großen, international agierenden Unternehmen.

Das so schnell zerronnene Vertrauen in Westeuropa wieder zu gewinnen, dies ist jetzt die zentrale Aufgabe der Gemeinschaft und der Regierungen, die die Fahne des Projektes „Europa" nach wie vor hoch halten. Aber auch die Aufnahme neuer Mitglieder aus dem EWR-Raum und die Öffnung nach Osteuropa sind vordringliche Aufgaben europäischer Politiken in den kommenden Jahren vor der Jahrtausendwende. Was bedeutet all dies für die Raumwissenschaften?

In den letzten Jahren haben auch in den Raumwissenschaften die Diskussionen um die Zukunft Europas an Intensität zugenommen. Es geht um die Zukunft von Städten und Regionen in Europa im Spannungsfeld von wirtschaftlicher

Effizienz, sozialer Gerechtigkeit, kultureller Traditionen und ökologischer Verantwortung.

Im Rahmen dieser Fachsitzung ging es dementsprechend im wesentlichen um vier Fragen:
- Welche wirtschaftlichen Auswirkungen hat der Binnenmarkt auf eine Region wie das Ruhrgebiet?
- Wie reagiert ein Land wie die Schweiz auf die europäischen Herausforderungen?
- Welche Wirkungen hat die Regionalpolitik der EU für die regionale Entwicklung in West- und Ostdeutschland?
- Was tut die Europäische Kommission, um die Ungleichheiten der Raumentwicklung in Europa abzubauen?

Vier Referate versuchen Antworten auf diese Fragen zu finden.
- Am Beispiel des Ruhrgebietes erläuterte *Paul Klemmer* die Auswirkungen des EU-Binnenmarktes auf alte Industrieregionen. Er betont die beschleunigenden Wirkungen des Binnenmarktes im Hinblick auf Globalisierung, Internationalisierung und Arbeitsteilung, aber auch auf die Verkürzung von Produktionszyklen und die Tertiärisierung der Wirtschaft. Die wirtschaftlichen Wirkungen des Binnenmarktes auf eine stark industrialisierte Region wie das Ruhrgebiet, deren struktureller Wandel noch immer nicht abgeschlossen sei, schätze er als vergleichweise gering ein, insbesondere im Vergleich zu den möglichen Effekten, die die Öffnung Deutschlands gegenüber den Staaten Osteuropas für das günstig gelegene Ruhrgebiet auf lange Sicht hin mit sich bringen werde.
- *Rudolf Burkhalter* macht in seinem Beitrag darauf aufmerksam, daß sich die Rahmenbedingungen der Regionalpolitik in der Schweiz durch die Verwirklichung des europäischen Binnenmarktes geändert haben. Und dies, obwohl das Land mit seiner Abstimmung gegen den EWR weiterhin eine Sonderrolle in Europa spiele, während seine Wirtschaft faktisch schon in den europäischen Binnenmarkt integriert sei. Doch gerade diese Sonderrolle zwinge die Schweizer Regionalpolitik, die Standortattraktivität und die Konkurrenzfähigkeit von Städten und Regionen neu zu überdenken und zu verbessern. Damit gelte es Abschied zu nehmen von einer Regionalpolitik, die durch Finanzierungshilfen und Subventionen im wesentlichen Strukturerhaltungspolitik betrieben habe. Auch die Schweizer Regionalpolitik müsse in Zukunft in größeren Gebietseinheiten denken und die Städte als wichtige und tragende Elemente in ihre Überlegungen einbeziehen.
- *Rainer Graafen* erläutert an Beispielen die räumlichen Wirkungen der EU-Strukturfonds. Mit diesem 1988 geschaffenen Instrument zur Verbesserung der regionalen Wirtschafts- und Qualifikationsstruktur verfolge die EU eine Reihe wirtschafts- und sozialpolitischer Ziele, u.a. Förderung von Regionen mit Entwicklungsrückständen und Verlust industrieller Arbeitsplätze, Abbau von Langzeitarbeitslosigkeit, Schaffung von Arbeitsplätzen für Jugendliche und die Anpassung obsoleter Agrarstrukturen. Die im einzelnen sehr disparaten

Maßnahmen wie Agrarflächensanierung, Bau von Entsorgungsanlagen und Wanderwegen, Hilfen für Existenzgründer und Dorferneuerung lassen nur sehr vage Aussagen zu den Wirkungen dieses regionalpolitischen Instruments in Deutschland zu. Während für die alten Länder keine Regionen mit Entwicklungsrückstand ausgewiesen sind, wurden für die neuen Länder acht „Entwicklungsschwerpunkte" formuliert.

- *Jürgen E. Siebeck*, Mitarbeiter der Generaldirektion XVI der EU, beschreibt die ordnungspolitischen Probleme einer EU-Raumordnung. Die zunehmende politische und ökonomische Verflechtung in Europa und überinternationale Infrastrukturprojekte verlangen eine Koordinierung der raumwirksamen Politik in der EU. Als Mitautor eines Papiers der EU-Kommission „Europa 2000 – Perspektiven der künftigen Raumordnung" plädiere er bei Anerkennung des Subsidiaritätsprinzips für eine verstärkte Berücksichtigung der räumlichen Wirkungen politischer Entscheidungen in der EU. Dabei wird weder eine Kompetenzerweiterung der EU-Kommission noch ein verbindlicher Leitplan für Europa angestrebt.

Die Vorträge und Diskussionen zeigten die noch erheblichen Schwierigkeiten und Friktionen einer koordinierten EU-Politik zur Verminderung der ökonomischen und sozialen Disparitäten in der EU. Der raumwissenschaftliche Beitrag zur Beschreibung und Erklärung des Strukturwandels in der EU und zur Erarbeitung von Handlungskonzepten wurde an den vorgetragenen Beispielen sehr gut sichtbar.

STANDORTATTRAKTIVITÄT ALS GRUNDLAGE EINER EUROPA-ORIENTIERTEN REGIONALPOLITIK: FALLBEISPIEL SCHWEIZ

Rudolf Burkhalter, Bern

Das Schweizer Volk hat in einer stark umstrittenen Abstimmung am 6. Dezember 1992 den Beitritt unseres Landes zum Europäischen Wirtschaftsraum EWR knapp abgelehnt. Die Schweiz wird damit zum Sonderfall in Europa. Sie bleibt außerhalb dieses neuen Binnenmarktes, und dieses Abstimmungsergebnis möchte ich zum Anlaß nehmen, in einem ersten Teil meines Beitrages einige grundlegende Aspekte der schweizerischen Regionalpolitik zu beleuchten, um dann im zweiten Teil auf die Frage einzugehen, was nun getan werden kann.

Die Schweiz steht zwar nun offiziell außerhalb des Binnenmarktes, aber sie ist mit diesem Binnenmarkt trotzdem durch Dutzende bilateraler Regelungen und die alten EFTA-Verträge verbunden. Die Schweiz ist ein rohstoffarmes Land, auf offene Märkte angewiesen; eine Isolation des Landes ist unmöglich, die Hälfte unserer Industrieproduktion wird exportiert, knapp 60% davon in den Europäischen Binnenmarkt, bei den Importen sind es gar 75 %, die aus dem Binnenmarkt stammen[1]. Tatsächlich ist die Schweiz nur überlebensfähig, wenn sie international konkurrenzfähig ist, und das ist sie bis heute auch in den wichtigsten Branchen geblieben; die Schweiz gilt in den OECD-Statistiken jeweils als eines der wettbewerbsfähigsten Länder weltweit[2].

Woher stammt nun dieser eklatante Widerspruch zwischen der Tatsache, daß unser Land vom offenen Welthandel lebt, aber die Mehrheit der Bevölkerung gerade die langfristige Sicherung dieser Offenheit über die Teilnahme am EWR ablehnt? Die Antwort auf diese Frage hat sehr viel mit Regionalpolitik zu tun. Die Ablehnung ist gerade in den ländlich-peripheren Gebieten teilweise sehr massiv ausgefallen, während z.B. alle größeren Städte zustimmten.

Zum Verständnis: Die Regionen sind in der Schweiz sehr klein, rund 30 mal kleiner als die üblichen EG-Regionen, jedes Tal bildet eine Region, teilweise nicht größer als bei Ihnen eine Gemeinde. In den letzten 10 Jahren wurden systematisch regionale Strukturen aufgebaut, die mit Arbeitsausschüssen, Regionalsekretariaten usw. funktionieren. Die Eidgenossenschaft unterstützt diese Strukturen mit Fördermitteln[3].

---

[1] BUNDESRAT 1990: Informationsbericht des Bundesrates über die Stellung der Schweiz im europäischen Integrationsprozess vom 26. Nov. 1990. Gemäss diesem Bericht wurden 1989 56.8% der Exporte der Schweiz in den EG-Raum getätigt, der Importanteil aus EG-Ländern betrug im gleichen Jahr 73.5%

[2] FISCHER 1993: Weltalmanach 94, Frankfurt: Die Schweiz liegt gemäss Angaben des „World Bank Atlas 92" im Jahr 1991 bezüglich dem Bruttosozialprodukt pro Einwohner weltweit in vorderster Position. Unser Land führt auch die „Institutional Investor"-Rangliste der Staaten nach Bonität (Kreditwürdigkeit) vom März 1993 an.

[3] Bundesgesetz über Investitionshilfe für Berggebiete, SR 901.1 und Botschaft des Bundesrates hierzu (Bundesblatt 1973 I 1589); Bern

Wie effizient war diese Politik? Schon 1984 wurde festgestellt, daß zwei Drittel der direkt an die Betriebe verteilten Fördermittel im Mitnahmeeffekt entgegengenommen wurden, aber keine direkte Lenkungswirkung hatten, und dass der Effekt jedenfalls auf jede einzelne Region bezogen volkswirtschaftlich unrelevant blieb[4]. Bei der Infrastrukturförderung wurden in der Vergangenheit gewisse Effekte nachgewiesen, doch auch diese dürfen in ihrer regionalwirtschaftlichen Bedeutung nicht überschätzt werden[5]. Es gibt allerdings drei Branchen, in denen in der Schweiz zweifellos eine „wirksame" Regionalpolitik betrieben wurde: die Landwirtschaft, das Baugewerbe und die Hotellerie (Tourismus).

Dies sind die dominierenden Branchen in Berggebieten.

Bauwirtschaft und Hotellerie wären mit dem Beitritt der Schweiz zum EWR kurzfristige Verlierer gewesen: Deshalb hat „Regionalpolitik" mit dem NEIN vom 6. Dezember 1992 viel zu tun.

Zur Landwirtschaft:
Die Schweiz hat nach OECD-Kriterien einen der weltweit am stärksten geschützten Agrarmärkte[6]. Im Gegenzug haben die Konsumenten die höchsten Preise für landwirtschaftliche Produkte in Europa zu bezahlen. Die Höhe der jährlichen Aufwendungen für den „Schutz" der Landwirtschaft kennt niemand genau. Von Ökonomen werden sie auf ca. 8 Mrd. DM geschätzt[7], wenn der Beitrag der Konsumenten mitgerechnet wird; bei 6 Mio. Einwohner immerhin ein stolzer Betrag. Ein wichtiger Teil dieses Geldes fließt in die Verwaltung und Überwachung dieser Subventionswirtschaft und damit an die entsprechenden Agrarverbände. Subventioniert wird damit faktisch eine Agrarlobby, die in der Ablehnung des EWR eine wichtige Rolle spielte. Es gibt hier viele Leute, die bei einer marktwirtschaftlichen Liberalisierung der Agrarwirtschaft sehr viel zu verlieren hätten.

Das einzige, was uns alle Schutzzölle, Einfuhrverbote, Exportsubventionen, Preisstützungen etc. nicht gebracht haben, ist die Stabilisierung der Zahl der Erwerbstätigen in der Landwirtschaft. Sie nimmt laufend weiter ab, auch verhinderter Strukturwandel ist nicht in der Lage, Arbeitsplätze zu erhalten[8].

Zur Bauwirtschaft und Hotellerie:
Es handelt sich um die beiden wichtigsten Branchen in peripheren Regionen, insbesondere im Berggebiet. Jahrelang entscheidend wirkte hier das sogenannte „Saisonnierstatut". Gemäß dieser Regelung werden Arbeitskräfte maximal für neun Monate pro Jahr ins Land gelassen; danach müssen sie in ihr Heimatland zurückkehren. Im nächsten Jahr muß ein neuer Arbeitsvertrag abgeschlossen

---

4 BURKHALTER, R. 1984: Die Effizienz der Finanzierungshilfen an Klein- und Mittelbetriebe im Berggebiet. Bern
5 FREY, R.L. 1985: Regionalpolitik; eine Evaluation. Syntheseband zum Nationalen Forschungsprogramm „Regionalprobleme in der Schweiz". Bern und Stuttgart
6 OECD 1990: Politiques nationales et échanges agricoles. Etude par pays, Suisse. Paris
7 OECD 1990: Politiques, marchés et échanges agricoles, suivi et perspective. Paris
8 BUNDESRAT 1992: Siebter Landwirtschaftsbericht. Bern

werden. Sie dienen dabei als Konjunkturpuffer, als billige Arbeitskräfte. Sie haben kein Anrecht auf Familiennachzug (also braucht es auch keine sozialen Einrichtungen wie Schulen, Kinderkrippen, Altersheime usw.). Die Schweiz kommt unter erheblichen internationalen Druck, diese Regelungen abzuschaffen. Mit dem EWR wären diese Bestimmungen zumindest für die EG-Länder abgeschafft worden.

Die Arbeiter werden in Kontingenten dem Einzelbetrieb zugeteilt. In der Kontingentierung wird die Hotellerie und das Baugewerbe bevorzugt, es kommt oft zu einem Feilschen der Kantone um die Kontingente, und dabei wird das Berggebiet aus regionalpolitischen Gründen explizit bevorzugt[9].

Folge 1:

Die Bauwirtschaft weist im Vergleich zum Ausland einen übermäßigen Beschäftigten- und Wertschöpfungsanteil auf. In der Schweiz umfaßt der Anteil der Bauinvestitionen am Brutto-Inlandprodukt 18%, in den Ländern der EU hingegen nur durchschnittlich 11.4%[10].

Folge 2:

Die Strukturen in der Hotellerie sind veraltet und zu personalintensiv, es gibt verhältnismässig wenig einheimische Arbeitskräfte. Die Schweiz verlor im Tourismus Marktanteile gegenüber Österreich und Frankreich.

Folge 3:

Da das Gesamtkontingent aller Ausländer fixiert ist, werden proportional zu viele unqualifizierte Saisonniers engagiert, während sich Schwierigkeiten bei der Anstellung gut ausgebildeter Leute aus dem Ausland ergeben. Dies ist selbstverständlich wirtschaftlich kontraproduktiv.

Es gibt in der jüngeren Geschichte der Schweiz auch ein Gegenbeispiel erfolgreicher regionaler Erneuerung, wenngleich sie auch nicht Ergebnis regionalpolitischer Programme war. Bis Ende der 60er Jahre war die Uhrenindustrie hochkartellisiert, gekennzeichnet durch veraltete Strukturen und faktische Monopolbetriebe. Die Einführung der elektronischen Uhr wurde verpaßt, die Japaner wurden, teilweise mit Hilfe von Schweizer Patenten, zur wichtigsten Konkurrenz. Die Uhrenindustrie ist im Jura konzentriert, in einer eng begrenzten Region. 50 000 Arbeitsplätze gingen innerhalb weniger Jahre verloren, die ganze Region gelangte Mitte der 70er Jahre in eine schwere Krise. Die Branche wurde daraufhin dereguliert, restrukturiert, die wenigen Arbeitskämpfe waren weitgehend erfolglos. Das Ergebnis: Die Schweizer Uhrenindustrie ist heute weltweit wieder führend. Sie ist ein Beispiel erfolgreicher technologischer Erneuerung[11,12].

---

9 Verordnung über die Begrenzung der Zahl der Ausländer (SR 823.21). Im Anhang 2 der Verordnung werden die Kontingente den einzelnen Kantonen zugeteilt. Das mit Abstand größte Kontingent besitzt der Tourismuskanton Graubünden.
10 Baustatistisches Jahrbuch 1990 des Verbandes der deutschen Bauindustrie.
11 KARRER-RÜEDI, E.E. 1992: Der Trend zum Wirtschaftsstil der flexiblen Spezialisierung. Eine Diskussion am Beispiel der schweizerischen Uhrenindustrie.
12 BORNER, S./M.E. PORTER 1991: Internationale Wettbewerbsvorteile. Ein strategisches Konzept für die Schweiz. Frankfurt/New York

Was hatten die Regionalpolitiker damals für Rezepte bereit? Da die ganze Region von der Uhrenindustrie abhing (Monostruktur), hieß die Devise Diversifizierung. Es wurde ein Gesetz geschaffen, das einzelbetriebliche Investitionszulagen für Diversifizierungen vorsah[13]. Neu geschaffene oder ausgebaute Wirtschaftsförderungsstellen waren bemüht, neue Betriebe anzusiedeln, Uhrenbetriebe umzubauen und zu diversifizieren. Das Ergebnis: Sorgfältiges Weiterentwickeln der Uhrenindustrie in andere verwandte Bereiche wie etwa die Feinmechanik, Mikroelektronik, Medizinaltechnik, Telekommunikationsgeräte und dergleichen. Diese Weiterentwicklung erfolgte vorwiegend aus eigener Initiative der Industrie.

Das betreffende Fördergesetz gibt es heute noch. Es ist, obschon längst nicht mehr nötig, ein Beispiel für das Gerangel um öffentliche Subventionen.

Schlußfolgerung:

Wenn die Schweiz international als eines der wettbewerbsfähigsten Länder gilt, trifft dies für den Großteil der Industrie- und Dienstleistungsstrukturen wohl tatsächlich zu. Innerhalb des Landes besteht jedoch ein abgeschirmter Binnensektor, der sich auf die peripheren Regionen und das Berggebiet konzentriert (Landwirtschaft, Bau, Hotellerie) und der europäisch nicht konkurrenzfähig ist. Aus diesen Sektoren entsteht massiver Widerstand gegen eine Öffnung des Landes. Diese Sektoren versuchen die langfristige Abkapselung des Landes aufrechtzuerhalten, obschon dies längerfristig chancenlos ist und auf die Länge eine Hypothek für das ganze Land darstellt.

Neue Ansätze der Regionalentwicklung

Soweit zur Analyse des Vergangenen. Was ist heute zu tun? Als Berater von Kantonen und Regionen müssen wir heute feststellen, daß die Standortpromotion oft vorerst auf mentaler Ebene anfangen muß.

In einem Forschungsvorhaben über acht europäische Städte (Stuttgart, Frankfurt, München, London, Paris, Lyon, Grenoble und Milano) haben wir nach den strategischen Achsen der Stadtentwicklung gesucht[14]. Was uns damals am stärksten beeindruckte, war das hohes Bewußtsein der Konkurrenzsituation in all den untersuchten Städten und der bewußte Kampf um Infrastrukturen und Attraktivität. Die Schaffung des Binnenmarktes warf damals bereits seine Schatten voraus. In der Schweiz war dieses Bewußtsein damals noch völlig unbekannt,

---

13 Bundesbeschluss und Verordnung über Finanzierungsbeihilfen zugunsten wirtschaftlich bedrohter Regionen, SR 951.93 und Botschaft des Bundesrates hierzu (Bundesblatt 1978 I 1046). Bern

14 BURKHALTER, R./U. RAMSEIER 1992: Städtebauliche Entwicklungstrends in Europa. Zürich (= Bericht Nr.7 des Nationalen Forschungsprogrammes „Stadt und Verkehr")

erst die EWR-Abstimmung hat zur mentalen Öffnung und zur Wahrnehmung der Konkurrenzsituation geführt.

Wir studierten in der Folge neuere Theorieansätze der regionalen Entwicklung wie Innovationsdiffusion, flexible Spezialisierung, Arbeitsmarkttheorien, innovative Milieus, Wettbewerbstheorie usw.[15]. Der gemeinsame Nenner dieser Theorien: Der Schlüssel für regionale Entwicklung bildet die Schaffung innovativer regionaler Cluster.

Die Wirtschaftsgeographie der Schweiz bietet zu dieser Theorie guten Anschauungsunterricht: Die Konzentration der Chemie in Basel, der Uhrenindustrie am Jurafuß, der Maschinenindustrie und Elektronik im Raum Zürich, usw. Eine Untersuchung am Geographischen Institut der Universität Bern hat gezeigt, daß auch neue Zukunftsbranchen als regionale Cluster entstehen. In einer Studie wurden z.B. sämtliche Betriebe der Umweltindustrie mit Hilfe neuer Theorieansätze (innovativer Milieus) analysiert und festgestellt, daß dieses Umweltindustriecluster fast vollständig auf Zürich konzentriert ist[16].

Was bedeuten diese Erkenntnisse für die Standortpromotion einer Region? Auf welche Weise sind solche Clusterstrukturen in der Regionalförderung zu beachten?

In der Wirtschaft gibt es zwei Strategien, um marode Betriebe zu sanieren: Sie setzt entweder ihre ganze Energie ein, um die mit Verlusten arbeitenden Betriebsteile zu sanieren. Oder sie setzt ihre ganze Energie ein, um aus den mit Gewinn arbeitenden Abteilungen noch mehr Gewinn herauszuholen. Sie konzentriert sich auf ihr Kerngeschäft, längerfristig stößt sie den Rest ab.

Ähnlich ist es in der Regionalpolitik: Oberstes Gebot ist das Erkennen des Kerngeschäftes, der optimale Ausbau desselben, die Förderung eines regionalen innovativen Milieus in diesem Kerngeschäft. Dabei ist das Kerngeschäft längst nicht immer eine High-Tech-Industrie. Es können auf klein-regionaler Ebene durchaus auch Lager- und Verteilbetriebe sein, gewisse touristische Projekte oder so unspektakuläre Dinge wie die Zementindustrie. Beispielsweise braucht man für die Ausweitung der Just-in-time-Produktionen effiziente Verteil- und Speditionszentren. In diesem Bereich stark zu sein und der aggressiven Konkurrenz aus dem Elsaß und Südbaden standhalten zu können, kann für eine Region lebenswichtig sein.

Heute wird in verschiedenen Schweizer Kantonen in der Wirtschaftsförderung dazu übergegangen, gezielt einzelne Wirtschaftsbranchen zu fördern. Dabei werden raumplanerische Maßnahmen, Verkehrsinfrastrukturausbauten, Wirtschaftsförderungsmaßnahmen, Ausbildungsangebote usw. gebündelt eingesetzt.

---

15 AYDALOT, P. 1985: Milieux innovateurs en Europe. Paris
    MAILLAT, D./J. PERRIN 1990: Enterprises innovatives et réseaux locaux. Paris
    BROWN, L.A. 1981: Innovation Diffusion. London
    PORTER, M. 1990: The Competitive Advantage of Nations. London
16 RAMSEIER, U. 1994: Standortvoraussetzungen für Umweltinnovationen; Dissertation am Geographischen Institut der Universität Bern zum Thema der Bedeutung innovativer Milieus für die Wettbewerbsfähigkeit von Regionen. Dargestellt am Beispiel von Umwelttechnologien aus der Schweiz. Erscheint demnächst.

Die Aktivitäten werden dabei vermehrt auf wenige bevorzugte Standorte und die chancenreichsten Branchen ausgerichtet. Gleichzeitig werden die Regionen und Gemeinden mental darauf getrimmt, ihre Stellung stets in der Konkurrenz in europäischer Dimension zu sehen.

Bei zentral gelegenen Arealen in Stadtzentren, Industriebrachen oder in Bahnhofsgebieten muss heute vor allem das aufgebaut werden, was in der amerikanischen, englischen und französischen Literatur als „PPP" bekannt geworden ist: Also die Partnerschaft zwischen öffentlicher Hand und Privatwirtschaft (Private Public Partnership)[17].

Insgesamt wird die Raumplanung zur Standortpromotion sinnvoller räumlicher Entwicklung. Dabei ist die Erfahrung zu machen, daß anfangs bei Raumplanern und Architekten große Widerstände zu überwinden sind, wenn verlangt wird, daß ein raumplanerischer Entwurf erst dann akzeptiert werden kann, wenn auch die voraussehbaren Baukosten, die Erträge und damit die Rentabilität stimmt und dies alles bei hoher städtebaulicher Qualität.

Wenn die Konkurrenzfähigkeit von Städten und Regionen der Schweiz in Europa gestärkt werden soll, muß dies auch im kleinen beginnen. Dazu gehört das Fördern der Konkurrenz zwischen den Gemeinden. Auch dies widerspricht vielen gängigen raumplanerischen Vorstellungen. Es widerspricht dem „sowjetischen" Verteilen von Nutzungen von oben; es widerspricht der Vorstellung, man könne eine zentralörtliche Struktur von oben her planen und aufbauen. Wir haben mit der gezielten Förderung der Konkurrenz jedoch sehr gute Erfahrungen gemacht. Anstatt von oben zu diktieren, fordern wir etwa Gemeinden auf, Angebote zu machen, die bestimmten raumplanerischen Kriterien und Umweltauflagen entsprechen. Von diesen Angeboten werden nur die Besten berücksichtigt. In offener Konkurrenz werden die Gemeinden so zu raschem Handeln und eigenem Engagement angespornt.

Administrative Rahmenbedingungen: Bestand und Veränderungsbedarf

Fast alle Kantone sind heute daran, ihre Bauvorschriften zu vereinfachen. Auch hier wird inhaltlich kaum etwas geopfert, aber es werden raumplanerische Verfahren, Betriebsbewilligungsverfahren, umweltrechtliche Verfahren usw. zusammengefaßt und für den Investor übersichtlich und nachvollziehbar gestaltet. Aber auch da regt sich regionalpolitischer Widerstand: Je komplizierter die bestehenden Verfahren, umso höher die Willkür auf lokaler Ebene. Gerade in der Bauwirtschaft wird der „Schutz des einheimischen Schaffens" über willkürlich gehandhabte Bauvorschriften herum praktiziert. Für eine kleine Baufirma in der Stadt Bern ist es fast unmöglich, 15 km weiter einen öffentlichen Bau auszuführen, ohne eine lokale Firma beizuziehen, die unter „Heimatschutz" gestellt ist.

Im Zeitalter, wo im GATT über die weltweite Öffnung öffentlicher Auftragsverfahren verhandelt wird, ist diese Öffnung in der Schweiz oft nicht einmal auf

---

17 RUEGG, J. 1993: Partenariat public-privé. Marketing urbain, CEAT. Lausanne

Gemeinde- oder Kantonsebene verwirklicht. Viele Architekturwettbewerbe werden z.B. auf „Einheimische" eingeschränkt, Bauaufträge nur lokal vergeben, usw.

Es gibt in der Schweiz zudem gerade in der Bauwirtschaft viele staatlich geschützte oder hochkartellisierte Berufe mit fest abgegrenztem Tätigkeitsgebiet. Im Kanton Bern gehören dazu etwa Berufsgruppen wie Geometer, Notare oder einfach auch Schornsteinfeger. Fehlende Konkurrenz führt zu hohen Preisen und damit zu Wettbewerbsschwäche gegenüber dem Ausland und dies immer wieder in den Branchen der peripheren Regionen.

Eine europaorientierte Regionalpolitik muß in der Schweiz heute aber nicht noch mehr Subventionen heißen, sondern Revitalisieren, Öffnen, Deregulieren.

Die Konkurrenzfähigkeit muß von unten her gestärkt werden, sie muß vor allem in den Binnensektoren gestärkt werden. Die „sowjetisch" etatistische Planungsmentalität muß überwunden werden. Gebraucht werden flexible Strukturen, die Innovationen aufnehmen können und sie nicht bürokratisch behindern. Trotzdem müssen sie eine hohe Qualität des Städtebaus und des Umweltschutzes garantieren. Und wenn schon regionalwirtschaftliche Förderung betrieben wird, dann soll eine Konzentration auf das Kerngeschäft erfolgen und nicht einer blinden Diversifizierung nachgejagt werden.

Heute herrscht in der Schweiz Konsens darüber, daß unser Land vor einem nächsten Anlauf hin zu Europa vorerst seine eigenen Hausaufgaben machen muß. Die Regionalpolitik ist dabei ganz besonders gefordert.

DIE AUSWIRKUNGEN DER EG-STRUKTURFONDS AUF ALTE UND NEUE LÄNDER IN DER BUNDESREPUBLIK DEUTSCHLAND

Rainer Graafen, Bonn

1. Einleitende Aspekte

Strukturfonds ist die Sammelbezeichnung für den
- „Europäischen Fonds für regionale Entwicklung" (EFRE), den
- „Europäischen Sozialfonds" (ESF) und den
- „Europäischen Ausrichtungs- und Garantiefonds für die Landwirtschaft" (EAGFL).

Die Strukturfonds sollen dazu beitragen, die vom Rat der EG 1988 festgesetzten fünf langfristigen Ziele zu verwirklichen. Die Ziele lauten:

Nr. 1: Förderung der Entwicklung und der strukturellen Anpassung der Regionen mit Entwicklungsrückstand (EFRE, ESF, EAGFL);
Nr. 2: Umstellung der Regionen, die von der rückläufigen industriellen Entwicklung schwer betroffen sind (EFRE, ESF);
Nr. 3: Bekämpfung der Langzeitarbeitslosigkeit (ESF);
Nr. 4: Erleichterung der Eingliederung der Jugendlichen in das Erwerbsleben (ESF);
Nr. 5a: beschleunigte Anpassung der Agrarstrukturen (EAGFL);
Nr. 5b: Förderung der Entwicklung des ländlichen Raums (EAGFL, ESF, EFRE).

Zwar gibt es die Strukturfonds bereits seit einigen Jahrzehnten. Sie sind aber seit 1989 von Jahr zu Jahr um ein Vielfaches erhöht worden. Abgesehen von den Zielen Nr. 3, 4 und 5 a werden zur Realisierung der übrigen Ziele mehrere Fonds gleichzeitig eingesetzt.

In den alten Bundesländern gibt es keine „Ziel 1-Gebiete". Während die finanziellen Unterstützungen durch die Strukturfonds im Rahmen der Ziele 3, 4 und 5 a grundsätzlich überall in den alten Ländern gewährt werden können, sind Interventionen im Sinne der Ziele 2 und 5 b nur in speziell festgesetzten Gebieten möglich (vgl. Karte 1; [2]). In den neuen Ländern konnten zunächst keine speziellen Fördergebiete der Kategorien Ziel 2 und Ziel 5 b ausgewiesen werden, da zum Zeitpunkt der Wiedervereinigung nur sehr wenige zuverlässige statistische Daten über die dortige wirtschaftliche Situation vorlagen. Vielmehr hat die Kommission der EG in einem „Gemeinschaftlichen Förderkonzept für die neuen Länder" acht sogenannte Entwicklungsschwerpunkte festgelegt [3]:

1. Förderung der wirtschaftsnahen Infrastruktur;
2. Unterstützung produktiver Investitionen;
3. Maßnahmen zur Erschließung des Humankapitals;

---

1 vgl. Verordnung EWG Nr. 2052/88; Fundstelle: Amtsblatt Nr. L 185, S. 11
2 Quellen: Kommission der EG, Hrsg., 1990, S. 8 ff.; Kommission der EG, Hrsg., 1992, S. 15 ff.
3 Kommission der EG, Hrsg, 1991, S. 19 ff.

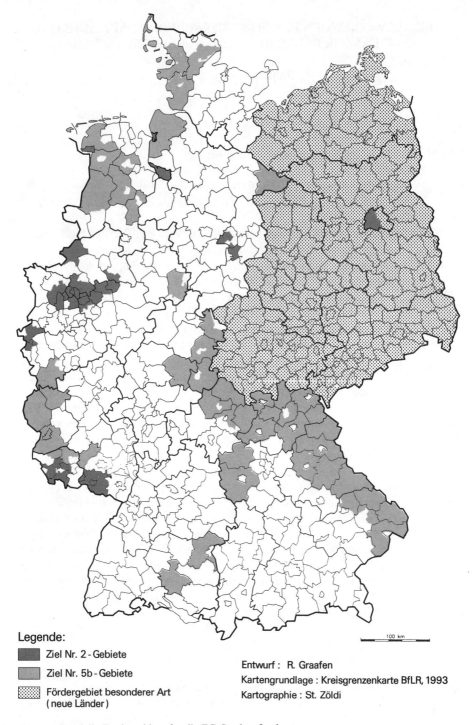

Karte 1: Spezielle Fördergebiete für die EG-Strukturfonds

4. Bekämpfung der Langzeitarbeitslosigkeit;
5. Erleichterung der beruflichen Eingliederung von Jugendlichen;
6. Maßnahmen zur Entwicklung der Landwirtschaft, der Forstwirtschaft und der Fischerei;
7. Verbesserung der Lebens- und Arbeitsbedingungen in ländlichen Gebieten;
8. Landwirtschaft, Forstwirtschaft und ländliche Umwelt.

Die Entwicklungsschwerpunkte weisen inhaltlich gesehen in vielen Bereichen Ähnlichkeiten mit den in den alten Bundesländern geltenden Zielen Nr. 2 bis 5 b auf. Die „Entwicklungsschwerpunkte" gelten bis Ende 1993 im gesamten Gebiet der neuen Länder, und die EG hat hierfür für den Zeitraum von 1991-1993 insgesamt 3 Mrd. ECU, also ca. 6 Mrd. DM, bereit gestellt. Die neuen Länder bilden also derzeit ein Fördergebiet besonderer Art (vgl. Karte 1).

Gelder aus den EG-Strukturfonds werden immer nur dann gewährt, wenn auch eine nationale Beteiligung vorliegt, wobei die EG-Förderung nicht höher als 50 % sein darf. Viele „Ziel 2-" und „Ziel 5 b-Gebiete" sind auch Fördergebiete im Rahmen der vom Bund und den Ländern wahrgenommenen Gemeinschaftsaufgabe „Verbesserung der regionalen Wirtschaftsstruktur". Daher werden die EG-Gelder zu einem großen Teil zusammen mit diesen nationalen Geldern eingesetzt.

2. Auswirkungen der EG-Strukturfonds

2.1 Alte Bundesländer

Zur Illustration der Auswirkungen der EG-Strukturfonds müssen aus Platzgründen hier einige Beispiele genügen. Die Auswirkungen in Ziel 2-Regionen seien exemplarisch für das Gebiet der kreisfreien Stadt Emden konkreter vorgestellt. Die wirtschaftliche Situation von Emden ist geprägt durch eine weit über dem Durchschnitt der alten Bundesländer liegende Arbeitslosigkeit. Diese geht vor allem auf den starken Verlust an Arbeitsplätzen in der Schiffbauindustrie in den 80er Jahren und auf die Randlage von Emden in Bezug auf die großen europäischen Wirtschaftszentren zurück. Derzeit sind die Hauptarbeitgeber das VW-Werk mit ca. 10 000 und die Thyssen-Nordsee-Werke mit etwa 1 700 Beschäftigten. Wegen der starken Abhängigkeit von diesen beiden Industriebereichen, in denen außerdem die Gefahr des Abbaus weiterer Arbeitsplätze sehr groß ist, hat die Stadt Emden 1989 in einem der Kommission der Europäischen Gemeinschaft vorgelegten Operationellen Programm als eines der Hauptziele die Ansiedlung andersgearteter und mehr mittelständischer Unternehmen genannt. Zur Realisierung dieses Vorhabens hat sie vor allem Gelder zur Erschließung von Gewerbe- und Industrieflächen beantragt (Stadt Emden, Hrsg., S. 8). Bis heute hat die Stadt mittels Zuschüssen aus dem EFRE die Industriegebiete „Kaiser-Wilhelm-Polder" und „Alter Schlachthof" erschließen können. Mit Geldern aus dem ESF wurde in Emden 1990 eine Hotelfachschule eingerichtet, deren Absolventen recht gute Aussichten auf Arbeitsplätze in den expandierenden Fremdenverkehrsorten an der nahe gelegenen Nordsee haben. Außerdem wurden ESF-Gelder in zahlreichen Fällen für Umschulungs- und Qualifizierungsmaßnahmen eingesetzt [4].

Was die Auswirkungen der EG-Strukturfonds auf Ziel 5 b-Gebiete angeht, so sollen diese, wiederum beispielhaft für ein bestimmtes Gebiet, nämlich den Landkreis Daun in der Eifel, etwas genauer vorgeführt werden. Der Kreis Daun ist, wie auch die meisten anderen Ziel 5 b-Gebiete, dadurch gekennzeichnet, daß er relativ weit von industriellen Ballungszentren entfernt liegt und daß die Einkünfte in der Landwirtschaft sehr niedrig sind. Da die Zahl der Arbeitsplätze im außerlandwirtschaftlichen Bereich begrenzt ist, fallen die Quoten der Arbeitslosigkeit und der Abwanderung überdurchschnittlich hoch aus. In drei Ortschaften des Landkreises Daun konnten mittels EFRE-Gelder Gewerbegebiete erschlossen und mehrere kleinere Industriebetriebe angesiedelt werden [5].

Ein bislang erst relativ gering genutztes Potential des Kreises Daun ist der Erholungswert der Landschaft, und deshalb konzentrieren sich hierauf auch zahlreiche mit den EG-Strukturfonds geförderte Maßnahmen. Beispielsweise wird der Ausbau von Fremdenzimmern und Ferienwohnungen auf Bauernhöfen durch Gelder aus dem EAGFL unterstützt. Von diesen Maßnahmen haben im Landkreis Daun bisher 27 Landwirte profitiert; sie empfinden die Einkünfte aus den Vermietungen als einen sehr guten Ausgleich für die schlechte Einkommenslage in der Landwirtschaft. Zur Verbesserung der Situation der Landwirte erfolgte mit EAGFL- und EFRE-Geldern auch die Gründung der „Eifel-Rindfleisch-Absatzgenossenschaft", deren Ziel die Erweiterung der bestehenden und die Erschließung neuer Absatzmärkte für Rindfleisch ist. Ihr sind bislang mehr als 100 Landwirte beigetreten [6].

Im Rahmen der Fremdenverkehrsförderung fließen derzeit weiterhin 1 Mio. DM an EFRE-Geldern in den Ausbau des Freiwildparks Daun, und weitere hohe Beträge werden für die Anlegung eines „Geo-Parks" bei Gerolstein eingesetzt. Gelder aus den EG-Strukturfonds wurden und werden auch in zahlreichen Fällen im Rahmen der Dorferneuerung verwendet. Ähnliche Maßnahmen wie im Landkreis Daun sind auch in vielen anderen Ziel 5 b-Gebieten zu verzeichnen.

2.2 Neue Bundesländer

Im folgenden sollen die Auswirkungen des EFRE und des EAGFL am Beispiel von Mecklenburg-Vorpommern etwas ausführlicher dargelegt werden. In Karte 2 sind die mit EFRE-Geldern geförderten Maßnahmen im Rahmen der Schwerpunkte Nr. 1 und 2 -"Förderung der wirtschaftsnahen Infrastruktur" und „Unterstützung produktiver Investitionen" wiedergegeben [7]. Bezuschußt wurden hauptsächlich Projekte der Gemeinschaftsaufgabe „Verbesserung der regionalen Wirtschaftsstruktur".

Bei den geförderten Maßnahmen im Rahmen von Schwerpunkt Nr. 1 handelt es sich primär um die Erschließung neuer Industriegebiete, den Bau bzw. Ausbau von Zufahrten zu Gewerbezonen sowie den Bau von Energie-, Wasser- und

4 Auskunft des Amtes für Wirtschaftsförderung der Stadt Emden
5 Auskunft der Kreisverwaltung Daun
6 Auskunft der Kreisverwaltung Daun
7 Zahlenangaben: Wirtschaftsministerium von Mecklenburg-Vorpommern

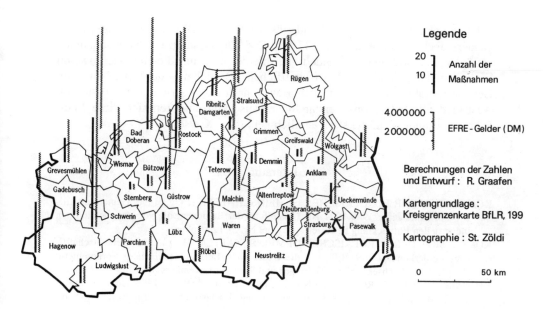

Karte 2: Mit EFRE-Geldern geförderte Maßnahmen im Rahmen der Schwerpunkte Nr. 1 und 2 (1991 und 1992)

Kanalisationsanlagen. Die Gesamtmenge der geförderten Maßnahmen beträgt 60 und die Höhe der hierfür eingesetzten EFRE-Gelder ca. 91 Mio. DM. Es entfallen also auf die einzelnen Maßnahmen im Durchschnitt 1,5 Mio. DM. Einen Extremwert bildet die Erschließung eines Industriegebietes in Stralsund, für das EG-Mittel in Höhe von 14 Mio. DM verwendet wurden.

Im Rahmen von Schwerpunkt Nr. 2 konnten mit EFRE-Geldern vor allem die Errichtung neuer Unternehmen sowie die Erweiterung, Modernisierung und Rationalisierung bestehender Unternehmen finanziell unterstützt werden. Die Zahl der geförderten Maßnahmen (sie beträgt 392) liegt zwar wesentlich höher als diejenige beim Schwerpunkt Nr. 1; dennoch ist der gesamte aus dem EFRE bereitgestellte Betrag nur etwa genauso hoch wie der für Schwerpunkt Nr. 1; die meisten Maßnahmen im Rahmen von Schwerpunkt Nr. 2 sind weniger kostenintensiv.

Es fällt auf, daß in den meisten Kreisen eine recht beachtliche Zahl an mit EFRE-Geldern bezuschußten Maßnahmen zu verzeichnen ist. In manchen Kreisen mit größeren Städten sind die Maßnahmen besonders zahlreich, wie z. B. in den Kreisen Schwerin und Rostock. Bei Maßnahmen in Kreisen, die an der Ostsee liegen, handelt es sich zum Teil auch um den Bau bzw. Ausbau von Fremdenverkehrseinrichtungen.

EFRE-Gelder werden nicht nur zur Verwirklichung der Schwerpunkte Nr. 1 und 2 eingesetzt, sondern auch zur Realisierung der Schwerpunkte Nr. 7 und 8 (Land- und Forstwirtschaft), auch wenn für diese Sachbereiche der wichtigste Fonds der EAGFL ist. An EAGFL-Geldern wurden zur Verwirklichung der

Schwerpunkte Nr. 7 und 8 1991 und 1992 ca. 67 Mio. DM eingesetzt, an EFRE-Geldern aber immerhin noch ca. 37 Mio DM. Die Gesamtzahl der Maßnahmen beträgt fast 1 000, und es handelt sich hierbei u. a. um die Renovierung von Wohngebäuden und landwirtschaftlichen Betrieben, den Ausbau von Gemeindestraßen und -wegen, den Bau von Trinkwasserleitungen sowie den Ausbau der Kanalisation. Verständlicherweise konzentrieren sich diese Maßnahmen besonders auf die stark ländlich geprägten Kreise.

Literatur

KOMMISSION DER EUROPÄISCHEN GEMEINSCHAFTEN (Hrsg.) 1990: Gemeinschaftliche Förderkonzepte 1989-1991 zur Umstellung der Regionen, die von der rückläufigen industriellen Entwicklung betroffen sind (Ziel Nr. 2). Luxemburg

KOMMISSION DER EUROPÄISCHEN GEMEINSCHAFTEN (Hrsg.) 1991: Gemeinschaftliches Förderkonzept 1991-1993 für die Gebiete Ost-Berlin, Mecklenburg-Vorpommern, Brandenburg, Sachsen-Anhalt, Thüringen und Sachsen. Luxemburg

KOMMISSION DER EUROPÄISCHEN GEMEINSCHAFTEN (Hrsg.) 1992: Gemeinschaftliche Förderkonzepte 1989-1993 zur Entwicklung des ländlichen Raums (Ziel Nr. 5 b). Luxemburg

STADT EMDEN (Hrsg.) 1989: Operationelles Programm im Rahmen der reformierten EG-Strukturfonds EFRE und ESF. Emden

EUROPA 2000 –
EUROPÄISCHE RAUMORDNUNG IM GEMEINSAMEN BINNENMARKT

Jürgen E. Siebeck, Brüssel[1]

1. Raumordnung als Beitrag zur Zukunftsorientierung und Gegenwartssicherung

Wir befinden uns in Europa in einer Zeit tiefgreifenden Wandels. Bundespräsident Dr. Richard von Weizsäcker stellte in seiner Rede zur Eröffnung der Hannover-Messe am 20. April 1993 fest: „Die Industrie und Wirtschaft stecken in einer Kosten- und Innovationskrise, die Arbeitswelt in einer Beschäftigungskrise, die Politik in einer Akzeptanzkrise und die Gesellschaft in einer Orientierungskrise."[2] In den Ländern Mittel- und Osteuropas ist dieser Umbruch besonders deutlich, wie wir jeden Tag aus den Nachrichten entnehmen können. Innerhalb der Europäischen Gemeinschaft sind mit der Vollendung des Binnenmarktes und mit dem im Vertrag von Maastricht gewollten Einstieg in die politische Union und die Währungsunion einerseits zwar positive neue Dimensionen der Zusammenarbeit eröffnet worden, andererseits verweisen Kritiker aber auf die Gefahren dieses Weges. Auch wenn man die Einschätzung dieser Kritiker nicht teilt, so gilt es festzuhalten, daß die derzeitige Stimmungslage in ganz Europa von Unsicherheiten und Ungewißheiten in Bezug auf die Zukunft geprägt wird.

Hier zeigt sich eine zentrale Aufgabe von Planung und Raumordnung. Es gilt der Grundsatz, daß man, um die Zukunft zu sichern, in der Gegenwart Orientierung vermitteln muß. Die Perspektiven räumlicher Entwicklung in ihrer Interdependenz von ökonomischen, sozialen und ökologischen Aspekten werden in diesem Zusammenhang häufig zu unrecht unterschätzt. Vielfach sind es gerade die Raummuster, die langfristig und strukturbildend wirken. Somit ist das von der EG-Kommission 1991 veröffentlichte Dokument „Europa 2000 – Perspektiven der künftigen Raumordnung der Gemeinschaft"[3] als Beitrag zur vorausschauenden Zukunftsorientierung und damit zur größeren Handlungssicherheit in der Gegenwart zu sehen.

---

[1] Kommission der Europäischen Gemeinschaften, Generaldirektion XVI (Regionalpolitik), Brüssel. – Die nachstehenden Ausführungen geben die persönliche Meinung des Autors wieder und nicht notwendigerweise die offizielle Position der EG-Kommission. Das Manuskript wurde Ende September 1993 abgeschlossen.
[2] vgl. FOCUS v. 26. April 1993
[3] KOMMISSION DER EUROPÄISCHEN GEMEINSCHAFTEN 1991: Europa 2000 – Perspektiven der künftigen Raumordnung der Gemeinschaft. Amt für amtliche Veröffentlichungen der EG. Luxemburg. 208 S.

2. Erfordernisse für Raumordnung auf europäischer Ebene

Obwohl die EG-Verträge von Paris und Rom kein Mandat der Gemeinschaft in Fragen der Raumordnung vorsahen, hat die immer stärker zunehmende wirtschaftliche und politische Verflechtung faktisch zu einer veränderten Situation geführt, die von den inhaltlichen Fragestellungen her gewisse raumordnerische Grundkonzeptionen auf der Gemeinschaftsebene politisch angeraten erscheinen lassen und Abstimmungen auf der übernationalen europäischen Ebene erforderlich machen – nicht zuletzt mit dem Ziel die internationale Wettbewerbsfähigkeit zu erhalten. Dies gilt um so mehr in einem Mitgliedstaat wie der Bundesrepublik Deutschland, in dem nach Schätzungen etwa 5 Millionen Arbeitsplätze direkt vom Export in die Europäische Gemeinschaft abhängen.

In bestimmten Sachbereichen der Raumordnung ergibt sich somit zunehmend die Notwendigkeit, die grenzüberschreitende und europäische Dimension in die Betrachtungen einzubeziehen. Ich möchte dies an drei Beispielen verdeutlichen: erstens, Umweltschutzaktivitäten, insbesondere Maßnahmen zur Luft- und Gewässerreinhaltung, sind im rein regionalen oder nationalen Bezugsrahmen kaum noch effizient durchzuführen. Ähnliches gilt, zweitens, für die Planung großer Infrastrukturvorhaben (z.B. den Aus- oder Umbau der Vekehrs- oder Telekommunikationsnetze), die vielfältige transnationale Abstimmungen erfordern. Drittens, beeinflußt die Europäische Gemeinschaft durch ihre Aktivitäten bereits de facto räumliche Strukturen, wie zum Beispiel beim Blick auf die gemeinschaftliche Agrarpolitik und deren Auswirkungen auf den ländlichen Raum unschwer deutlich wird.

3. Neue Rahmenbedingungen für europäische Raumordnung

Über diese recht leicht nachvollziehbaren Notwendigkeiten einer europäischen Zusammenarbeit in der Raumordnung hinaus erfordern veränderte politische Rahmenbedingungen einen intensiveren Austausch über räumliche Entwicklungskonzepte.

Innerhalb der EG wird die stärkere Integration im Gemeinsamen Binnenmarkt und der zeitgleich verlaufende Prozeß einer immer deutlicheren Internationalisierung und Spezialisierung von Funktionen zumindest mittelfristig zu einem verschärften Standortwettbewerb und zu einer Neubewertung von Standortvor- oder -nachteilen führen. Europäische Zusammenarbeit bis hin zu möglichen funktionalen Arbeitsteilungen können helfen, nicht nur Wettbewerb dort zu vermeiden, wo er seine stimulierende Funktion verliert, sondern auch kräftigende Synergieffekte zu erzielen.

Aus dem bereits angesprochenen Vertrag über die Europäische Union (Maastricht) läßt sich indirekt eine Begründung für Gemeinschaftsaktivitäten im Bereich der Raumordnung ableiten. Dort wird der Stellenwert des Gemeinschaftszieles, zum wirtschaftlichen und sozialen Zusammenhalt der Gemeinschaft und zu einer ausgewogenen Entwicklung ihrer Regionen beizutragen, deutlich angehoben. Darüber hinaus finden im Unionsvertrag die transeuropäischen Infrastrukturnetze, die Erhaltung, der Schutz und die Verbesserung der Umwelt sowie die umsichtige und rationelle Nutzung der natürlichen Ressourcen besondere Erwähnung. Die Bedeutung des Subsidiaritätsprinzipes wird unterstrichen. Im Anschluß an Maastricht haben die Beschlüsse des Gipfels von Edinburgh im Dezember 1992 die Weichen für eine Aufstockung der Strukturfonds und zur Schaffung des Kohäsionsfonds gestellt.

Das Entstehen des Europäischen Wirtschaftsraums und die Einleitung von Beitrittsverhandlungen mit der Mehrzahl der EFTA-Länder sowie die Ausweitung des Programms PHARE[4] und die Unterzeichnung der Assoziierungs- und Kooperationsabkommen mit den Ländern Mittel- und Osteuropas werden ebenso wie die Intensivierung der Beziehungen zu den übrigen Ländern des südlichen Mittelmeerraumes quantitative und qualitative Veränderungen im Raumgefüge bewirken. Neuer transnationaler Abstimmungsbedarf ist im Gefolge der deutschen Vereinigung und der Öffnung in Mittel- und Osteuropa entstanden. Die ehedem starke Nord-Süd Orientierung der Verkehrsströme wird durch neue Ost-West Achsen ergänzt werden müssen. Aber auch im Nord-Süd Bereich sind neue Strecken oder der Ausbau bereits vorhandener Strecken vorzusehen. Das Beispiel der Planungskonzeption der Achse Prag-Dresden-Berlin-Skandinavien verdeutlicht die unterschiedliche Interessenslagen der betroffenen Staaten und Regionen, die berücksichtigt werden müssen.

4. Gemeinschaftlicher Ansatz

Der immer deutlicher werdenden europäischen Dimension der Raumordnung wurde formal im Artikel 1O der Durchführungsverordnung zum Europäischen Fonds für regionale Entwicklung (EFRE) Rechnung getragen, der der EG-Kommission die Möglichkeit einräumt, Studien zur „Erstellung eines vorausschauenden Schemas für die Nutzung des Gemeinschaftsraumes" [5] zu vergeben. Die informellen Sitzungen der für Regionalpolitik und Raumordnung zuständigen Minister der Mitgliedstaaten (Nantes 1989; Turin 1990; Den Haag 1991; Lissabon 1992) haben diesen Ansatz politisch untermauert. Damit wurde der Kommission der rechtliche und politische Rahmen für ihre Aktivitäten geboten, mit der sie auf die neuen Herausforderungen reagieren konnte.

4.1 Das Dokument „Europa 2000" der EG-Kommission

Die Kommission hat bei der Ministertagung in Den Haag im November 1991 mit dem Dokument „Europa 2000" einen raumordnungspolitischen Orientierungsrahmen für das EG-Territorium vorgelegt.

---

4   Hilfsprogramm für die Staaten Mittel- und Osteuropas; für die technische Hilfe für die GUS wurde das TACIS Programm aufgelegt.
5   Verordnung (EWG) Nr. 4254/88 des Rates vom 19. Dezember 1988 (Amtsblatt der EG L374 vom 31.12.88, S. 19).

Das Dokument ist eingebunden in die Aktivitäten der Kommission im Bereich der Regionalpolitik, die von der politischen Zielsetzung geprägt sind, die Voraussetzungen für den wirtschaftlichen und sozialen Zusammenhalt der Gemeinschaft zu schaffen. In diesem Zusammenhang möchte ich die Tatsache hervorheben, daß in der EG-Kommission die nicht unerheblichen regionalpolitischen Fördermaßnahmen der Strukturfonds in der gleichen Generaldirektion wie die Fragen der Raumordnung behandelt werden. Dies ist nicht in jedem Mitgliedstaat der Fall.

Der Bericht „Europa 2000" stellt zunächst die wichtigsten zukünftigen raumwirksamen Tendenzen in einzelnen sektoralen Bereichen und deren Verflechtungen dar. Es folgen dann eine Betrachtung der Entwicklungspotentiale von spezifischen Raumtypen (z.B. städtische und ländliche Räume, Küstengebiete und Grenzregionen) und einige politische Schlußfolgerungen.

Vor dem Hintergrund der nach wie vor bestehenden regionalen Ungleichgewichte (erkennbar z.B. an der regional unterschiedlichen Verteilung des BSP) liegt Europa in dem bekannten Spannungsfeld zwischen Zentralisierungs- und Dezentralisierungstendenzen. Dabei wird die Grundstruktur dominiert vom traditionellen Zentrum (in etwa der Bogen von London über Paris hin zum Ruhrgebiet – im Hinblick auf die Veränderungen in Mittel- und Osteuropa vermutlich in Zukunft noch etwas nach Osten hin ausgedehnt). Dazu tritt ein neueres Entwicklungszentrum (Bogen von Norditalien und Süddeutschland über Südfrankreich nach Nordostspanien). Der von der französischen Planungsschule geprägte Begriff der „Blauen Banane" wird somit zu ersetzen sein durch eine verschränkte doppelte Bogenstruktur, für die noch kein griffiger Terminus gefunden wurde.

Der Inhalt des Dokumentes soll hier nicht detailliert vorgestellt werden[6] sondern es wird nur kurz auf seine Begründung, seine Ziele und auf die in den politischen Schlußfolgerungen aufgezeigten Handlungsfelder eingegangen.

4.2 „Europa 2000" im Zeichen von Transparenz – Dialog – Partnerschaft

In manchen Köpfen hat sich die Vorstellung fest eingenistet, die EG-Kommission in Brüssel sei wie eine Krake vor allem damit beschäftigt, immer neue Verantwortungsbereiche an sich zu ziehen. Um dieses falsche Negativklischee zu korrigieren, ist es wichtig festzuhalten, daß in dem Bericht keine Kompetenzerweiterung der EG angestrebt wird. Die Kommission unterstreicht schon im Vorwort ausdrücklich das Subsidiaritätsprinzip. „Europa 2000" ist das Ergebnis eines umfassenden Konsultationsprozesses mit den Mitgliedsstaaten, den Regionen und Gebietskörperschaften sowie mit Fachleuten der Raumordnung. Es wurden keine Patentlösungen vorgelegt, und es ist kein verbindlicher Leitplan beabsichtigt, sondern ein Bezugsrahmen für die wichtigsten derzeitigen und zukünftigen raumwirksamen Trends, um den Planungsverantwortlichen im nationalen, regionalen und lokalen Bereich, sowohl im öffentlichen Sektor als auch in der Wirtschaft, bei ihrer Entscheidungsfindung die europäische Dimension bewußt zu machen.

6 siehe hierzu: SIEBECK, J. (1992): Europa 2000. Vorstellungen der EG zur räumlichen Entwicklung. Raumforschung und Raumordnung 50, 1992, S. 99–106

Man kann generell zwischen zwei beabsichtigten Wirkungen unterscheiden: Zunächst ist die Innenwirkung innerhalb der europäischen Institutionen zu nennen. Hier wird vor allem die stärkere Berücksichtigung von räumlichen Auswirkungen der verschiedenen Politiken der Gemeinschaft angestrebt und die Einbindung der Raumordnung in die derzeitige Modifizierung der Strukturfonds für den Zeitraum 1994–99.

Im Vordergrund steht jedoch die Außenwirkung: Neben der Verdeutlichung der Bedeutung der europäischen Dimension auf allen Planungsebenen (siehe oben) geht es hierbei darum, ein Fundament zu legen für einen verstärkten Dialog zwischen diesen Planungsebenen mit dem Ziel, die gegenseitige Abstimmung großer Planungsvorhaben zu erleichtern.

Mit der Einrichtung eines informellen Ausschusses zur Raumentwicklung – einer ersten Forderung in „Europa 2000" – ist ein wesentlicher Schritt auf dieses Ziel hin erreicht worden. In diesem Ausschuß sind alle Mitgliedstaaten und die Kommission vertreten. Er kann nach nunmehr vier Sitzungen eine erste positive Zwischenbilanz seiner Arbeit ziehen. Der Ausschuß bietet nicht nur einen verbesserten gegenseitigen Informationsfluß zwischen der Kommission und den Mitgliedstaaten, sondern er ist zugleich auch ein Forum des Austausches zwischen den Mitgliedstaaten selbst und damit eine Plattform für bilaterale oder multilaterale mitgliedstaatliche Zusammenarbeit. Die Kommission begrüßt diese Zusammenarbeit, bringt sich hier ein und versteht ihre Rolle als die eines Transmissionsriemens und der Institution, die die gemeinschaftlichen Interessen zu wahren hat. Die Kommission hat auf der zweiten Sitzung des Ausschusses zur Raumentwicklung ihr Kooperationsangebot unter die Leitmotive Transparenz, Dialog und Partnerschaft gestellt. Dieses Angebot ist von den Mitgliedstaaten kooperativ aufgenommen worden und dürfte weiterhin genutzt werden.

Die politischen Schlußfolgerungen des Kommissionsdokumentes „Europa 2000" sehen ferner vier spezifische Bereiche für Gemeinschaftsinterventionen vor:
- in Grenzregionen (Binnengrenzen und externe Grenzen);
- zur Förderung von Kooperation zwischen Regionen und Städten;
- zur Schließung von fehlenden Verbindungsstücken in den transeuropäischen Netzen (vor allem zwischen der Peripherie und dem Zentrum);
- in innerstädtischen Problemfeldern (soziale Integration und Umwelt).

Diese Bereiche sind von der informellen Ministertagung in Den Haag ausdrücklich bestätigt worden. Im Hinblick auf den letzten Punkt erschweren allerdings unterschiedliche Interpretationen ein gemeinsames Verständnis des Handlungsbedarfes der Gemeinschaftsebene.

Das von der Kommission vorgelegte Dokument „Europa 2000" ist als ein erster Schritt auf dem Wege zu einer Raumordnung zu verstehen, die die Gemeinschaftsebene mit einbezieht. Es ist aber nur eine Momentaufnahme der raumordnungspolitischen Situation, die einer kritischen Reflexion und einer ständigen Anpassung und Vertiefung bedarf.

4.3 Arbeitsprogramm der Kommission 1993/94

Die Kommission hat daher im Herbst 1992 ein Arbeitsprogramm im Bereich der Raumentwicklung für die Jahre 1993/94 vorgelegt, das im Ausschuß zur Raumentwicklung Zustimmung fand. Dieses Programm steht im Zeichen der Fortführung und Intensivierung des Dialoges mit den Partnern.

Das Arbeitsprogramm weist vier Schwerpunktbereiche auf:
– den Abschluß der transregionalen Studien und der Studien über die externen Einflüsse;
– die Behandlung neuer Forschungsthemen;
– die Errichtung eines integrierten Systems sozioökonomischer, kartographischer sowie statistischer Informationen (GIS);
– die Verstärkung des Dialoges mit raumordnenden Akteuren.

Abschluß der transregionalen Studien und der Studien über die externen Einflüsse

Die bereits begonnene Reihe von sieben transregionalen Studien und drei Studien über externe Einflüsse auf den Gemeinschaftsraum ist im Herbst 1993 zum Abschluß gebracht worden. Darin sollen die im Bericht „Europa 2000" beschriebenen Trends auf ihre Auswirkungen auf Gruppen von Regionen, die gewisse Lage- und Problemgemeinsamkeiten haben, untersucht werden – also ein noch stärker regional orientierter Ansatz. Auf der Basis der Entwürfe der Endberichte werden die Mitgliedstaaten und die betroffenen Regionen konsultiert. Die Endberichte werden in Kürze unter Wahrung der inhaltlichen Verantwortlichkeit der jeweiligen Vertragnehmer von der Kommission für ein breites Publikum veröffentlicht. Die Kommission behält sich vor, spezifischen gemeinschaftsrelevanten Aspekten der Studien (z.B. Auswirkungen von Gemeinschaftpolitiken, mögliche transnationale Kooperationsfelder für Mitgliedstaaten) in eigenen Mitteilungen nachzugehen. Auf Antrag der Mitgliedstaaten und/oder Regionen sowie unter Beachtung des Subsidiaritätsprinzipes könnte dann die Mitfinanzierung von Durchführbarkeitsstudien für bestimmte raumordnerische Problemlösungen von gemeinschaftlichem Interesse folgen.

Behandlung neuer Forschungsthemen

Der Katalog der acht neuen und zu vertiefenden Forschungsthemen soll im folgenden etwas ausführlicher vorgestellt werden:
– Disparitäten in der Mobilität von Bevölkerung und Beschäftigung: Die geringere Wohnmobilität der Bevölkerung kontrastiert mit der zunehmenden Arbeitsplatzmobilität. Investitionen und damit Arbeitsplätze werden verlagert, während die Bevölkerung diesen Bewegungen kaum folgt. Die räumlichen und zeitlichen Muster dieser Prozesse, die sozialen und regionalwirtschaftlichen Konsequenzen der Disparitäten und die Basisdaten für eine ausgewogenere Arbeitsumverteilung im Gemeinschaftsraum sollen untersucht werden.
– Regionale Auswirkungen von internationalen Investitionsströmen: Multinationale Konzerne und Firmen spielen zunehmend eine entscheidende Rolle

für die Entwicklungsaussichten von Regionen. Der regionale Einfluß ihrer Investitionsentscheidungen sowie deren Standortkriterien werden untersucht, auch im Hinblick auf das Abwandern in Regionen außerhalb der EU. Die abgeschwächte Wettbewerbsfähigkeit Europas auf den Weltmärkten drückt sich neben geringer werdenden Anteilen der EU am Weltexport auch in steigenden Arbeitslosenzahlen in der Gemeinschaft aus. In den 60er Jahren lag die Arbeitslosenrate bei 2,5%, in den 70er bei 5% und heute bei mehr als 10%. Davon sind fast die Hälfte Langzeitarbeitslose, ein deutliches Indiz für ein strukturelles Problem. Auch im Schaffen neuer Arbeitsplätze fällt Europa zurück. Bei in etwa gleichen wirtschaftlichen Wachstumsraten wurden zwischen 1983–90 in den USA durchschnittlich 2,5 % pro Jahr und in der EG nur 0,8 % neue Arbeitsplätze geschaffen. Wenn man sich vergegenwärtigt, daß die Gesamtkosten der Arbeitslosigkeit in der Gemeinschaft etwa der Summe des Bruttosozialproduktes der zwei Mitgliedstaaten Belgien und Portugal entspricht, wird das Ausmaß der Vergeudung von Humanressourcen deutlich.

– Transfer- und Finanzausgleichsmechanismen: Auch diese beeinflussen die Entwicklungsaussichten von Regionen und haben das Potential, regionale Disparitäten zu verringern. Erforderlich ist ein besseres Verstehen der Strukturen öffentlicher Investitionen in den Regionen, (wie Art und Umfang örtlicher oder regionaler Steuern), des Sozialhaushaltes und der öffentlichen Ausgaben sowie der räumlichen Auswirkungen der Preisgestaltung für öffentliche Dienste.

– Transeuropäische Verkehrsnetze: Für die Entwicklung des Gemeinschaftsraums stellen sich vor allem zwei Probleme: die Isolierung der Randregionen und die Verkehrsüberlastung in den Zentralregionen. Beide haben negative Auswirkungen auf das Funktionieren des Binnenmarktes und die Nutzung des Gemeinschaftsraums. Die Studien werden ausgerichtet sein auf die Auswirkungen der transeuropäischen Netze auf die Regionen (Bodennutzung, Umwelt, wirtschaftliche Entwicklung) und auf die Notwendigkeit der Verknüpfung von in den Leitschemata definierten Netzen von europäischer Bedeutung mit den Sekundärnetzen klassischer Verkehrsträger.

– Schutz der Umwelt: Eine ganze Reihe von Aufgaben im Bereich des Schutzes der Umwelt haben eine transnationale Dimension (siehe oben), was sowohl einen größeren räumlichen als auch einen langfristigen Ansatz erfordert. Vorrangig untersucht werden unterschiedliche Politiken und raumordnerische Aspekte im Zusammenhang mit Maßnahmen zur Verbesserung der Bewirtschaftung der Wasserressourcen, der Abfallbehandlung oder zur Einrichtung von unter Gemeinschaftsaspekten schützenswerten Naturräumen.

– Städtische Gebiete: Der verstärkte Wettbewerb zwischen den Städten und die zunehmenden Spannungen innerhalb der Städte behindern die Entwicklung einer ausgewogenen Städtelandschaft. Häufig sind die verstädterten Zonen der Brennpunkt sozialer und ökologischer Probleme. Die Studien werden sich konzentrieren auf die Rolle der kleineren und mittleren Städte für die regionale Entwicklung, den Aufbau eines arbeitsteiligen Städtesystems und

die Auswirkungen der sozialen Segregation und Marginalisierung auf Investitions- und Standortentscheidungen.
- Ländliche Raumentwicklung: Vor dem Hintergrund der Unterschiedlichkeit der ländlichen Räume in der Gemeinschaft und einem generellen Wechsel von einer rein landwirtschaftlich ausgerichteten Politik hin zu Politiken für eine integrierte ländliche Entwicklung werden in diesem Bereich vor allem die regionalen Auswirkungen der Reform der Gemeinschaftlichen Agrarpolitik, die Rolle der Klein- und Mittelstädte für die Entwicklung des ländlichen Raumes sowie die spezifischen Probleme der dünn besiedelten Regionen und der Berggebiete untersucht.
- Grenzregionen: Der Bedeutungsverlust der innergemeinschaftlichen Grenzen und die Öffnung der Grenzen gegenüber den europäischen Drittländern zwingt die Grenzregionen, ihre Strategien im Bereich der Wirtschaftsentwicklung und Raumordnung neu zu definieren. Der Untersuchungsansatz konzentriert sich auf die Verbesserung von Strukturen und von institutionellen Rahmenbedingungen für die Zusammenarbeit bei der Lösung von Problemen an den Binnengrenzen der Gemeinschaft sowie auf die Abschätzung der Notwendigkeit und die Schaffung von Partnerschaften zur Kooperation an den Außengrenzen. Die Ergebnisse werden zur Vorbereitung der Gemeinschaftsinitiative INTERREG II beitragen.

Jeder dieser acht Themenbereiche wird der Notwendigkeit einer langfristigen und ausgewogeneren Entwicklung des Gemeinschaftsraumes Rechnung tragen. Hierbei werden insbesondere die Aussichten regionaler Wettbewerbsfähigkeit im Zusammenhang mit der Berechnung der langzeitlichen Rentabilität von Investitionen zu berücksichtigen sein.

Errichtung eines integrierten Systems sozioökonomischer und kartographischer sowie statistischer Informationen (GIS)
Regional- und Raumplanung bedarf einer umfangreichen sozioökonomischen und geographischen Informationsbasis sowohl für die Analyse des Ist-Zustandes und der künftigen Entwicklungstrends als auch für die Entwicklung von relevanten politischen Zielen. Mit der Einrichtung eines integrierten Systems sozioökonomischer, kartographischer und statistischer Informationen (GIS) sollen nicht nur den Kommissionsdienststellen, sondern auch den Entscheidungsträgern für Raumordnung in den Mitgliedstaaten Daten für den gesamten Gemeinschaftsraum zur Verfügung gestellt werden. Auf die Vorarbeiten von EUROSTAT (GISCO) und des CORINE-LANDCOVER Projektes wird dabei zurückgegriffen.

Verstärkung des Dialoges mit raumordnerischen Akteuren
Unter die Thematik der Intensivierung des Dialoges mit den in den Raumordnungsprozeß involvierten Akteuren fallen verschiedene Aktivitäten, von denen hier stellvertretend nur die folgenden angeführt seien: die Arbeit des Ausschusses für Raumordnung und die Zusammenarbeit mit den Städten und Regionen im neuen Regionalausschuß bzw. seinem Vorläufer, dem Beirat der Regionalen und

Lokalen Gebietskörperschaften. Der Aufbau eines Netzes zur Zusammenarbeit von raumrelevanten Forschungsinstituten und ein Kompendium zu den unterschiedlichen Systemen, Traditionen und Zielen der Raumordnung in der Gemeinschaft sind Aufgaben, die nur in enger Zusammenarbeit mit den Mitgliedstaaten und Regionen erfüllt werden können. Das Gespräch mit den Sozialpartnern soll intensiviert werden. Der Austausch mit internationalen Organisationen (OECD, Europarat) wird fortgesetzt. Zum Beispiel haben EU-Kommission und Europarat am 15./16. November 1993 in Dresden gemeinsam eine Konferenz über die Entwicklungsperspektiven des größeren europäischen Raumes durchführen. Zur besseren Koordination der Gemeinschaftsaktivitäten wird eine regelmäßige und systematische Zusammenarbeit mit den anderen Generaldirektionen der Kommission aufgebaut.

4.4 Inhaltliche Vertiefung und stärkere Orientierung auf raumordnungspolitische Ziele im Dokument „Europa 2000 Plus"

Dieses ehrgeizige Arbeitsprogramm soll die Basis für ein neues umfassendes Dokument zur Raumordnung in Europa bilden. Dieses Dokument, das zur Zeit den noch vorläufigen Arbeitstitel „EUROPA 2000 PLUS" trägt, soll im Sommer 1994 vorgelegt werden.

Wie der vorhergehende Bericht soll sich auch dieser an den Bedürfnissen der Mitgliedstaaten, der Regionen, der Kommission und all derjenigen orientieren, die mit Fragen der Raumordnung befaßt sind. Dabei soll er vor allem drei Zwecken dienen. Er soll:
- die notwendige Informationsbasis für die Erarbeitung gemeinsamer Strategien der Regionen, der Mitgliedstaaten und der Gemeinschaft im Bereich der Raumordnung liefern;
- Orientierungshilfen für die Einbeziehung der raumordnungspolitischen Dimension in den Maßnahmen der grenzübergreifenden, interregionalen und internationalen Zusammenarbeit (zwischen den Gebietskörperschaften bzw. den Mitgliedstaaten) bieten;
- die Prioritäten für gemeinsames Handeln bei Fragen von gemeinsamem Interesse für den Gemeinschaftsraum insgesamt oder transnationale Teilräume aufzeigen.

Folgende Grobgliederung des Inhaltes ist vorgesehen:
- die Darstellung der gegenwärtigen Situation des europäischen Raumes auf der Basis der transregionalen und externen Impaktstudien und in Ergänzung des Periodischen Berichtes;
- die Dynamik der räumlichen Integration; die räumlichen Integrationsprozesse sollen unter Zuhilfenahme erster Ergebnisse der neuen Forschungsthemen dargestellt werden;
- die Analyse des Vorgehens der einzelnen Akteure und der raumordnungspolitischen Situation.

Außerdem ist ein Schlußkapitel vorgesehen, das Anregungen und politische Empfehlungen enthalten soll.

5. Planung als politischer Entscheidungsprozeß der Abwägung von Wachstums-, Ausgleichs- und Ökologieziel

Auch in den raumordnerischen Überlegungen der Kommission geht es darum, einen Rahmen zu bieten für die aktuell Handelnden und Anstöße zu geben für eine Politik der ordnenden Abstimmung zwischen dem Entwicklungs-, Ausgleichs- und dem Ökologieziel[7].

In diesem Sinne hat das für die Regionalpolitik zuständige Mitglied der EU-Kommission Bruce Millan bei der Verabschiedung des Dokumentes „Europa 2000" durch die Kommission wörtlich ausgeführt: „Die Entscheidung der Kommission markiert den Beginn eines Denk- und Diskussionsprozesses. (...) Dieser Prozeß bedarf der Einbeziehung nicht nur der Planer auf allen Ebenen, sondern auch der Bürger Europas. Unser aller Wohlergehen, unsere Lebensqualität stehen zur Debatte. Ich bin davon überzeugt, daß uns in den nächsten Jahren zunehmend der Nutzen von Raumplanung im europäischen Maßstab bewußt werden wird."

Die EU-Kommission ist sich der Herausforderungen, die an sie im Rahmen einer Raumordnung auf europäischer Ebene gestellt werden, voll bewußt. Sie übersieht dabei nicht die Tragweite der erforderlichen Aufgaben. Die Kommission ist bereit, die ihr von den Mitgliedstaaten zugedachte Rolle verantwortungsbewußt und im Geiste einer kooperativen Partnerschaft mit den Mitgliedstaaten, den Regionen und lokalen Gebietskörperschaften zu übernehmen. Unter diesen Vorzeichen ist zu hoffen, daß das weite und wichtige Feld der Raumordnung ein Beispiel der praktischen Ausfüllung des Subsidiaritätsprinzips werden kann.

---

[7] Herrn Prof. Dr. Michel Wegener, IRPUD, danke ich sehr für seine Anregungen zu diesen Überlegungen; siehe auch: MASSER, I./O. SVIDEN/M. WEGENER 1992: The Geography of Europe's Futures. London-New York, S. 7

FACHSITZUNG 2:
REGIONEN IN EUROPA ZWISCHEN REGIONALISMUS UND GLOBALISIERUNG

EINLEITUNG

Hans H. Blotevogel, Duisburg

Das Thema „Regionen/Regionalismus" hat Konjunktur. Noch vor wenigen Jahrzehnten war es nur eine Angelegenheit für Spezialisten: für Geographen, Regionalwissenschaftler und Raumplaner, die ihre analytischen und planerisch-technokratischen Regionsbegriffe konstruierten, kaum wahrgenommen von der politischen Öffentlichkeit. Darüber hinaus galten „Regionen" als langsam verschwindende Relikte vormoderner Gesellschaften, die allenfalls ewiggestrige Heimatfreunde (und einige möglicherweise geistesverwandte Geographen) zu mobilisieren imstande waren.

Diese Situation änderte sich in zwei Stufen. In den 60er und 70er Jahren wurde die Region „progressiv gewendet". In dezidierter Opposition zum (Zentral-)Staat erfuhr die Region eine emanzipatorische Aufladung, indem ihr Potential zur politischen Mobilisierung aufgrund (je nach Blickwinkel) tatsächlicher oder vermeintlicher Benachteiligungen entdeckt wurde. Die Region wurde damit zum einem Bezugsrahmen und Vehikel politisch-sozialer Autonomiebestrebungen.

In den 80er und beginnenden 90er Jahren wurde die Situation unübersichtlicher und komplizierter. Neben dem traditionell „progressiven Regionalismus" peripherer Regionen, dessen Sprengkraft allerdings tendenziell zurückging, entstanden auch konservative regionalistische Strömungen, insbesondere in Zentralregionen, wie z.B. die italienische Lega Norte. Länder wie Belgien, Spanien, Italien und Frankreich betreiben mit unterschiedlicher Intensität eine „Regionalisierung von oben", die bisher zwar nur in Belgien zu einer wirklichen Föderalisierung führte, aber anscheinend doch imstande war, regionalistische Bestrebungen aufzufangen.

Spätestens die Akzentuierung der regionalen Ebene durch die Europäische Union und speziell die Etablierung des „Ausschusses der Regionen" nach dem Vertrag von Maastricht haben das Spannungsverhältnis zwischen Regionen und Nationalstaaten politisch wieder stärker ins Bewußtsein treten lassen. Die (wie auch immer konkret definierten) Regionen erleben derzeit geradezu eine Renaissance als Bezugsräume des politischen und wirtschaftlichen Handelns – zumindest kann ein solcher Eindruck bei einer oberflächlichen Wahrnehmung der aktuellen politischen Diskussion entstehen.

Aber welchen Stellenwert haben die Regionen tatsächlich im Prozeß der aktuellen gesellschaftlichen, politischen, wirtschaftlichen und kulturellen Restrukturierung Europas? Führt die Entwicklung zu einem Bedeutungsgewinn der Regionen, so wie es das Schlagwort vom „Europa der Regionen" suggeriert?

Stimmt die „Sandwich-Hypothese", derzufolge die Ebene der Nationalstaaten gleichsam durch eine Zangenbewegung sowohl „nach oben", d.h. zur Europäischen Union, als auch „nach unten", d.h. zur Ebene der Regionen, an Bedeutung verliert? Oder führt die zunehmende Internationalisierung von Wirtschaft, Politik und Kultur nicht nur zum Bedeutungsverlust der nationalen, sondern auch der regionalen Ebene?

Evident erscheint jedenfalls, daß das herkömmliche Modell der absolut dominierenden nationalstaatlichen Ebene in Frage gestellt wird. Die traditionelle Sicht der Welt als eines Mosaiks souveräner, gleichberechtigter Nationalstaaten, Nationalökonomien und Nationalkulturen ist endgültig vorbei. (Ob dieses Bild jemals auch in der Realität oder nur als Ideologie bestanden hat, ist in unserem Zusammenhang von sekundärer Bedeutung; es war jedenfalls das herrschende normative Modell einer historischen Epoche, die um 1800 begann und deren Ende wir heute erleben.) Die „Erosion" der Nationalstaaten beruht auf mehreren Prozessen, die sich bei einer pragmatischen Differenzierung in die gesellschaftlichen Subsysteme Wirtschaft, Politik und Kultur stichwortartig wie folgt kennzeichnen lassen:

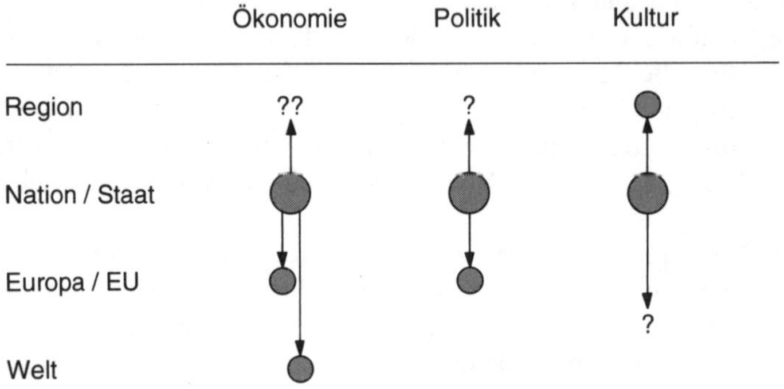

Abb. 1: Maßstabsverschiebungen gegenwärtiger gesellschaftlicher Restrukturierungen

(1) Besonders offenkundig ist die Internationalisierung der Wirtschaft, also die zunehmende Integration der (anachronistisch heute noch so genannten) „Volkswirtschaften" in den europäischen Binnenmarkt und in die Weltwirtschaft. Auf der anderen Seite ist in der jüngeren regionalökonomischen und regionalpolitischen Literatur aber auch von einer Re-Regionalisierung der Wirtschaft, von regionalen Industriedistrikten und regionalen Netzwerken die Rede. Macht es also Sinn, trotz fortschreitender Globalisierung von „Wirtschaftsregionen" zu sprechen und, wenn ja, mit welchen Implikationen für eine auf solche Regionen bezogene Wirtschaftspolitik?
(2) Auf der Ebene der Politik ist die Kompetenz- und Machtverlagerung von den Nationalstaaten zur Europäischen Union unbestreitbar, unabhängig davon, ob am Ende des europäischen Einigungsprozesses nur ein Staatenbund oder

ein Bundesstaat steht. Schwer einzuschätzen und umstritten ist hingegen, ob damit eine politische Stärkung oder aber eine Schwächung der Regionen (im Sinne substaatlicher politischer Einheiten) einhergeht. Haben „Regionen" in dem schwierigen Prozeß der Ausbalancierung der Macht zwischen Europäischer Union und (National-) Staaten überhaupt eine Chance zu relativer Autonomie und, wenn ja, sind als Regionen in diesem Sinne allenfalls Bundesländer oder auch kleinere Einheiten denkbar?

(3) Auch im Bereich der Kultur ist durch die Globalisierung der Medien zumindest eine Tendenz zur Relativierung der Nationalkulturen erkennbar. Vielleicht noch bedeutsamer sind hier jedoch auch gegenläufige Tendenzen der Regionalisierung, die sich beispielsweise an einer Aufwertung von Dialekten, an einer Wiederentdeckung regionalkultureller Traditionen und an einer zunehmenden Besinnung auf regionalkulturelle Besonderheiten festmachen läßt. Ist dieser kulturelle Regionalismus ein Reflex auf die fortschreitende gesellschaftliche Modernisierung, mit der zunehmende überregionale, globale Abhängigkeiten verbunden sind? Enthält dieser Regionalismus die Chance zu kultureller Eigenständigkeit und Selbstbestimmung oder eher die Gefahr engstirniger Selbstabgrenzung und Ausgrenzung von allem „Fremden"?

Ein Nachdenken darüber, welche Rolle Regionen im gegenwärtigen Europa spielen und welche sie im künftigen Europa spielen könnten bzw. sollten, wirft mehr Fragen auf, als Antworten in Sicht sind. Deshalb ist ein Nachdenken über diese Fragen lohnend, und es ist (auch) eine Aufgabe der Geographie, speziell der Sozialgeographie und der Politischen Geographie, sich diesen Fragen zu stellen. Zwar behandeln die folgenden Referate dieser Fachsitzung die hier angerissene Thematik weder umfassend noch abschließend, doch beleuchten sie aus unterschiedlichen Perspektiven und mit unterschiedlichen regionalen Bezügen eine Reihe von Facetten, die zu einem vertieften Verständnis der Restrukturierungsprozesse europäischer Regionen beitragen.

REGIONALISMUS: EINE NEUE SOZIALE BEWEGUNG

Benno Werlen, Zürich

Einleitung

Regionalismen erschüttern zur Zeit die bisherige nationalstaatliche Ordnung. Die politischen Karten müssen beinahe täglich neu gemacht werden. Der Regionalismus hat im letzten Jahrzehnt des 20. Jh. ein gewaltiges politisches Transformationspotential erlangt. Die Geographie, als Wissenschaft des Regionalen, hat aber zum besseren Verständnis dieser Erscheinung bisher kaum etwas beigetragen.[1] Wohl deshalb, weil sie meist kategorial so sehr auf den Raum fixiert ist, daß sie für die soziale Logik des Regionalismus blind bleibt. Regionalismus ist aber eine zentrale Form des alltäglichen Geographie-Machens. Menschen machen täglich nicht nur Geschichte, sondern auch Geographie. (Beide natürlich unter nicht selbst gewählten Umständen.) Und so wie sich die Geschichte nicht als Zeitwissenschaft versteht, sollte die Geographie nicht als Raumwissenschaft, sondern als wissenschaftliche Disziplin der Erforschung des alltäglichen Geographie-Machens konzipiert und praktiziert werden. Das heißt, daß der sozialgeographische Tatsachenblick nicht bloß für Regionales Sensibilität zeigen soll, sondern vor allem für die sozialen Prozesse der Regionalisierungen der Alltagswelt. Und zwar für Regionalisierungen sowohl in sozial-kultureller, ökonomischer wie politischer Hinsicht. Die Erforschung der aktuellen Regionalismen ist dann als eine Prozeßanalyse politischer Regionalisierung zu verstehen.

Bei diesen politischen Regionalismen geht es häufig um die Frage „Geographie oder Biographie". Damit ist gemeint, daß hier Regionalisierungen mit einem „Entweder-Oder" verknüpft und unter Ausschaltung demokratischer Entscheidungsprozesse auf Kosten von Menschenleben erzwungen werden. Krieg wird dabei im Sinne von Clausewitz (1966) als Fortführung der Politik mit anderen Mitteln gesehen. Aufgabe sozialgeographischer Forschung sollte es demgegenüber werden, „die Fortsetzung der Politik mit friedlichen Mitteln zu ermöglichen" (Hartke 1962, 115), Geographie und Biographie verträglich, das „Entweder-Oder" also durch ein „Und" ersetzbar zu machen.

1. Allgemeine Merkmale des Regionalismus

Ausgangspunkt zum Verständnis des politischen Regionalismus bildet die Hypothese, daß es sich bei ihm um eine neue soziale Bewegung handelt, deren erklärtes Ziel die Neugestaltung der territorialen Gesellschaftsordnung bildet. Die entsprechenden Argumentationsmuster weisen dabei einen zweischneidigen Charakter auf. Denn Regionalismus kann als „progressiv" erscheinen und gleich-

---

[1] Aschauer (1987) zielt zwar in diese Richtung, doch seine sozialtheoretischen Grundlagen sind nicht ausreichend ausdifferenziert.

zeitig „reaktionär" wirken. Forderungen nach Autonomie oder des Rechts, verschieden oder eigenständig zu sein, gelten wohl als „fortschrittlich". Doch „Regionalismus" kann gleichzeitig bloß als versteckter Rassismus wirken oder eine Möglichkeit sein, sich die Angst vor jeder Veränderung nicht eingestehen zu müssen.

Aktuelle Regionalismen sind zweitens in enger Beziehung zur Globalisierung zu sehen. Sie sind als ein Ausgleich zur immer stärkeren Einbettung alltäglicher Lebensbereiche in globale Kontexte zu begreifen. Und in dieser Perspektive bekommt der zweischneidige Charakter besondere Brisanz. Was im Sinne einer Autonomieforderung als demokratische Modernisierung daherkommt, kann das bloße Gegenteil sein. Denn damit werden neue Zäune gezogen und neue Flaggen gehißt. „Die Zaunhaftigkeit des Denkens und Handelns erstrahlt in verführerischem Glanz" (Beck 1993b, 70). Da aber regionalistische Argumentationsmuster in aller Regel keine neuen politischen Lösungen sozialer Probleme zu bieten haben, übertrifft der demagogische Gehalt meist das demokratisch legitimierbare Lösungspotential. Und wenn die Geographie vor der Biographie Vorrang bekommt, dann mehren sich die Friedhöfe.

2. Ausgangssituation in der Geographie

Trotz (oder gerade wegen) der politischen Brisanz des Regionalismus steht in der Geographie die Erforschung von Regionalbewußtsein und Regionalismus in regionalwissenschaftlicher Manier im Zentrum. „Regionalismus" wird entsprechend als räumliches Phänomen oder als Ausdruck einer „raumbezogenen Identität" (Weichhart 1990) interpretiert. Geht man aber davon aus, daß nur physisch-materielle Gegebenheiten erdräumlich exakt lokalisiert werden können, nicht aber Bewußtseinstatsachen und sozial-kulturelle Gegebenheiten, dann wird die regionalwissenschaftliche Regionalismus- und Identitätsforschung fragwürdig.

Trotzdem ist es offensichtlich, daß manifeste Auftretensformen sozialer und kultureller Gegebenheiten auch in „erdräumlicher Dimension" Differenzierungen aufweisen. Die Schwierigkeit der Bewahrung kultureller, sozialer und personaler Identität von Emigranten in Einwanderungsgesellschaften ist ein Hinweis auf diesen Problemzusammenhang. Es gibt lokale Traditionen und einen regionsspezifischen Ausdruck sozial-kultureller Wirklichkeit.[2]

Dies scheint eine widersprüchliche Argumentation zu sein. Dieser Eindruck ergibt sich aber nur dann, wenn man nicht zwischen regionalwissenschaftlicher Betrachtung einerseits und sozialgeographischer Analyse der sozialen Prozesse der Regionalisierung andererseits unterscheidet. Genau das ist in der jüngsten deutschen Regionalismusdebatte der Fall, was zu einer bizarren Situation geführt hat. Suchte die eine Gruppe von Autoren[3] nach den regionalen Bewußtseinsräumen in territorialen Kategorien, hat die andere Gruppe[4] die Sinnhaftigkeit dieser

2 Vgl. ausführlicher dazu Werlen 1992, 20ff.
3 Blotevogel et al. 1986 und 1989.
4 Hard 1987a und 1987b; Bahrenberg 1988.

Bemühungen zu Recht in Frage gestellt. Viele haben daraus die Folgerung abgeleitet, daß sich jede geographische Auseinandersetzung mit „Regionalismus" erübrigt, obwohl zur Zeit „Regionalismen" die nationalstaatliche Ordnung der Weltgesellschaft erschüttern.

Die Ablehnung der Erforschung des Regionalismus in physisch-weltlichen Kategorien bedeutet natürlich nicht, daß „Regionalismus" als soziale Konstruktion inexistent ist. Die Tatsache, daß es sich um eine soziale Konstruktion handelt, heißt aber nicht gleichzeitig, daß „Regionalismus" keine Sache der Geographie bzw. Sozialgeographie ist. Selbst wenn Regionalismen meist primär historisch bzw. zeitlich und politisch legitimiert werden, vermag das nicht über die Bedeutung des räumlichen bzw. regionalen Kontextes hinwegzutäuschen. Zudem sind die territorialen Implikationen des Regionalismus offensichtlich.

Die soziale Konstruktion des Regionalismus impliziert immer auch räumliche Aspekte. Demgemäß ist zu fragen, welche Bedeutung die räumliche Komponente bei regionalistischen Argumentationsmustern aufweist, selbst wenn „Regionalismus" räumlich nicht abbildbar ist.

3. Regionalismus und Identität

Häufig wird davon ausgegangen, daß die Verschärfung des Tempos des sozialen Wandels und die Intensivierung der Globalisierungsprozesse auf persönlicher Ebene zu Verunsicherungen führen; damit wachse das Bedürfnis nach stabilisierenden Identitäten; die auf emotionalen Orts- und Regionsbezügen aufbauenden regionalistischen Argumentationsmuster wären in diesem Kontext zu sehen. „Regionalismus" wird dann nicht als Gegensatz zum Globalisierungsprozeß gesehen, sondern vielmehr als Kompensation der damit verbundenen Identitätsdefizite und in diesem Sinne gleichzeitig legitimiert. Damit wird die enge Verbindung von „Regionalismus" und „Identität" einerseits auf allgemeine Verunsicherung zurückgeführt und andererseits als Form der Krisenbewältigung akzeptiert.

Bevor diese Interpretation beurteilt werden kann, ist zwischen „Region", „Regionalismus" und „Identität" zu unterscheiden. Zur Verdeutlichung will ich mich auf ein eindeutiges Beispiel beziehen, bei dem die soziale Konstruktion ebenfalls auf physisch-materielle bzw. biologische Kategorien Bezug nimmt: nämlich den Sexismus.

„Geschlecht" und „Sexismus" müssen klar auseinandergehalten werden. Nicht die Tatsache, daß man jemanden aufgrund einiger biologischer bzw. anatomischer Merkmale den Kategorien „weiblich" oder „männlich" zuordnet, ist bereits sexistisch. Erst wenn man mittels einem ontologischen Sprung – wie ich es nennen möchte – aus einer biologischen Differenz eine soziale Differenz ableitet und erstere zur Begründung letzterer beizieht, wird die Wende zum „-ismus" vollzogen. Mit der Differenz werden dann bestimmte Rechte bzw. Unrechte verknüpft. Darauf kann der entsprechende politische Diskurs aufbauen, der sowohl diskriminierend wie auch emanzipatorisch gewendet werden kann.[5] Wer

5 Vgl. ausführlicher Werlen 1993a, 5ff. und 206 sowie Brennan 1989.

sich mit diesen Typisierungen identifiziert, weist eine entsprechende Identität auf. Wer sie in Handlungen und Urteilen reproduziert, vollzieht eine sexistische Praxis.

Analog ist zwischen „Region" „Regionalismus" zu unterscheiden. Der Verweis auf Herkunftsort oder -region findet sich auf jeder Identitätskarte, wie in der Schweiz der Personalausweis offiziell genannt wird. Das hat ebensowenig mit „Regionalismus" zu tun, wie der emotionale Bezug zu Erinnerungen an Erfahrungen und Lebensformen in einer bestimmter Region oder einem bestimmten Ort.

Als erste Form des Regionalismus können jene sozialen Typisierungen begriffen werden, die aufgrund räumlicher bzw. regionaler Kategorien vorgenommen werden. Das Ergebnis sind stereotype Äußerungen wie „Rheinländer sind fröhlich", „Korsen sind verschlagen", „Süditaliener sind faul" usw. Spezifische soziale oder persönliche Eigenschaften werden dabei ohne soziale oder biographische Differenzierung auf alle Personen aus einer Herkunftsregion übertragen.

Die Doppelschneidigkeit dieser „-ismen" scheint somit auch darin begründet zu sein, daß im Prinzip sozial indifferente räumliche bzw. materielle oder biologische Kategorien zur sozialen Typisierung verwendet und ideologisch beliebig „aufgeladen" werden können.

Auf dem typisierenden Regionalismus kann nun der politische Regionalismus aufbauen. Denn nach außen ist die Typisierung ein Aufhänger für generalisierte Einstellungen zu bestimmten Herkunftsgruppen, und nach innen weist sie ein identitätsstiftendes Element auf. Vereinfacht ausgedrückt handelt es sich beim politischen Regionalismus um eine territorial-politisch motivierte Argumentation auf sub-nationaler Ebene, die die Vertreter des nationalstaatlichen Entscheidungszentrums herausfordert. Ein (politischer) Diskurs zugunsten oder zuungunsten einer räumlich definierten Gesellschaft also. Diese Diskurse setzen Identifizierung voraus, sind aber selbst auch – wie kurz angedeutet – Medium der Identitätsstiftung. Was kann nun aber unter „Identität" und „regionaler Identität" verstanden werden?

Der Satz der Identität lautet gemäß der traditionellen Formel „A=A". Der Unterschied von „Identität" zur bloßen Tautologie besteht darin, daß von „Identität" dann gesprochen werden kann, wenn prinzipiell die Möglichkeit zur Differenz besteht.[6] „Identität" bezieht sich demzufolge auf mindestens zwei Gegebenheiten, die grundsätzlich verschieden sein könnten, aber nicht verschieden sind. Dementsprechend wird Identität ohne potentielle Differenz nicht wahrgenommen. Erst mit zunehmender Möglichkeit der Differenz wird Identität erkennbar. Deshalb wird „Identität" erst in modernen Gesellschaften und Kulturen thematisiert, nicht aber in traditionellen.

„Identität" ist aber nur zwischen ontologisch gleichartigen Gegebenheiten möglich. Das bringen die differenzierenden Formulierungen wie „persönliche", „soziale" oder „kulturelle Identität" zum Ausdruck. Demgemäß ist es unsinnig, nach Identitäten zwischen physisch-materiell begrenzten Regionen und kulturellen oder emotionalen Gegebenheiten Ausschau zu halten. Die Behauptung, daß nur

---

6 Vgl. dazu Heidegger 1986.

etwas Identität aufweisen kann, das grundsätzlich verschieden sein könnte, ist also einzugrenzen auf Gegebenheiten, die denselben ontologischen Status aufweisen.

Trotzdem gibt es zahlreiche Handlungs- und Argumentationsweisen, die diesen Unterscheidungen widersprechen. Im Regionalismus wird diese Nichtberücksichtigung sogar strategisch eingesetzt.

Die identitätsstiftende Komponente regionalistischer und (völkisch-) nationalistischer Argumentation ist in der holistischen Ausrichtung begründet. In der holistischen Konstruktion verschwinden einerseits soziale Unterschiede weitgehend, und andererseits wird eine Zugehörigkeit suggeriert. Und diese soziale „Einebnung" hat damit zu tun, daß nicht soziale Kategorien zur Charakterisierung von Regionen und Territorien verwendet werden, sondern umgekehrt: Räumliche Kategorien werden zur sozialen Typisierung und der Konstruktion einer gesellschaftlichen Totalität verwendet.[7] Diese Raum-Gesellschafts-Kombination läßt eine regionale Bevölkerung als ein Individuum mit klar begrenzbarem Korpus (Territorium, Region) erscheinen. Diesem werden bestimmte „Charaktereigenschaften" und andere „individuelle" Merkmale zugeschrieben, wie etwa: „Armenien ist hochbetagt" usw. Die personen-ähnliche Vorstellung läuft schließlich darauf hinaus, daß die so Angesprochenen glauben, sie könnten alle in gleichem Maße Bestandteil dieses „sozial-räumlichen Korpus" sein. Die räumlich definierte soziale Einheit wird für ein an sich existierendes Ganzes gehalten, in dessen Namen man reden kann. Da sich eine Vielzahl von Personen gleichzeitig mit diesem Ganzen auf emotionale Weise identifiziert, kommt es zu einer höchst komplexen Interpenetration von politischem Diskurs und holistischer Fiktion. Diese Komplexität dürfte ein weiterer wichtiger Grund dafür sein, weshalb Regionalismus so schwer faßbar ist. Bevor ich dies vertiefen kann, ist zuerst genauer zu bestimmen, was man unter „neuen sozialen Bewegungen" verstehen kann.

4. Merkmale neuer sozialer Bewegungen

Neue soziale Bewegungen sind wohl die wichtigste Form „kollektiven Handelns" in den 70er und 80er Jahren. Im Vergleich zu den klassischen sozialen Bewegungen, wie Gewerkschaften u.a., sind sie nicht mehr ausschließlich im Bereich des ökonomischen Feldes zu finden, sondern vielmehr als Opposition zu Geschäftsorganisationen, politischen Parteien und der Staatsbürokratie. Bei neuen sozialen Bewegungen handelt sich beispielsweise um Bürgerrechts-, Feminismus-, Friedens- oder Ökologiebewegungen. Sie ziehen sich – als zentraler Ausdruck der Reflexivität spät-moderner Gesellschaften[8] – quer durch politische Lager und behaupten sich „unterhalb staatlicher Institutionen". Sie sind auf soziale Probleme gerichtet, denen bestehende Institutionen nicht genügend Aufmerksamkeit

---

7 Vgl. Werlen 1989 und 1993c.
8 Vgl. Giddens 1990; 1991 und 1992; Beck, 1993a; Robertson 1992.

schenken. Diese Probleme sind nicht „vorgegeben", sondern werden erst durch die Situationsdefinitionen[9] der Akteure der Bewegung Bestandteil des öffentlichen Bewußtseins.

Der Ausdruck „soziale Bewegung" ist im Sinne von MELUCCI (1989, 203) als Kurzformel („communicational tool") für die Vielfalt der damit verbundenen, außerparlamentarischen, oppositionellen Handlungen zu verwenden. Diese Handlungen setzen eine gemeinsame Situationsdefinition und die entsprechende Formulierung eines gemeinsamen Interesses voraus. Kurz: Es handelt es sich um „kollektive Handlungen", d.h. um koordinierte Handlungen einer Mehrzahl von Subjekten im Hinblick auf ein gemeinsam erkanntes Problem und dessen Bewältigung. Die Einheit der Bewegung ist dementsprechend als ein zu erforschendes Ergebnis und nicht als unbefragter Ausgangspunkt politischer Transformation zu verstehen.[10] Um von einer derart konstituierten neuen sozialen Bewegung sprechen zu können, sollten somit die drei folgenden Merkmale gegeben sein:

1. Ein kollektives Handeln, das auf Solidarität, *kollektiver Identität*, einem „Wir-Gefühl" beruht, das sich
2. durch ein Konfliktpotential auszeichnet, dessen Ziel in Opposition zur allgemeinen sozialen Entwicklungsrichtung steht und somit auch über eine klare *Abgrenzung* nach außen verfügt und
3. neue *Forderungen* an die vorherrschende politische Ordnung richtet, Alternativen anbietet und die institutionelle Ordnung oder kulturelle Werte zu transformieren beabsichtigt.

An einer sozialen Bewegung teilzuhaben, kann aber nicht nur für den sozialpolitischen Kontext relevant, sondern auch von großer Bedeutung für die persönliche und sozial-kulturelle Identität der Handelnden sein. Wie gesagt, es gibt gute Gründe, davon auszugehen, daß zwischen Regionalismus und Identität ein enger Zusammenhang besteht. Die Frage ist nun, in welchem Sinne „Regionalismus" angemessen als neue soziale Bewegung untersucht werden kann, deren politischen Forderungen das Machen einer neuen Geographie impliziert.

5. Regionalismus als neue soziale Bewegung

Sozialgeographische Regionalismus-Forschung sollte primär in bezug auf die drei vorgestellten Merkmale sozialer Bewegungen „kollektive Identität", „Abgrenzung" und „Forderungen" erfolgen. Deren Erörterung macht gleichzeitig auch potentielle Hypothesen für entsprechende empirische Untersuchungen verfügbar.

Kollektive Identität
Im regionalistischen Kontext sind Sprache, Kultur, Volk, Religion, gemeinsame Geschichte und häufig auch ein politisch-rechtlich definierter Minderheitsstatus

---

9 Vgl. dazu Werlen 1987, 46ff.; 112–160.
10 Vgl. Melucci 1989, 25f.

die wichtigsten Konstitutionsaspekte kollektiver Identität. Und genau hier kommt räumlichen Kategorien eine besondere Bedeutung zu. Im regionalistischen Diskurs wird das identitätsstiftende Moment im Verhältnis zwischen dem im Namen einer Region sprechenden Subjekt und den anderen Mitgliedern einer sozialen Einheit vertieft. Dies wird nicht zuletzt durch die implizite Differenzbildung dieser Begriffe ermöglicht. Die kollektive Identität wird in diesem Sinne über die Differenz zu anderen konstituiert. Dabei wird der regionalistische Wortführer im Rahmen dessen, was Bourdieu „Transsubstantiationsprozeß" nennt, auf mysteriöse Weise zum personifizierten regionalen Kollektiv, für das er spricht.

Dieses „Mysterium" kann nach BOURDIEU (1984; 1985) am besten aufgebrochen werden, wenn wir analysieren, wie jemand sich das Recht erwerben kann, im Namen der Gruppe zu sprechen. Zudem ist abzuklären, welche sozialen Konsequenzen die Tatsache in sich birgt, wenn jemand im Namen einer regionalistischen Bewegung spricht und handelt. Entscheidend scheint zu sein, daß der Wortführer für das Kollektiv steht, dieses repräsentiert und das Kollektiv „nur dank dieser Bevollmächtigung Dasein hat. (...) Die Gruppe wird durch den erstellt, der in ihrem Namen spricht" (Bourdieu 1985, 38). Die Idee der Gruppe als Einheit überlebt nicht zuletzt aufgrund der Personifikation des Repräsentanten als die Gruppe selbst. Dabei wird jedes einzelne Mitglied „dem Zustand von isolierten Individuen (entrissen)" (ebd.). Die sprechende Person wird allerdings Subjekt und Kollektiv zugleich.

Abgrenzung
Die Abgrenzung erfolgt über die identitätsstiftende Differenz. Die Kontrastierung der Unterschiede im Vergleich zu den Opponenten und die als Konfliktpotential definierten Situationselemente produzieren die Trennlinie, die die Abgrenzung ermöglicht. Über die Betonung von Differenz wird gleichzeitig zur argumentativen Ausblendung der internen Unterschiede beigetragen. Dafür ist das Sprechen in räumlichen Kategorien wiederum äußerst hilfreich. Insgesamt kann man sagen, daß die identitätsstiftenden Elemente gleichzeitig auch die begrenzenden bzw. ausgrenzenden Merkmale darstellen. Worauf das Wir-Gefühl beruht, ist auch die Basis zur ausgrenzenden Bestimmung der „Anderen", gegen die sich die Forderungen richten.

Forderungen
In den Forderungen drücken sich die Zielvorstellungen regionalistischer Bewegungen aus. Deren Forderungen finden ihren Ausdruck in der Infragestellung der territorial-politischen Regionalisierung der bisherigen Zugehörigkeitsgesellschaft. Verlangt wird eine neue Regionalisierung mit neuen Zuständigkeitsverhältnissen, im Extremfall heißt das Separatismus und Gründung eines neuen Staates. Dies ist die externe Mobilisierung der Bewegung, die auf Autonomie, Selbstbestimmung und Eigenständigkeit ausgerichtet ist. Darin äußert sich denn auch ein weiterer Aspekt der Zweischneidigkeit regionalistischer Forderungen: Die Begründung der zukunftsorientierten Forderungen nach Autonomie und Eigenständigkeit ist vergangenheitsbezogen.

6. Kategorien zur Erforschung regionalistischer Bewegungen

Ohne hier auf die differenzierte Begründung einzugehen, sei lediglich darauf hingewiesen, daß die drei Hauptkategorien „kollektive Identität", „Abgrenzung" und „Forderungen" für die inhaltsanalytische Auswertung regionalistischer Diskurse weiter ausdifferenziert werden müssen. Auf einer ersten Stufe nimmt das Kategorienschema folgende Form an:

Kollektive Identität	Abgrenzung	Forderungen
– kulturell begründet	– kulturelle Argumente	– Abspaltung/ Eigenständigkeit
– ethnisch begründet	– ethnische Argumente	– Autonomie/ Selbständigkeit
– politisch begründet	– politische Argumente	
– Transsubstantiationsprozess	– historische Argumente	
	– territoriale Argumente	– reaktionäre Vorstellungen
– andere	– Blut- und Boden-Argumente	– progressive Vorstellungen
	– Gegenüber	– Föderalismuskonzepte
	– andere	– wirtschaftliche Konzepte
		– andere

SCHWYN (1993, 92–117) hat in einer empirischen Untersuchung den höchst erfolgreichen regionalistischen Diskurs des „Rassemblement jurassien", das den Separatismus in der Kantonsgründung verwirklichte, differenziert analysiert. Da die Ergebnisse seiner Arbeit demnächst in voller Länge publiziert werden, kann ich mich hier auf einige Schwerpunkte beschränken.

Hinsichtlich der kollektiven *Identität* wurden vor allem betont: gemeinsame Konfession, Geschichte und Sprache (kulturell), Abstammung bzw. Volksbewußtsein (ethnisch) sowie die Legitimität des „Rassemblement jurassien", für die Jurassier zu sprechen (Transsubstantiation).

Hinsichtlich der *Abgrenzung* wurde der Akzent vor allem auf die kulturelle Bedrohung aufgrund einer zunehmenden 'Germanisierung' gelegt. Die ethnische Kontrastierung wird als Mittel der Bewußtwerdung der sogenannten eigenen Wesensart, zur Eigendefinition und zur Abgrenzung und Charakterisierung des anderen benutzt. Blut- und Boden-Argumente fanden in Forderungen der Wiederherstellung des mystischen Volkstums ihren Ausdruck mit Rekurs auf Dimensionen wie: Land der Ahnen, Heimaterde, „l'âme du pays", „âme jurassienne".

Die *Forderungen* dieser regionalistischen Bewegung bezogen sich primär auf die Loslösung von Bern (Ablösung) und die Gründung des Kantons Jura als neuer Teilstaat des schweizerischen Bundesstaates (Autonomie). Reaktionäre Vorstellungen äußerten sich in komplexitätsreduzierenden Argumenten fundamentalistischer und rassistischer Art, wie beispielsweise der Marginalisierung neuer Minderheiten und/oder der Verweigerung, eigene Forderungen auf deren Situation auszudehnen: „Der Berner Jura ist ethnisch homogen trotz der Minderheiten deutschsprachiger Einwanderer in den Grenzgebieten!". Als progressive Vorstellungen können demgegenüber Forderungen betrachtet werden, die gemäß dem „Rassemblenment jurassien" „Wertinnovationen" im kulturellen, rechtlichen und sozialen Bereich beinhalten.

Schluß

Aus diesen Operationalisierungen und der Andeutung erster empirischer Ergebnisse geht hervor, daß es gute Gründe gibt, den politischen Regionalismus als eine neue soziale Bewegung zu begreifen. Dementsprechend eröffnet sich auch der Analyse des Geographie-Machens außerhalb des raum- und regionalwissenschaftlichen Paradigmas ein weites Aufgabenfeld. Die Aufgabe der Sozialgeographie kann aber nicht nur in der Analyse dieses Phänomens bestehen. Ihr kommt auch eine kritische Funktion im Sinne der Aufklärung über die Implikationen des Regionalismus zu, und wenn immer möglich sollte sie zur Verhinderung von deren blutigen Konsequenzen beitragen. Sollten die Ergebnisse von Schwyn in weiteren empirischen Untersuchungen Bestätigung finden, dann wäre vor allem auf die starken Momente der Gegenmodernisierung des Regionalismus aufmerksam zu machen.

Es ist zu vermuten, daß der traditionellen Regionalpolitik und -planung als Mittel der Begrenzung regionalistischer Gegenmodernisierung eine wichtige, aber keine überragende Bedeutung zukommt. Denn der zentrale Motor des Regionalismus könnte die Identitätsstiftung sein. Doch diese Funktion erlischt, sobald die Ziele der Bewegung erreicht sind. Nicht in jedem Fall wird die Erreichung regionalistischer Ziele mit einer Verbesserung der Perspektiven persönlicher Biographien identisch sein. Außer für jene, die neue politische Ämter bekleiden, könnte es vielleicht bloß bedeuten, daß der Kampf umsonst war und wegen ihm von den wahren sozialen und ökonomischen Problemen kein einziges gelöst wurde. Die Ersetzung des „Oder" durch ein „Und" im Verhältnis von Geographie und Biographie im Rahmen multikultureller Lebenswelten setzt trotz erlebter Differenz die Bezugnahme auf Gemeinsamkeiten voraus.

Literatur

ASCHAUER, W. 1987: Regionalbewegungen. Aspekte eines westeuropäischen Phänomens und ihre Diskussion am Beispiel Südtirol. Kassel (= Urbs et Regio 45)

BAHRENBERG, G. 1987: Unsinn und Sinn des Regionalismus in der Geographie. In: Geographische Zeitschrift 75, S. 149–160

BECK, U. 1993a: Die Erfindung des Politischen. Zu einer Theorie reflexiver Modernisierung. Frankfurt a. M.

BECK, U. 1993b: „Auch der Westen verschwindet ....". In: Neue Zürcher Zeitung Nr. 217, S. 69–70

BLOTEVOGEL, H.H./G. HEINRITZ/H. POPP 1986: Regionalbewußtsein. Bemerkungen zum Leitbegriff einer Tagung. In: Berichte zur deutschen Landeskunde 60, S. 103–114

BLOTEVOGEL, H.H./G. HEINRITZ/H. POPP 1989: „Regionalbewußtsein". Zum Stand der Diskussion um einen Stein des Anstoßes. In: Geographische Zeitschrift 77, S. 65–88

BOURDIEU, P. 1985: Sozialer Raum und Klassen. In: Bourdieu, P.: Sozialer Raum und ‚Klassen'. Leçon sur la leçon. Zwei Vorlesungen. Frankfurt a. M., S. 7–46

BRENNAN, T. (ed.) 1989: Between Feminism and Psychoanalysis. London

CLAUSEWITZ, K.v. 1966 (17. Auflage.): Vom Kriege. Berlin

GERDES, D. 1985: Regionalismus als soziale Bewegung. Westeuropa, Frankreich, Korsika: Vom Vergleich zur Kontextanalyse, Frankfurt a. M.

GIDDENS, A. 1990: Consequences of Modernity. Stanford
GIDDENS, A. 1991: Modernity and Self-Identity. Cambridge
GIDDENS, A. 1992: Kritische Theorie der Spätmoderne. Wien
HARD, G. 1987a: „Bewußtseinsräume". Interpretationen zu geographischen Versuchen, regionales Bewußtsein zu erforschen. In: Geographische Zeitschrift 75, S. 127–148
HARD, G. 1987b: Das Regionalbewußtsein im Spiegel der regionalistischen Utopie. In: Informationen zur Raumentwicklung, H. 7/8, S. 419–440
HEIDEGGER, M. 1986 : Identität und Differenz. 8. Aufl. Pfullingen
MELUCCI, A. 1989: Nomads of the Present. Social Movements and Individual Needs in Contemporary Society. London
ROBERTSON, R. 1992: Globalization. Social Theory and Global Culture. London
SCHWYN, M. 1994: Regionalismus als soziale Bewegung. Entwurf einer theoretischen Beschreibung des Regionalismus mit einer empirischen Analyse zum Jurakonflikt. Zürich (unveröffentlichte Diplomarbeit)
WERLEN, B. 1987: Gesellschaft, Handlung und Raum. Grundlagen handlungstheoretischer Sozialgeographie. Stuttgart
WERLEN, B. 1989: Kulturelle Identität zwischen Individualismus und Holismus. In: Sosoe, K.L. (Hrsg.): Identität: Evolution oder Differenz. Fribourg, S. 21–54
WERLEN, B. 1992: Regionale oder kulturelle Identität? Eine Problemskizze. In: Berichte zur deutschen Landeskunde 66, S. 9–32
WERLEN, B. 1993a: Society, Action and Space. An Alternative Human Geography. London
WERLEN, B. 1993b: On Regional and Cultural Identity: Outline of a Regional Cultural Analysis. In: Steiner D./M. Nauser (eds.): Human Ecology. London, S. 296–309
WERLEN, B. 1993c: Identität und Raum – Regionalismus und Nationalismus. In: »Soziographie« Nr. 7, S. 39–73

„REGIONALISMUS" UND GLOBALISIERUNG.
HERAUSFORDERUNG AN DEN BRITISCHEN NATIONALSTAAT?

Gerald Wood, Duisburg

Einleitung

„Regionen" stehen derzeit hoch im Kurs, speziell im europäischen Kontext. Die Aktualität der Region bzw. des Regionsbegriffes erklärt sich insbesondere aus jüngeren sowie gegenwärtigen politischen und wirtschaftlichen Wandlungsprozessen: anhand von zwei Schlaglichtern läßt sie sich folgendermaßen skizzieren:
– Zum einen erfährt die „Region" durch das politische Zusammenwachsen der europäischen Nationalstaaten eine Bedeutungssteigerung, und zwar als eine eigenständige, mittlere politische Ebene, die unmittelbar mit der EU kooperiert.
– Zum anderen lassen Untersuchungen über den weltweiten wirtschaftlichen Strukturwandel und dessen räumliche Muster in bestimmten Fällen einen Bedeutungszuwachs der Region erkennen. Terminologisch findet dies z.B. in dem Begriff des „industrial district" seinen Niederschlag (PIORE/SABEL 1984).

Offen ist allerdings, welche Rolle die „Regionen" in einem politisch immer enger zusammenrückenden und in die Weltwirtschaft immer stärker integrierten Europa tatsächlich spielen werden. So ist, gerade mit Blick auf die Situation im Zentralstaat Großbritannien, danach zu fragen, in welchen Zusammenhängen bzw. unter welchen Prämissen die „Region" einen Bedeutungszuwachs erfahren könnte. Wird sie eher in wirtschaftlicher und wirtschaftspolitischer Hinsicht relevant, als „industrial district" beispielsweise (vgl. KRUSE 1991)? Oder aber gewinnt die „Region" über funktionalistische Begründungsmuster hinaus auch in sozialer bzw. in sozio-kultureller Hinsicht an Gewicht?

Und wenn dies der Fall ist und die „Region" auch als sozialräumliche Einheit bedeutsam ist bzw. bedeutsamer wird, für welches Projekt steht sie dann? Etwa für das Projekt einer regionalistischen Bewegung, die sich bildet, um Protestpotential gegen disparate Entwicklungen zwischen Zentren und Peripherien zu mobilisieren und diesem Protestpotential eine Stimme zu verleihen? Oder aber steht sie für das Projekt einer politischen Beschwichtigungsstrategie, die die „regionale Identität" der Bevölkerung zum Ersatz für die defizitäre Teilhabe am Wohlstand erklärt, wie dies beispielsweise vom sächsischen Ministerpräsidenten Biedenkopf für die neuen Bundesländer in Deutschland angedacht worden ist?

Aber egal, wie sich die antizipierte Bedeutungssteigerung der Region konkret materialisiert, eines scheint gewiß: sie wird einhergehen mit einer Bedeutungsabnahme des Zentralstaates. So jedenfalls sehen es zahlreiche Beobachter.

In meinen folgenden Überlegungen werde ich mich der Frage zuwenden, inwieweit diese Annahme im Falle Großbritanniens zutrifft. Die Diskussion soll aber in einem weiter gefaßten Kontext erfolgen.

Ich möchte neben der Betrachtung des Spannungsfeldes Region-Zentralstaat ein weiteres Spannungsfeld mitbehandeln. Die Rede ist von der wechselseitigen Einflußnahme wirtschaftlicher und politischer Globalisierungstendenzen einerseits und dem Handeln des Staates andererseits. Diese integrative Diskussion erfolgt vor allem wegen der z.T. starken Verknüpfungen zwischen Globalisierungstendenzen und dem Spannungsfeld Regionen-Zentralstaat.

Meine Ausführungen beziehen sich ganz bewußt nicht auf das Vereinigte Königreich insgesamt, sondern beschränken sich auf Großbritannien. Den Sonderfall (Nord)Irland mitzudiskutieren hieße, die Grenzen dieses Vortrages zu sprengen.

1. Das Spannungsfeld Regionen-Zentralstaat: Elemente der Regionalismus-Diskussion in Großbritannien

Das Spannungsfeld Regionen-Zentralstaat wird in der wissenschaftlichen Literatur häufig mit dem in einem umfassenden Sinne verstandenen Begriff „Regionalismus" gleichgesetzt (GARSIDE/HEBBERT 1989). Um die Regionalismus-Diskussion in Großbritannien angemessen würdigen zu können, muß man sich zunächst den staatlichen Aufbau des Landes kurz vergegenwärtigen. Großbritannien, oder, genauer, das Vereinigte Königreich, ist ein Zentralstaat, in dem es keine eigenständige mittlere politisch-administrative Entscheidungsebene gibt (wie beispielsweise in Frankreich). Aus diesem Grund gehen politische Entscheidungen von London bzw. vom Parlament aus. Der Zentralstaat mit seiner Dominanz des Parlaments (und der Regierung) ist historisch fest in der britischen Gesellschaft verwurzelt.

Im Verlauf dieses Jahrhunderts geriet der Zentralstaat jedoch aus drei Richtungen unter Druck, die unter dem Begriff „Regionalismus" zusammenfaßt werden (GARSIDE/HEBBERT (1989, S. 3) und KEATING (1989)).

1. Richtung: Regionalplanung
Das bestehende System territorialer Herrschaft konnte in einer zunehmend komplexer werdenden Gesellschaft nicht allein durch die räumliche Präsenz staatlicher Einrichtungen in der Hauptstadt aufrechterhalten werden. Hinzu kommt die Notwendigkeit, im Zuge einer planerisch-antizipatorischen Sozialstaatpolitik und der hierdurch bedingten verstärkten Intervention des Staates in (wirtschaftliche) Entwicklungsprozesse Fachpolitik zu regionalisieren und in den Regionen zu verankern.

2. Richtung: Modernisierung der Kommunalverwaltung
Eine Reihe von Reformern hat wiederholt die Verbesserung der kommunalen Administration gefordert, vor allem auf der Grundlage wirtschafts- und sozialgeographischer Überlegungen.

3. Richtung: „Devolution" – Dezentralisierung
Mit dem Begriff *devolution* schließlich ist im allgemeinen das Streben der peripheren – keltischen – Nationen des Vereinigten Königreiches nach größerer Autonomie bis hin zur vollständigen Unabhängigkeit von England angesprochen.

Auf einer allgemeineren politischen Ebene geht es um Forderungen nach einer Macht- und Ressourcenumverteilung von oben auf eine mittlere Entscheidungsebene und damit zentral um Fragen „territorialer Gerechtigkeit" (KEATING 1982, S. 236).

Neben diese drei historisch verwurzelten Dimensionen regionalistischen Drucks auf den Zentralstaat tritt in der jüngeren Vergangenheit die bereits oben umrissene Bedeutungssteigerung der regionalen Ebene durch wirtschaftliche und politische Integrationsprozesse („Europe of regions", „industrial districts").

2. Globalisierungstendenzen in Politik und Wirtschaft

Ich möchte im folgenden die oben angesprochenen Globalisierungstendenzen in Politik und Wirtschaft diskutieren, und zwar in ihren Auswirkungen auf den britischen Zentralstaat.

Betrachtet man die wirtschaftliche und politische Stellung des britischen Staates auf supranationaler Ebene, dann stellt man einen deutlichen Wandel innerhalb dieses Jahrhunderts fest:

„The British state has been in decline for over a century: this is the single most important feature of British politics." (MORAN 1989.2, S. 182)

Diesem kurzen Zitat lassen sich für unsere Diskussion zwei Aspekte entnehmen:
1. Der Bedeutungswandel des britischen Staates ist mit einem negativen Vorzeichen versehen. Der angesprochene Niedergang resultiert aus dem Auseinanderbrechen des britischen Empires und dem damit verbundenen Verlust der Vormachtstellung des britischen Staates in der Welt.
2. Aus diesen letzten Überlegungen läßt sich schließen, daß die ökonomische und politische Globalisierung, gerade in Bezug auf Großbritannien, keine neue Erscheinung ist, sondern ein Faktor, der ganz wesentlich die historische Weltmachtstellung dieses Staates gefördert hat.

Aus den Globalisierungstendenzen jedoch, von denen hier die Rede ist, resultiert keine Bedeutungssteigerung dieser einstigen Weltmacht, sondern ein Bedeutungsverlust bzw. eine Infragestellung der Legitimität des britischen Zentralstaates.

Auffällig an den wirtschaftlichen Entwicklungen in der jüngeren Vergangenheit sind insbesondere die globalen Flexibilisierungstendenzen im verarbeitenden Gewerbe sowie im tertiär- und quartärwirtschaftlichen Sektor (THRIFT 1988, S. 41). Wesentliche Auswirkungen dieser Prozesse auf die Wirtschaft Großbritanniens bestehen zum einen in einer „De-Industrialisierung" des Landes, die vor allem zu einem deutlichen Rückgang der Beschäftigtenzahlen innerhalb des verarbeitenden Gewerbes führt (MASSEY 1988), und zum anderen in einer sich erheblich verschlechternden Außenhandelsbilanz, die u.a. auf die „De-Industrialisierung" zurückzuführen ist (HUDSON/WILLIAMS 1986). Der erste Prozeß setzt ab der Mitte der 70er Jahre ein, der zweite folgte ab der Mitte der 80er Jahre.

Aufgrund der immer stärkeren Einbindung Großbritanniens in die Weltwirtschaft stellen Beobachter wie RADICE (1984) die Frage, inwieweit in Großbritannien überhaupt noch eine zusammenhängende Volkswirtschaft existiert. Implizit wird hiermit auch die Frage nach der Souveränität bzw. der Legitimität des Nationalstaates angesprochen, da der Handlungsspielraum des einzelnen Staates immer weiter schrumpft (vgl. SCHLIEPER 1989).

Die Frage nationalstaatlicher Legitimität wird auch virulent vor dem Hintergrund politischer Globalisierungstendenzen. Gerade mit Blick auf das immer stärker zusammenwachsende Europa wird die Bedeutung der Nationalstaaten offen diskutiert bzw. in Frage gestellt, so etwa in den folgenden Überlegungen von BUCHMANN (1981, zitiert in: HEBBERT 1989, S. 177):

> „Europe and the regions are natural political allies against the feudal power of the sovereign nation-states in much the same way as the king and the communes once were. (...) The nation-state which is too small to carry out certain jobs in modern industrial societies and too large to carry out others, is nowadays challenged on both fronts. The centralized, sovereign nation-state is the heir to the concepts and problems of the pre-technical era, but it has been incapable of tackling the major objectives of our time, and it is this which has finally cast doubt on the legitimacy of its historical attempt to monopolize politics and to arrogate to itself all powers and rights and the allegiance of individuals and groups."

Die doppelte Herausforderung an den britischen Nationalstaat durch die hier skizzierten wirtschaftlichen und politischen Integrationstendenzen einerseits und die weiter oben referierte Regionalismus-Debatte andererseits soll nun erörtert werden. Dies soll – rhetorisch zugespitzt – thesengeleitet erfolgen.

3. Die Herausforderung des Nationalstaates durch Regionalismus und Globalisierung

1. These: Die Regionalismus-Debatte, die sich um Regionalplanung, Reform der Kommunalverwaltung und um Fragen der Dezentralisierung dreht, ist, historisch betrachtet, als ein gescheitertes Projekt anzusehen, da sie an bestehenden politischen Strukturen im Prinzip nichts hat ändern können.

Diese These wird allgemein akzeptiert (vgl. KEATING 1989). Hier sollen deshalb die Hintergründe für das Scheitern der Debatte vorgetragen werden, um so einen Diskussionsrahmen für die noch darzulegenden zukünftigen Entwicklungstendenzen im Staatsgefüge Großbritanniens zu schaffen. Die Gründe für das Scheitern der Regionalismus-Diskussion lassen sich dreifach untergliedern, und zwar in sachbezogene und politische Ursachen sowie in solche, die das Thema Regionalismus im Grundsatz betreffen. Da in unserem Zusammenhang vor allem die politischen Ursachen interessant sind, werde ich mich in der Diskussion auf sie beschränken.

1. Die Dezentralisierungsdebatte der 60er und 70er Jahre übte einen enormen Druck auf den Zentralstaat bzw. auf die beiden großen Parteien aus, die ja von den politisch-strukturellen Arrangements des britischen Zentralstaates („unitary regime") eindeutig profitieren. Insofern ist verständlich, daß der Staat den Druck von der Peripherie in Form von Beschwichtigungsstrategien zu kanalisieren und zu entschärfen suchte. Hierzu zählen die berufenen Royal Commissions ebenso wie ein gewisses Maß an gewährter administrativer Dezentralisierung.
2. Das korporatistische Aushandlungsdreieck Großbritanniens, das in der Nachkriegszeit etabliert wurde, schuf für die Beteiligten weitreichende politische Einflußmöglichkeiten. Diesen Einfluß nutzten beispielsweise die Gewerkschaften in der Debatte zur Kommunalreform in den 70er Jahren. Nicht zuletzt durch ihre Intervention kam es zu einer starken Verwässerung der Labour-Pläne zur Restrukturierung der im Jahre 1974 neugeordneten Kommunen.
3. In diesem Zusammenhang sind schließlich die Kommunen selbst zu nennen, die immer wieder einen Wandel zu verhindern versuchten, der in offener oder latenter Weise ihre Rechte beschnitten hätte.

2. These: Das Handeln des Zentralstaates in der jüngeren Vergangenheit hat maßgeblich dazu beigetragen, die Regionalismus-Debatte erneut zu entfachen.
Die Regionalismus-Debatte, die eines der beherrschenden innenpolitischen Themen der 70er Jahre in Großbritannien gewesen war, verschwand nach den gescheiterten Referenden zur Dezentralisierung administrativer Gewalt in Schottland und Wales und insbesondere nach dem Amtsantritt von M. Thatcher im Jahre 1979 von der politischen Tagesordnung. Aus der Sicht der konservativen Regierung gab es weder Raum für eine nationale Identität außerhalb bzw. neben der britischen, noch für eine Machtverlagerung von oben nach unten. Im Gegenteil, ein wesentliches Kennzeichen Großbritanniens nach 1979 war der starke Staat, und zwar der Zentralstaat, der notwendig war, um das thatcheristische Umbauprogramm durchsetzungsfähig zu machen. Es mutet daher wie eine Ironie an, daß gerade dieses Umbauprogramm der Regionalismus-Debatte neue Impulse verliehen hat. Stichwortartig läßt sich hier folgendes anführen (vgl. dazu auch HEBBERT 1989, S. 182ff.):
1. Die Abschaffung der metropolitanen Grafschaftsräte in England im Jahre 1986 hat zu einer Destabilisierung des gesamten Systems lokaler Selbstverwaltung geführt. In der Folge sind wiederholt Forderungen insbesondere nach einer Revision des gesamten kommunalpolitischen Systems lautgeworden.
2. Die Einführung der sog. Kopfsteuer („poll tax", „community charge") in Schottland, wo die Umstellung der kommunalen Liegenschaftssteuern („rates") auf das neue, „gerechtere" System erprobt werden sollte, hat zu enormen Protesten der schottischen Bevölkerung geführt, die ihren deutlichsten Niederschlag in der Wiederbelebung der Debatte um eine Abspaltung Schottlands vom „kolonialistischen" England gefunden haben. So äußerten sich in

einer Umfrage 77% aller Befragten für die „home-rule", also für eine Abspaltung von England, und im Jahre 1988 unterstützten alle Parteien Schottlands, mit Ausnahme der Konservativen, die „Campaign for a Scottish Assembly". Hinzu kommt, daß der Protest von der Peripherie im nördlichen England ein spontanes Echo hat, wo die Parlamentsangehörigen der Labour Party u.a. Forderungen nach einer Einrichtung eines regionalen Parlamentes für den Norden Englands laut werden ließen.
3. Durch weitere zentralstaatliche Eingriffe, insbesondere in das Bildungssystem, die kommunalen Haushalte und den sozialen Wohnungsbau, kam es zu einer immer stärkeren Zentralisierung von Entscheidungskompetenzen und in der Folge zu vielfältig artikulierten Reformwünschen. Insbesondere wurde der Ruf laut nach einer verfassungsmäßig verankerten Kompetenzbeschneidung des als übermächtig empfundenen Staates.
4. Die sozio-ökonomischen Entwicklungstendenzen der 80er Jahre, die das bestehende Nord-Süd-Gefälle in Großbritannien weiter vertieft haben, werden ursächlich mit dem unter M. Thatcher weiter erstarkten Zentralstaat in Verbindung gebracht. Aufgrund dieser politisch-strukturell induzierten sozial-räumlichen Spaltung wird z.B. von der Social Democratic Party ein föderaler Staat als Alternative zum bisherigen Arrangement diskutiert.

3. These: Das konservative Umbauprogramm hat jedoch nicht nur die Regionalismus-Debatte belebt, es hat durch die Förderung von Globalisierungs- und Verlagerungstendenzen ökonomischer Aktivitäten auch den wirtschaftichen Niedergang des Landes beschleunigt und damit die ökonomische Weltgeltung Großbritanniens geschwächt.

Diese These steht nur auf den ersten Blick in einem gewissen Widerspruch zu dem weiter oben herausgestellten Machtzuwachs des Staates unter Thatcher. Die Schwächung, von der hier die Rede ist, betrifft die Folgen einer Politik, in deren Mittelpunkt die Liberalisierung des Marktes steht sowie die gleichzeitige Stärkung des Staates, die zur Umsetzung der Reformabsichten erforderlich schien.

Zu den wirtschafts- und finanzpolitischen Maßnahmen der Thatcher-Regierung gehörten u.a. das bedingungslose Aussetzen der heimischen Industrie gegenüber dem internationalen Wettbewerb, der Rückzug aus den verstaatlichten Industrien und der Regionalpolitik sowie die Abschaffung von Investitionsbeschränkungen britischen Kapitals im Ausland (KASTENDIEK 1989, S. 35; MORAN 1989, S. 195). Diese Maßnahmen haben zum einen den Niedergang der heimischen Industrie beschleunigt, zum anderen aber die Finanzmetropole London aufgewertet und sie stärker in das globale Finanzsystem integriert.

Doch obgleich der tertiär- und quartärwirtschaftliche Bereich einen immer größeren Anteil am Außenhandelsvolumen Großbritanniens ausmacht, eine Umkehr der negativen Handelsbilanz konnte hierdurch nicht erzielt werden. Und wenn in Zukunft dem global bedeutsamen Finanz- und Handelszentrum London in einem geeinten Europa zudem noch Konkurrenten erwachsen, dann wird die wirtschaftliche Situation Großbritanniens noch problematischer.

4. Zukünftige Entwicklungstendenzen im Staatsgefüge Großbritanniens

Vor dem Hintergrund der bisherigen Diskussion soll nun zum Abschluß die Frage diskutiert werden, welche zukünftigen Entwicklungsmuster im Staatsgefüge Großbritanniens zu erwarten sind. Wird der Nationalstaat immer mehr an Geltung einbüßen, und wird die regionale Ebene – im Gegenzug – immer mehr an Gewicht gewinnen? Welchen Einfluß hat das zu erwartende Fortschreiten der beschriebenen Globalisierungstendenzen auf die Bedeutung des britischen Staates bzw. auf das Verhältnis zwischen Zentralstaat und regionaler Ebene? Auch diese, im wesentlichen auf Vermutungen abhebende Diskussion möchte ich thesengeleitet führen.

1. These: Die zu erwartende Zunahme der wirtschaftlichen Globalisierungstendenzen ist nicht mit einem Machtverlust des britischen Nationalstaates gleichzusetzen.

Es ist offenkundig, daß die weltweiten wirtschaftlichen Verflechtungen in der Zukunft noch zunehmen werden. Allerdings sollte dieser Trend im Hinblick auf seine Auswirkungen auf den Nationalstaat nicht überbewertet werden. Wie THRIFT (1988, S. 41) nämlich hervorhebt, führt die höhere weltwirtschaftliche Integration nicht zu einer all-umfassenden Machtfülle auf Seiten von Großbanken und Multies, noch resultiert aus ihr das Ende nationalstaatlicher Souveränität. Insbesondere in den Fällen, in denen Nationalstaaten auf supranationaler Ebene wirtschafts- unf finanzpolitisch sowie anderweitig miteinander kooperieren, können sie wirkungsvoll dem drohenden eigenen Legitimationsverlust begegnen. Ob sie diesen Handlungsspielraum auch tatsächlich wahrnehmen werden, ist eine ganz andere Frage, die sich im Falle Großbritanniens gegenwärtig nicht beantworten läßt.

2. These: Durch die europäische Integration wird die regionale Ebene eher geschwächt bei gleichzeitiger Bedeutungssteigerung der nationalstaatlichen Ebene. Zu diesem eher funktionalistischen Begründungszusammenhang kommt hinzu, daß ein Bedeutungszuwachs der regionalen Ebene auch aus der Sicht der Bevölkerung Großbritanniens nicht zu erwarten ist.

Diese These schließt unmittelbar an die Überlegungen zur ersten These an. Es ist zwar richtig, daß die regionale Ebene im europäischen Kontext durchaus politisches Gewicht besitzt. EG-Politiken haben ganz unbestritten eine regionale Dimension, und Untersuchungen zeigen, daß die EG-Bürokratie ein gewissermaßen „natürliches" Interesse daran hat, die Entwicklung einer regionalen politischen Ebene in den Mitgliedstaaten zu fördern (HEBBERT 1989, S. 178). Gleichwohl ist eine Paradoxie nicht zu übersehen, die darin besteht, daß ein Großteil der Gesetzgebung der Gemeinschaft zwar eine eindeutig regionale Ebene besitzt, die Regionen aber über keine Mitspracherechte im Ministerrat verfügen. Die Bedeutung der regionalen Ebene wird also unmittelbar durch die Gesetzgebungspraxis der Gemeinschaft geschwächt. An dieser Situation wird sich grundsätzlich auch nach der Etablierung der Regionenkammer nichts ändern, da es sich hierbei ja nicht um ein Beschlußgremium handeln wird.

Verschärfend kommt hinzu, daß der Binnenmarkt zu einer interregionalen Konkurrenzverschärfung führen wird, so daß die politischen Kosten der europäischen Integration hauptsächlich von den Regionen getragen werden müssen. Demgegenüber wird die Bedeutung der nationalstaatlichen Ebene weiter unterstrichen, da es die Regierungen der Mitgliedsländer sind, die in den Beschlußgremien der Gemeinschaft das Sagen haben. Gleichwohl ist nicht zu übersehen, daß die Kompetenzstrukturen innerhalb der EG die parlamentarische Ebene der Mitgliedsländer ausklammern, so daß der Eckstein der verfassungsmäßigen Tradition im Vereinigten Königreich, die Souveränität des Parlaments, in Frage gestellt ist (PARSONS 1978, S. 34). Vor diesem Hintergrund wird verständlich, warum so viele Unterhausabgeordnete gegenüber der „europäischen Idee" mißtrauisch bis ausgesprochen feindselig eingestellt sind.

Zum Schluß der Überlegungen zu These zwei sei nochmals die regionale Ebene beleuchtet. Nicht nur in funktionaler Hinsicht ist nicht mit einer Bedeutungszunahme der regionalen Ebene zu rechnen, sondern auch im Hinblick auf das Identifikationspotential von Regionen. Die Tendenzen in der keltischen Peripherie, wie sie sich in Wahlergebnissen niederschlagen, sprechen eine deutliche Sprache: in der letzten Unterhauswahl konnte sich Labour als stärkste Partei halten, während die nationalistischen Parteien eindeutig nicht von der Wählerschaft bevorzugt wurden. Zwar verschafft sich regionaler Unmut über bestehende Verhältnisse in Politik und Wirtschaft in solchen Wahlergebnissen Luft, doch eben im Rahmen etablierter partei-politischer, britischer Bahnen.

3. These: Weil die Regionalismus-Debatte weiterhin ein Experten-Projekt und weniger eine soziale Bewegung darstellt, erscheint eine Reform des britischen Staates „von unten" nicht wahrscheinlich.

Im Zusammenhang mit den letzten Überlegungen sind die in letzter Zeit erfolgten Bemühungen zu nennen, die „regionale Idee" mit der Debatte um eine grundlegende Reform des britischen Staates zu verknüpfen. Träger der Debatte sind zum einen die Oppositionsparteien, von denen die kleineren insbesondere in der Reform des Wahlrechtes und weniger in der Regionalisierung staatlicher Politik eine Stärkung der eigenen Position erkennen. Zum anderen sind es bürgerschaftliche Gruppierungen (European Dialogue, Charter 88, Helsinki Citizens' Assembly), die sich vor allem eine wirtschaftliche Selbstbestimmung der Regionen in Großbritannien auf ihre Fahnen geschrieben haben. Es läßt sich feststellen, daß sich diese Gruppierungen vornehmlich aus Experten zusammensetzen und ihr Rückhalt in der Bevölkerung erst noch verankert werden muß. Ob bzw. inwieweit dies gelingen wird, kann nicht mit Bestimmtheit gesagt werden. Gerade mit Blick auf die Situation in England erscheint aber Skepsis angebracht, ob regionalistische Reformbemühungen je von breiteren Bevölkerungsschichten getragen werden. Und mit Blick auf die „devolution"-Debatte der 70er Jahre muß gefragt werden, ob die hinter den Reformprojekten stehende Unzufriedenheit an den bestehenden Verhältnissen vom politischen Establishment nicht doch wieder in etablierte politisch-administrative Bahnen gelenkt werden wird. Diese Überlegungen leiten unmittelbar zur letzten These über.

4. These: Auch ein Umbau „von oben" ist unwahrscheinlich, denn das „unitary regime" stärkt die Starken, so daß die Labour Party als Regierungspartei es sich sehr wohl überlegen wird, die eigene Position zu schwächen.

Die Erfahrung, mehr als 13 Jahre lang von der politischen Macht ausgeschlossen und damit auch der Möglichkeit beraubt zu sein, unliebsame Gesetze wieder rückgängig machen zu können, hat die Labour Party von der Notwendigkeit einer Reform des politischen Systems überzeugt. Hierzu gehört als wesentlicher Bestandteil die Schaffung einer regionalen politischen Ebene in Großbritannien mit einer Reihe von Kompetenzen, deren genaue Abgrenzung allerdings noch im Diffusen liegt. Entgegen diesen Erklärungen, die im wesentlichen von den kleineren Parteien des Landes mitgetragen werden, halte ich es für ausgeschlossen, daß es zu einer Stärkung der regionalen Ebene in Großbritannien kommen wird, sollte Labour die Unterhaus-Majorität jemals wiedererlangen. Es ist zwar nicht auszuschließen, daß regionale Parlamente eingerichtet werden, doch wird sich Labour hüten, diese mit gesetzgeberischen oder haushaltsrechtlichen Kompetenzen auszustatten, da dies die Rolle der Regierungspartei als bestimmende politische Kraft im Lande untergraben könnte. Die Vorteile, die das parlamentarische System in seiner jetzigen Form den großen Parteien gewährt, werden sich für Labour als unwiderstehlich erweisen. Wieso sollte man die erhaltene Machtfülle dazu gebrauchen, diese wieder einzuschränken?

Es gibt natürlich auch noch ein Alternativszenario, das dann eintritt, wenn Labour nicht ohne die Unterstützung einer der kleineren Parteien die parlamentarische Mehrheit erlangt. Nur im Falle einer unter Zwang eingegangenen Koalition bestehen überhaupt Chancen, daß die formelle Etablierung einer mittleren politischen Ebene im Vereinigten Königreich auch mit einer Verlagerung von Kompetenzen einhergeht.

Doch selbst wenn Labour eine Umgestaltung politischer Strukturen tatsächlich beabsichtigt – sei es aufgrund eigener Vorsätze oder aufgrund von Koalitionszwängen – eine Realisierung solcher Absichten erscheint auch deswegen höchst ungewiß, weil andere Probleme, vor allem wirtschaftspolitische und soziale, einen viel größeren unmittelbaren Handlungsbedarf erzeugen werden als die Einrichtung einer regionalen politischen Ebene. Es ist daher abzusehen, daß Tagespolitik und Pragmatismus den möglicherweise tatsächlich ernstgemeinten Reformwillen entweder unter sich begraben oder aber für eine weitere Legislaturperiode gewissermaßen „aufsparen" werden. Eine zweite Wahl muß aber erst gewonnen und bestehende drängendere Probleme müssen erst gelöst werden.

5. Fazit

In Bezug auf das Vereinigte Königreich haben sich zentralstaatliche Dominanz und nationalstaatliche Souveränität als außerordentlich persistent erwiesen, und es bestehen nur geringe Zweifel daran, daß dies auch in Zukunft so bleiben wird. Insofern mögen Regionalismusdebatte einerseits und Globalisierungstendenzen andererseits zwar als Herausforderungen an bestehende politisch-strukturelle

Verhältnisse angesehen werden. Wie sich gezeigt hat, stellen sie aber eben eine handhabbare, das System nicht grundsätzlich destabilisierende Herausforderung dar.

Literatur

GARSIDE, P.L./M. HEBBERT 1989: Introduction. In: Garside, P.L./M. Hebbert (Hrsg.): British Regionalism, 1900–2000. London, S.1–19

HEBBERT, M. 1989: Britain in a Europe of Regions. In: Garside, P./M. Hebbert (Hrsg.): British Regionalism, 1900–2000, London, S.173–190

HUDSON, R./A. WILLIAMS 1986: The United Kingdom. London(= Western Europe Economic and Social Studies)

KASTENDIEK, H. 1989: Die lange Wende in der britischen Gesellschaftspolitik: Zur Interpretation des Thatcherismus. In: Stinshoff, R. (Hrsg.): Die lange Wende. Beiträge zur Landeskunde Großbritanniens am Ausgang der achtziger Jahre. Oldenburg (=Universität Oldenburg, Zentrum für pädagogische Berufspraxis), S.17-41

KEATING, M. 1982: The Debate on Regional Reform. In: Hogwood, B.W./M. Keating (Hrsg.): Regional Government in England. Oxford, S.235–253

KEATING, M. 1989: Regionalism, Devolution and the State, 1969-1989. In: Garside, P.L./M. Hebbert (Hrsg.): British Regionalism, 1900-2000. London, S.158–172

KRUSE, H. 1991: Eigenständige Regionalentwicklungspolitik im gemeinsamen Binnenmarkt – Das Beispiel Nordrhein-Westfalen. In: Blotevogel, H.H.(Hrsg.): Europäische Regionen im Wandel – Strukturelle Erneuerung, Raumordnung und Regionalpolitik im Europa der Regionen. Dortmund (=Duisburger Geographische Arbeiten, Bd.9), S.323–342

MASSEY, D. 1988: What's Happening to UK Manufacturing? In: Allen, J./D. Massey (Hrsg.): The Economy in Question, London (= Restructuring Britain), S.45–90

MORAN, M. 1989: Politics and Society in Britain. An Introduction. Houndsmill

OWEN, J. 1989: Regionalism and Local Government Reform, 1900–1960. In: Garside, P.L./M. Hebbert (Hrsg.): British Regionalism, 1900–2000. London, S.40–56

PARSONS, W. 1978: The United Kingdom. In: Coombes/D.R. Hrbek/S. Schüttemeyer/L. Condorelli/W. Parsons (Hrsg.): European Integration, Regional Devolution and National Parliaments. European Centre for Political Studies, S.33–42

PIORE, M.J./C.F. Sabel 1984: The Second Industrial Divide: Possibilities for Prosperity. New York

RADICE, H. 1984: The National Economy – A Keynesian Myth? In: Capital and Class 22, S.111–140

SCHLIEPER, A. 1989: Strukturelle Herausforderung für die Wirtschaftspolitik: Probleme, Chancen, Lösungen. In: Calliess, J. (Hrsg.): Technik-Wandel-Steuerung. Planen und Gestalten heute. Loccum (= Loccumer Protokolle 57)

THRIFT, N. 1988: The Geography of International Economic Disorder. In: Massey, D./J. Allen (Hrsg.): Uneven Re-Development: Cities and Regions in Transition. London (= Restructuring Britain), S.6–46

RAUMORDNUNGSPOLITIK IN DEN 90ER JAHREN ZWISCHEN REGIONALISMUS UND SUPRANATIONALISIERUNG?
Untersuchung in deutschen und schweizerischen Grenzregionen

Maria Lezzi, Zürich

Bewegt sich die Raumordnungspolitik in den 90er Jahren im Spannungsfeld zwischen Regionalismus und Supranationalisierung? Gehen wir von der weitverbreiteten Annahme aus, daß Grenzregionen vor allem wirtschaftlich unter der nationalen Grenze „leiden" und durch den Zentralstaat politisch und kulturell „peripherisiert" werden, müßten hier die Auswirkungen der Supranationalisierung und die Tendenzen des Regionalismus früher oder ausgeprägter stattfinden. Sie müßten sich deutlich in der Raumordnungspolitik[1] niederschlagen. Anhand von empirischen Fallbeispielen in schweizerischen und deutschen Grenzregionen[2] zwischen Basel und Bodensee soll deshalb die Eingangsfrage beantwortet werden. Ich stütze mich dabei auf das vom Schweizerischen Nationalfonds finanzierte Projekt „Auswirkungen der EU-Außengrenze auf die Raumordnungspolitik" (Kurztitel). Neben der Konstruktion eines theoretischen Erklärungsansatzes (LEZZI 1992 und 1993) umfaßt das Projekt empirische Analysen von Rechtsgrundlagen und Amtsberichten sowie Befragungen (LEZZI/ELSASSER). Die konzeptionellen Handlungen der politisch-administrativen Träger der Raumordnungspolitik in den Grenzregionen bilden den methodischen Ansatzpunkt.

Wie sich die raumordnungspolitischen Konzeptionen verändern und wie diese Veränderungen erklärt werden, zeigt der folgende erste Abschnitt auf. Im zweiten und dritten Abschnitt wird ermittelt, ob Regionalismus und Supranationalisierung plausible Erklärungsfaktoren sind.

1. Raumordnungspolitik: Veränderungen und Erklärungen

Die Raumordnungspolitiken, welche in den Grenzregionen entworfen und vollzogen werden, gleichen sich je länger je mehr. Dennoch bestehen und entstehen weiterhin Unterschiede.

Konvergenzen und Ähnlichkeiten
In allen Grenzregionen wird eine „qualitative Politik" verfolgt. Überall wird der Boden knapper. Nicht nur in den Städten, sondern zunehmend auch in ländlichen

---

[1] Unter Raumordnungspolitik wird verstanden der Eingriff des Staates in marktwirtschaftliche Allokationsprozesse „(...) um eine zielbezogene Gestaltung, Entwicklung und Nutzung von Räumen und Regionen zu erreichen." (U. BRÖSSE, Raumordnungspolitik, Berlin 1982). Konkret werden hier die nominale Raumordnungspolitik untersucht, verstanden als Kombination Regional-/Landesplanung/Raumplanung und Regionalpolitik/regionale Wirtschaftspolitik/Wirtschaftsförderung.

[2] Grenzregionen werden als Schweizer Kantone und deutsche Regionen (Bundesländer sowie Landkreise) an der jeweiligen Bundesstaatsgrenze definiert.

Räumen wachsen die Nutzungsansprüche und diversifizieren sich. Die Raumplanung versucht, die Projekte ins Bestehende, Überbaute einzupassen, von innen zu erneuern und umzugestalten. Sie ist von der Umweltschutzgesetzgebung nachhaltig geprägt worden. Neben den Schutzzielen wird teilweise wieder stärker betont, daß die Raumplanung räumliche Voraussetzungen für die Wirtschaft zu schaffen hat.

Nicht alle Grenzregionen betreiben Wirtschaftsförderung. Einige verfügen diesbezüglich über eine langjährige Tradition; sie sind mehrheitlich mit umfassenden Förder- und Steuerungsmöglichkeiten ausgestattet. Vereinzelte andere stießen erst vor einigen Jahren mit bescheideneren Mitteln dazu. Alle zielen heute jedoch darauf hin, die Anpassungs- und Innovationsfähigkeit der wirtschaftlichen Akteure der Region zu erhöhen. Dies geschieht einerseits durch Verbesserung der Rahmenbedingungen, wie Steuerklima, Technologietransfer, andererseits durch Information, Ombudsmanfunktionen und Vermittlung von Zuliefer- und Absatzkontakten. Alles soll in erster Linie den ansässigen Betrieben zugute kommen und Neu- und Jungunternehmengründungen aus der Region heraus stimulieren. Nur beschränkt wird dieses Maßnahmenpaket durch selektive Ansiedlungsförderungen ergänzt. Die einzelbetriebliche Förderung wird in der Regel reduziert, denn Staatseingriffe in den marktwirtschaftlichen Allokationsprozess sind bei den aktuellen Liberalisierungstendenzen schwierig zu rechtfertigen.

Auf organisatorischer Ebene lassen sich ebenfalls parallele Entwicklungen ausmachen. Fast alle Planungsgesetze und Richtpläne haben entweder eine Revision bereits hinter sich oder diese steht noch bevor. Eines der Hauptmotive: Deregulierung. Die meisten Gesetze wurden stets additiv durch Einzelentscheide ergänzt. Jetzt sollen Prioritäten gesetzt, Verfahren gebündelt und beschleunigt werden. Die Finanzknappheit der öffentlichen Hand trifft auch die Raumordnungspolitik. Konnte sie bis dahin ihr Budget vergrößern, wenn mehr Aufgaben anstanden, ist dies künftig praktisch ausgeschlossen. Manche Akteure der Raumordnungspolitik überlegen sich vor diesem Hintergrund, ob sie nicht zur Nutzung von Synergien und Größenvorteilen, vermehrt mit Nachbarn zusammenarbeiten sollen. Zunehmende Interdependenzen steigern den Bedarf nach raumordnerischer Koordination und Kooperation.

Differenzen
Allgemein herrscht eine große Unsicherheit betreffend der künftigen Wirtschafts- und Siedlungsentwicklung Europas. Ein Hauptunterschied zwischen den untersuchten Grenzregionen besteht darin, wie die Träger der Raumordnungspolitik mit dieser unsicheren Zukunft umgehen. Der größte Teil von ihnen „macht so viel wie bisher" oder „wartet ab". Eine Minderheit will vorwegnehmend planen und agieren. So bereiten sie jetzt beispielsweise Potentiale vor (Erschließung von öV-nahem Bauland, Aufzonierungen in den Innenstädten, Revitalisierung von naturnahen Landschaften), damit Entwicklungsschübe bei allfälligen Annäherungen der Schweiz an die EU oder bei einem Wirtschaftsaufschwung aufgenommen werden können.

Ein weiterer Unterschied: In Baden-Württemberg soll die Region Stuttgart aufgewertet werden. Sie erhält voraussichtlich mehr Zuständigkeiten für Sachbereiche, welche bisher bei den Kommunen und Landkreisen lagen. Der Regionalverband Hochrhein-Bodensee wünscht sich ähnliches, schätzt diesen Wunsch jedoch als politisch unrealistisch ein. Auf Schweizer Seite sind keine Verlagerungen der raumordnerischen Kompetenzen von einer Staats- oder Planungsebene zur anderen im Gange.

Auf den ersten Blick haben die Veränderungen der Raumordnungspolitik in den Grenzregionen somit nichts mit Regionalismus und Supranationalisierung zutun. Es braucht deshalb noch vertiefte Auseinandersetzungen.

2. Raumordnungspolitik – Regionalismus

Ob die Raumordnungspolitik als Folge oder als Kennzeichen eines Regionalismus betrachtet werden kann, soll an dieser Stelle diskutiert werden. Ausgehend von den drei Punkten, in welchen sich Raumordnungspolitik und Regionalismus berühren, werden die wichtigsten Abweichungen zwischen den beiden Phänomenen verdeutlicht.

Außenkompetenzen
Mit Regionalismus wird eine soziale Bewegung zur Erlangung und zum Ausbau von Regionalautonomie bezeichnet (PERNTHALER 1988, S.13). Die Verantwortlichen für die Raumordnungspolitik der Grenzregionen erfüllen hingegen einen verfassungsmäßigen oder gesetzlichen Auftrag. Dabei lassen sich gemeinsame Stoßrichtungen ausmachen. Ist die Raumordnungspolitik einer qualitativen Strategie verpflichtet, setzten sich sowohl Regionalismus als Raumordnungspolitik für Ausbau und verbesserte Nutzung der endogenen Ressourcen, Potentiale und Aussenbeziehungen der Regionen ein. Diese Ausrichtung konnte in den deutschen und schweizerischen Grenzregionen gefunden werden.

Es wäre ein Mißverständnis, wenn nun auf eine mögliche Übereinstimmung mit regionalistischen Zielen geschlossen würde. Denn mit dem Begriff „Förderung der Außenbeziehungen", der sogenannten „Außenkompetenz", meint man sehr Unterschiedliches.

Regionalismusbewegungen streben Autonomie oder Separation vom Bundes- resp. Zentralstaat an. Die Grenzregionen beabsichtigen hingegen nicht, ihre Beziehungen zum Bund (wenigstens im Bereich Raumordnungspolitik) abzubauen. Im Gegenteil, vor allem die Raumplaner und Wirtschaftsförderer der Schweizer Grenzkantone fordern mehr Anstrengungen[3] vom Bund. Sie wollen nicht unbedingt mehr Kompetenzen für sich. Ihrer Meinung nach verfügen sie für

---

3   Die Forderungen der Kantone: Der Bund habe einen raumordnerischen Orientierungsrahmen zu publizieren, damit u.a. auch die Funktion und Position der einzelnen Regionen deutlich werden. Ebenfalls müsse der Bund das Marketing für den „Wirtschaftsstandort Schweiz" koordinieren und finanziell unterstützen. Bis jetzt engagierten sich dafür fast ausschließlich die Kantone.

horizontale Zusammenarbeit mit dem In- und Ausland über genügend Spielraum. Andere Faktoren würden das Zusammenarbeiten hemmen. Diese Aussagen stehen nur in einem scheinbaren Widerspruch zu der aufgelebten Diskussion über die „kleine Außenpolitik" der Kantone. Die Westschweizer und Basler Regierungen verlangten nach der EWR-Abstimmung nicht so sehr eine neue Fest-, als vielmehr eine neue Auslegung der grenzüberschreitenden Außenkompetenz. Oder wie die Befragten es ausdrückten: Es geht darum, den potentiellen Spielraum in Zukunft vermehrt effektiv wie extensiv auszuschöpfen.

(Inter)dependenzen
Eine der klassischen Erklärungen, wie Regionalismus entsteht, lautet (GERDES 1987, S.18): Die regionalen Akteure sind oder empfinden sich als „Raumopfer" der nationalen und internationalen Wirtschaftsprozesse. Bestehende wirtschaftliche (Inter)dependenzen sind einseitig zuungunsten der Peripherie. Erst die Dissoziation vom Weltmarkt ermöglicht den peripheren Regionen eine nachholende Entwicklung.

Im Falle der untersuchten Grenzregionen kann wohl von erdräumlich peripheren Regionen gesprochen werden, nicht aber von wirtschaftlich peripheren. Mehrheitlich gehören sie zu den reichen Gebieten Westeuropas. Sie werden weder vom Wirtschaftssystem „peripherisiert", noch „leiden" sie unter der nationalen Grenze. Ihre Strategie basiert folglich nicht auf Protektionismus oder Autarkie, sondern auf besserer Beteiligung an der funktionsräumlichen Arbeitsteilung und am weltweiten Wettbewerb.

(Inter)dependezen spielen in einem anderen Zusammenhang eine wichtige Rolle, wie im vordern Abschnitt schon angetönt wurde. Die gegenseitigen Abhängigkeiten und Verflechtungen wie Grenzgänger, Kapitalverflechtungen, Industrieemmissionen und Umweltschutz machen die Zusammenarbeit der Raumordnungspolitik notwendig. Institutionelle Interdependenzen und Integrationen können als Antwort der Grenzregionen auf ökonomische und soziale Wechselbeziehungen begriffen werden[4].

Identität
Regionalismusbewegungen basieren auf einer gemeinsamen kulturellen, sprachlichen oder historischen Identität der regionalen Akteure (GERDES 1987, S.18). In den Grenzregionen, in ihren Kontakten und Institutionen wird häufig die Verbundenheit mit benachbarten Regionen jenseits der Staatsgrenzen betont. Neuerdings tauchen Begriffe und Logos wie „Euregio Oberrhein" oder „Euroregion Bodensee" auf. Muß daher von einem grenzüberschreitenden Regionalismus, einen EUREGIOnalismus ausgegangen werden? Ob die Raumordnungspo-

---

4 Die Analyse von Interdependenzen trägt zum Verständnis wesentlicher Aspekte der internationalen Beziehungen bei. Der Forschungszweig wird allerdings von einer Vielfalt z.T. widersprüchlicher Erklärungen geprägt, wie ein Aufsatz von B. KOHLER-KOCH aufzeigt (Interdependenzen. In: Theorie der internationalen Beziehungen =Sonderheft der politischen Vierteljahresschrift, H.21, 31.Jg., 1990, S.110-129) .

litiker einen Beitrag dazu leisten, soll anhand der Frage diskutiert werden, was sie unter Gemeinsamkeit und Identität verstehen.

Gemeinsamkeiten bedeuten für die Raumplaner neben gleichen Problemen (siehe erster Abschnitt) vor allem gemeinsame, durch Interdependenzen entstandene Probleme. Nicht die „Identität des Seins", wie Sprache, Kultur und Geschichte steht im Vordergrund, sondern die „Identität des Tuns". Zur Lösung der Probleme werden die einzelnen Raumordnungspolitiken koordiniert, neben grenzüberschreitenden Empfehlungen auch gemeinsame Leitbilder (Visionen) und raumordnerische Konzepte entworfen. Indessen, der Vollzug des gemeinsam Beschlossenen geht schwer voran und die Differenzen der Interessen und der Strukturen brechen deutlich hervor.

In der Wirtschaftsförderung wird die gemeinsame Identität der regionalen Akteure als nicht unerheblich für die künftige Entwicklung der Region angesehen (Kultur etc. als weicher Standortfaktor). Des weiteren gelingt es nicht, den Eindruck zu löschen, mit „regionaler Identität" sei hauptsächlich die „cooperated identity" gemeint, ein rein nutzenorientiertes Motiv im Kampf um EU-Subventionen und Wettbewerbsanteile. So hat beispielsweise niemand separatistische Interessen und will eine „république tripartite rhénane" gründen, neue Grenzen errichten. Im Gegenteil, man müsse den „cas transfrontaliere" ausnützen, meinen die Betroffenen. Konkret bedeutet dies: In Japan tritt die Euregio Oberrhein (resp. ihre Wirtschaftsförderer) beispielsweise gemeinsam gegen den Konkurrenten Lombardei auf. In Europa machen sie gemeinsame Sache als verkleinerte trinationale Regio. Sie repräsentieren etwas, was eigentlich keiner der anderen Kantonen oder Landkreise hat. Doch spätestens dann, wenn es um die Verteilung der „Kuchens" geht, stehen die Partner wieder in Konkurrenz zueinander.

Die Raumordnungspolitiker bereiten die neuen (Eu)regionalismen nicht vor. Sie müssen von anderen Akteuren getragen werden, wie die Beispiele der schweizerischen und deutschen Grenzregionen zeigen.

3. Raumordnungspolitik – Supranationalisierung

In Westeuropa wird die Rechtssetzung und -sprechung sowie die Politikformulierung und der Politikvollzug zunehmend von der regionalen und nationalen Staatsebene auf die supranationale Ebene der EU verlagert. Wie wirkt sich diese Supranationalisierung auf die Raumordnungspolitik aus?

Auswirkungen des EU-Rechtes
Als wirtschaftsstarkes Bundesland besitzt Baden-Württemberg keine Fördergebiete, welche durch die EU (Strukturfonds im Rahmen der Regionalpolitik) oder durch den Bund (im Rahmen der Gemeinschaftsaufgabe „Verbesserung der regionalen Wirtschaftsstruktur") unterstützt werden. Die Landesförderung darf sich aufgrund der verschärften wettbewerbsrechtlichen Beihilfekontrollen in der EU nur noch für kleinere Firmen in bescheidenerem Ausmaß einsetzen (sog. deminimis-Regelung). Konsequenzen: Die überbetriebliche Förderung wird noch

verstärkt ausgebaut (vgl. erster Abschnitt), ebenso das Lobbying. Durch vertikale, horizontale und gemischte Zusammenarbeit versuchen Bund, Länder, Landkreise ihre Linien aufeinander abzustimmen und ihre politische Durchsetzungskraft zu verbessern. Sie hoffen dadurch, keine (weiteren) Kompetenzen nach „Bonn" oder „Brüssel" zu verlieren.

Strategische Allianzen gewinnen auch bei der Regional- und Landesplanung an Bedeutung. Obwohl die EU nicht über ein raumplanerisches oder raumordnerisches Mandat verfügt, sind viele ihrer Sachpolitiken (Landwirtschaft, Verkehr) raumwirksam. Kompetenzverlagerungen wird deshalb vorgebeugt.

Nicht minder wichtig zu beachten ist noch ein Spezialfall der EU-Regionalpolitik: Gegen Ende der 80er Jahre gelangte die EU zur Einsicht, daß die formalen Änderungen auf den 1.1.1993 nicht automatisch die ökonomische Situation der Grenzregionen verbessern. Durch den EU-Binnenmarkt bestehen alte Disparitäten weiter, neue kommen hinzu. Die EU lancierte deshalb eine INTERREG-Initiative, welche grenzüberschreitende Projekte für Umweltschutz, für Infrastrukturausbau, für kleinere und mittlere Unternehmen und zur Förderung des kulturellen Austausches und des Tourismus unterstützt. Faktisch kommt diese Unterstützung allen Grenzregionen an der EU-Binnengrenze und der EU-Außengrenze zugute. So laufen bereits Projekte in den deutschen und schweizerischen Untersuchungsregionen am Oberrhein und Hochrhein. Nächstens sollen welche im Bodenseeraum beginnen. Die gemeinschaftliche Kohäsionspolitik wird hier auf den Prüfstand der Praxis gestellt. Ebenso wird die grenzüberschreitende, interregionale Kooperation getestet, ob sie den Übergang von einer Phase des Informierens und Diskutierens in die Phase der Umsetzung, den Tatbeweises schafft (vgl. zweiter Abschnitt).

Am Beispiel Baden-Württembergs, seiner untergeordneten Staats- und Planungsebenen lassen sich also folgende Gewichtsverschiebungen feststellen, die auch „Sandwich-These" (ESER 1990, S.40) genannt werden. Durch die europäische Einigung verliert der Bund an Bedeutung. Die Länder erhalten hingegen mehr Kompetenzen und zwar in Zusammenarbeit mit der EU. Sie schlagen regionale Entwicklungskonzepte vor, die als Grundlage für die EU Regionalpolitik dienen. Auch profitieren sie von der EU-Kofinanzierung.

Selbstverständlich ist die Schweiz als Nicht-EU-Mitglied dem supranationalen rechtlichen Harmonisierungszwang nicht ausgesetzt. Im Hinblick auf die EWR-Abstimmung stellten die Behörden zudem fest, daß die eidgenössischen und kantonalen Raumordnungspolitik-Gesetze nicht angepaßt werden müßten. Die Schweiz und ihre Kantone betreiben eine vergleichsweise liberale und umfangmäßig bescheidene Wirtschaftsförderung und Regionalpolitik. Neu hätten diese Subventionen bei der EU-Kommission notifiziert werden müssen. Dennoch prüfen die Behörden bei zu revidierenden sowie neuen Rechtserlassen deren „Europaverträglichkeit", und die Kantonsregierungen haben sich anfangs Oktober 1993 vorsorglich als Interessensvertretung gegenüber dem Bund zusammengeschlossen[5].

5 Anlaß für diese Lobby der Kantone sind neben den immer neuen und finanziell belastenderen Aufgaben, welche der Bund den Kantonen überträgt, auch die Erfahrungen aus der

Auswirkungen durch Politiken wie EU-Binnenmarkt oder EWR
Nach jahrzehntelanger Binnenorientierung wendete sich der Blick der Schweizerinnen und Schweizer vor der EWR-Abstimmung im letzten Dezember nicht nur nach Europa, sondern auch auf die schweizerischen Grenzregionen. Diese behaupteten, sie seien im Falle eines „Ja" die großen Gewinner, im Falle eines „Nein" dagegen die großen Verlierer. Beides waren Fehleinschätzungen; denn der 7. Dezember 1992 zeigte folgendes Bild.

Der erwartete sprunghafte Anstieg von Schweizer Betriebsansiedlungen im deutschen und elsässischen Grenzraum blieb aus. Nur wenige Betriebe kamen, denn die meisten potentiellen sind bereits seit Jahren multinational tätig wie Banken und Chemie, oder sie sind schon längst unmittelbar jenseits der Grenze kapitalmäßig etabliert. Zudem hat „draußen bleiben" auch seine Vorteile. Man ist auf dem schweizerischen Heimatmarkt vor ausländischer Konkurrenz geschützt, kann aber an Submissionen im süddeutschen Raum teilnehmen. Deutsche Firmen kommen in Schweizer Grenzregionen, weil sie hier von Retorsionsmaßnahmen im GATT-Handelskrieg zwischen EU und USA verschont bleiben und trotzdem nahe beim Stammhaus liegen.

Es fand kein Bruch zwischen der Innenschweiz und der Außenschweiz – die Grenzregionen umfassend – statt. Dagegen brachen West- und Ostschweiz voneinander. Die beiden Basel bezeichnen sich seither als die deutschsprachigen Teile der Romandie[6], da sie ebenfalls für einen EWR-Beitritt gestimmt hatten. Nachdem die europäische Integration gesamtschweizerisch abgelehnt worden war, hat ein Teil der Grenzregionen die grenzüberschreitende Kooperation als einzige Alternative gesehen. Europa soll nun in kleinen Bausteinen von unten her aufgebaut werden. Als „Vehikel" für diese anderen, (europa-) politischen Interessen dient teilweise auch die grenzüberschreitende Raumordnungspolitik.

Der EU-Binnenmarkt oder der EWR-Entscheid hat sich bis anhin nicht auf die Wirtschafts- und Siedlungsentwicklung in den deutschen und schweizerischen Grenzregionen ausgewirkt. Auswirkungen anderer Prozesse wie der deutschen Wiedervereinigung, der Rezession oder des wirtschaftlichen Strukturwandels dominieren.

4. Schlußfolgerung und Perspektiven

Die wirtschaftspolitischen Rahmenbedingungen und die raumordnerischen Probleme konvergieren in ganz Westeuropa, worauf die Grenzregionen ihre Raumordnungspolitik inhaltlich ähnlich ausgestalten. Sie bauen in der Regel auch ihre

---

Vorbereitung der EWR-Abstimmung. Damals liefen die meisten Vorarbeiten direkt über das Kontaktgremium Bund/Kantonsregierung und nicht wie üblich über Nationalrat und Ständerat. (siehe Tages-Anzeiger vom 29.10.1993, Zürich).

6   Aus dieser Argumentation wird klar ersichtlich, daß andere (Interessens-) Gegensätze als Sprache und räumlich-territoriale Kategorien ausschlaggebend waren. (siehe B.WERLEN: Identität und Raum- Regionalismus und Nationalismus. In: Soziographie, Nr.6/7, 1993.

Kontakte und Kooperationen mit übergeordneten Ebenen und (Grenz-)Nachbarn im Sinne einer funktionalen Politik der „géometrie variable" aus. Vermehrte Zusammenarbeit bei gleichzeitig wachsender nationaler und internationaler Standort- und Förderkonkurrenz der Regionen kann nur bedeuten: Der Nutzen aus dem Gemeinsamen wird in gewissen Situationen höher bewertet als die entgangenen Nutzen aus dem Alleingang oder aus alternativen Lösungen. Einigung und praktische Umsetzung des zusammen Beschlossenen hängen allerdings davon ab, ob die rechtlichen, politischen und juristischen Rahmenbedingungen nicht zu stark als Hemmfaktoren wirken. Die Behebung von Sachzwängen (sog. Interdependenzen oder räumliche externe Effekte), finanzielle Anreize, Vergrößerung der Handlungsspielräume durch Größenvorteile, Synergien und Lobbying, sowie Nutzen, die aus der Verknüpfung mit andern, Verhandlungsthemen wie europapolitischen Anliegen etc. entstehen, wurden in diesem Artikel als Nutzen genannt. Durch eine breitere Palette möglicher rechtlicher und administrativer Organisationsformen sind die Grenzregionen zudem besser für unsichere künftige Entwicklungen gewappnet.

Differenzen und Divergenzen zwischen den Raumordnungspolitiken in den Grenzregionen lassen sich letztlich erklären durch unterschiedliche Interessen der regionalen Akteure sowie durch ihre unterschiedliche Fähigkeit, ihre Handlungsspielräume zu nutzen und zu erweitern. Reagieren oder agieren, beide Optionen stehen ihnen offen.

Die Raumordnungspolitik in den 90er Jahren ist folglich weder (nur) Reaktion auf Supranationalisierung von Recht und Politik, noch Ausdruck eines neuen (Eu)regionalismus. Auch präsentiert sie sich weder als Mittelweg noch als Synthese beider Prozesse. Die Raumordnungspolitik bedient sich des „Sowohl-als-auch", sei es bei der Polarität Regionalismus und Supranationalisierung, oder bei andern Polaritäten, wie zentral-dezentral, funktional-strukturell, Vielfalt-Einheit, Staatseingriffe-Liberalismus.

Offen bleibt, was diese Entwicklung der Raumordnungspolitik manifestiert: (a) den flexiblen Pluralismus der Postmoderne, oder (b) ein föderalistisches Europa im Sinne von Proudhon? In dieser zweiten raum-wissenschaftlichen und raumordnungs-politischen Perspektive bleibt die spannungsreiche Koexistenz von Polaritäten, die offene Dialektik erhalten. Europa und Regionen, Konkurrenz und Kooperation stellen keine Alternativen, sondern komplementäre Zielsetzungen dar (siehe KINSKY 1988, S.29).

Monokausale Erklärungsansätze und Politikrezepte versagen in den Grenzregionen. Sie werden der Komplexität und dem Facettenreichtum der Grenzwirklichkeiten nicht gerecht. Es bedarf weitergehender empirischer und theoretischer Arbeiten. Verknüpfungen von Ansätzen aus Geographie, politischer Ökonomie sowie politologischen Theorien zu internationalen Beziehungen und soziologischen Regionalismuserklärungen scheinen erfolgversprechend.

Literatur

ESER, T.W. 1992: Europäische Einigung, Föderalismus und Regionalpolitik in Deutschland. In: DISP 108. Zürich, S.34–42

GERDES, D. 1987: Regionalismus in Westeuropa. Wie die Wissenschaft mit der Wirklichkeit Schritt halten versucht. In: Regionen und Regionalismus in Westeuropa. Stuttgart, S.9–21

KINSKY, F. 1988: Föderalismus als Ordnungsmodell für Europa. In: Huber, S./P. Pernthaler (Hrsg.) 1988: Föderalismus und Regionalismus in europäischer Perspektive. Wien (= Schriftenreihe des Institutes für Föderalismusforschung 44), S.25–31

LEZZI, M./H. ELSASSER 1994: Schlußbericht des vom schweizerischen Nationalfonds unterstützen Projektes „Auswirkungen der EG-Aussengrenze auf die Raumordnungspolitik in Schweizer Grenzregionen". Zürich

LEZZI, M. 1993: Über die Grenzen. Eine Wegbeschreibung des Projektes „Auswirkungen der EG-Aussengrenze auf die Raumordnungspolitik in Schweizer Grenzregionen". Basel (= Regio Basiliensis 34, 1), S.19–24

LEZZI, M. 1992: Raumordnungspolitik in Grenzregionen. Ein Erklärungsansatz. In: Geographica Helvetica 47, S.105–111

PERNTHALER, P. 1988: Föderalismus und Regionalismus in europäischer Perspektive. In: Huber, S./P. Pernthaler (Hrsg.) 1988: Föderalismus und Regionalismus in europäischer Perspektive, Wien (= Schriftenreihe des Institutes für Föderalismusforschung 44), S. 13–22

OST-FRIESLAND: EUROPÄISCHE PROBLEMREGION ODER INNOVATIVER LEBENSRAUM?

Rainer Danielzyk / Rainer Krüger, Oldenburg

1. Ost-Friesland[1] ist eine Problemregion – doch die Einheimischen sehen es weniger problematisch

Ost-Friesland ist eine Problemregion – zumindest hinsichtlich seiner regionalen Wirtschaftskraft. Sind die Ostfriesinnen und Ostfriesen deshalb besonders unglückliche Menschen oder möchten sie als solche gesehen werden? Gewiß nicht. Wie klärt sich dieser vermeintliche Widerspruch auf?

1.1 Ost-Friesland: Strukturschwäche und Randlage – Elemente der Strukturschwäche wirken kumulativ

Ost-Friesland ist von einer andauernden Strukturschwäche gekennzeichnet. Die Politik der „nachholenden Industrialisierung" der 60er und 70er Jahre hat zu keiner durchgreifenden Verbesserung geführt. Sie hat „verlängerte Werkbänke" hinterlassen, was zu hohen Arbeitslosenzahlen führte, aber auch zu einer unterdurchschnittlichen Ausstattung mit hochwertigen Arbeitsplätzen. Eine wesentliche Ursache der anhaltenden Strukturschwäche liegt in der Globalisierung wirtschaftlicher Aktivitäten. Dadurch wird ein Raum wie Ost-Friesland vernachlässigt oder höchstens als Standort standardisierter Massenfertigung sowie risikobehafteter Produktion, für Rohstofflagerung oder Entsorgung attraktiv.

In der Region haben gefährdete Bereiche eine überdurchschnittliche Bedeutung:[2] Rückgang der landwirtschaftlichen Betriebe bei Konzentration der Nahrungs- und Genußmittelindustrie (u.a. der Milchwirtschaft in Oldenburg), rückläufiger Schiffbau, umfangreiche militärische Standortkonversion und die besondere Problematik der beiden regionalen Industriepole Emden und Wilhelmshaven. Während in Wilhelmshaven nach der Schließung der AEG-Olympia die höchste Arbeitslosenquote Norddeutschlands verzeichnet wird, ist die Situation in Emden z.Zt. noch wegen des VW-Werks günstiger, das derzeit die Hälfte aller Industriearbeitsplätze Ostfrieslands stellt. Diese Monostruktur birgt ihre Gefahren, wenn in den nächsten Jahren tatsächlich 2 500 von 12 000 der VW-Arbeitsplätze entfallen oder sogar die Prognose einer amerikanischen Studie zur welt-

---

1 In diesem Beitrag geht es um zwei voneinander zu unterscheidende Bezugsräume: 1.) „Ostfriesland" in seinen historischen Grenzen (mit den heutigen Landkreisen Aurich, Leer, Wittmund und der kreisfreien Stadt Emden); 2.) das Gebiet der „Regionalen Strukturkonferenz Ost-Friesland", das den gerade bezeichneten Raum sowie den Landkreis Friesland und die kreisfreie Stadt Wilhelmshaven umfaßt. Während 1.) ein traditionsreicher Kulturraum ist, ist 2.) für wirtschaftsgeographische Analysen geeigneter, da es ein Raum mit gemeinsamen Strukturmerkmalen ist (vgl. Abb. 1).

2 Vgl. zur Wirtschaftsentwicklung: DANIELZYK 1989, GROTH u.a. 1993, HUEBNER u.a. 1992, KRÖMER 1991, KRÜGER u.a. 1993, Kap. 1.1, 15.2.

weiten Konzentration der Automobilindustrie stimmt, wonach Emden auf 6 000 Arbeitsplätze schrumpfen müßte (vgl. GROTH u.a. 1993, S. 65).

Auch durch die EU-Integration, die deutsche Vereinigung und Ostöffnung kann Ost-Friesland eher in eine benachteiligte Situation geraten. Nicht nur, daß deshalb die bisher besonders umfangreiche Wirtschafts- und Arbeitsmarktförderung knapper ausfällt und die bisherige wirtschaftliche Kooperation mit den benachbarten Niederlanden, da gering entwickelt, kaum kurzfristige Entwicklungsimpulse setzt. Fast scheint es, als würde Ost-Friesland „in Randlage ruhiggestellt". So ist in der Karte zur Siedlungsstruktur des „Raumordnungspolitischen Orientierungsrahmens" (BMBau 1993) Bremen das nordwestlichste Zentrum mit großräumiger Bedeutung, bei den herausgehobenen Hafenstandorten fehlt Emden. Bedeutende Entwicklungsräume im Nordwesten der Bundesrepublik sind die Achse Wilhelmshaven-Oldenburg-Osnabrück und der Unterweserraum. Für Ostfriesland verbleiben besondere Bedeutungszuweisungen nur in den Bereichen „Sicherung und Erhalt von Wasservorkommen" und „überregionale Erholungsfunktion". Auch verkehrsmäßig liegt Ost-Friesland abseits, u.a. deshalb, weil die Transitrouten v.a. West-Ost-Orientierung haben (vgl. a.a.O., S. 5, 9, 13, 17). Diese raumordnungspolitische Nachrangigkeit ist wiederum nur Ausdruck weltwirtschaftlicher Konzentrationsprozesse, die unter der Maxime „Standort Deutschland" staatlicherseits eine selektive Bevorzugung metropolitaner Räume bzw. einzelner Regionen mit attraktiven ökonomischen Produktions- und Dienstleistungskomplexen mit sich bringen.

1.2 Ostfriesland: Geborgenheitsräume in und vor der Modernisierung

Warum aber sind die Menschen in Ostfriesland nicht durchweg unglücklich, wenn sie in einer Region mit nur bescheidenen Erwerbschancen leben? In einer Vergleichsstudie der Arbeitsamtbezirke Balingen und Leer wurde dieses Phänomen offensichtlicher Selbstgenügsamkeit trotz materieller Krise untersucht (IWG 1989). Danach wird den Leeranern in der Tat eine geringer ausgeprägte „erwerbswirtschaftliche Neigung", dafür ein stärkeres Beharren in Sozial- und Heimatbindung bescheinigt. Müßte man deshalb Ostfriesland von staatlicher Wirtschaftsförderung abkoppeln oder die Menschen zu effizienterer Arbeitshaltung erziehen? Oder besitzen die Menschen eine eigene Lebensklugheit, die über materielles Wertschöpfungsdenken hinausgeht und die man deshalb unter dem Thema „innovativer Lebensraum" weiter diskutieren könnte?

Unsere eigene Untersuchung[3] gibt weitere Einblicke in die diesbezüglichen Bewußtseinsstrukturen: So gilt für die Mehrzahl der befragten Personen das Deutungsmuster vom „Rückzug aus der Modernisierung" in unterschiedliche mentale „Geborgenheitsräume". Für sie ist der ökonomische Umbruch und der soziale Wandel in der wirtschaftsschwachen Region vor allem deshalb nicht erklärbar, weil kein deutlich fixierbarer Verursacher auszumachen ist. Die Krise

---

3 Sie bezog sich auf „Ostfriesland"; vgl. DANIELZYK/KRÜGER 1990, 1993 sowie KRÜGER u.a. 1993.

wird verdrängt, indem sie ins diffuse Außen („woanders") hingeschoben wird, in einen undurchschaubaren Wirtschaftsprozeß und ferne politische Zuständigkeiten.

Selbst bei den Bauern in Ostfriesland greift dieser Mechanismus, obwohl für diesen Berufsstand der Verursacher seiner existentiellen Bedrohung nachweislich in den ungünstiger werdenden Rahmenbedingungen der EU-Agrarpolitik auszumachen ist. Die Kluft zwischen diesen europäischen bzw. „globalen" Rahmenbedingungen und dem betriebswirtschaftlichen Alltag und Überlebenskampf des einzelnen Hofes ist so groß, daß die Bauern nur wenig zu kontinuierlichem und rationalem politischen Handeln fähig sind. Ihre Ängste und Enttäuschungen entladen sich punktuell in emotional gestautem Demonstrationseifer mit Ansätzen auch regionaler Identifikationsbereitschaft („200 ostfriesische Trecker auf dem Weg nach Bonn"). Ansonsten verharren sie in Resignation oder verdrängen den nicht nachlassenden Problemdruck.

Verhaltenssichernde Identifikationspotentiale über alltagsräumliche Aneignung
Identifikationspotentiale bestehen zum einen in der Wahrnehmung alltagsräumlicher Aneignungsmöglichkeiten. Beispielsweise vermittelt in einem Geestdorf u.a. noch die Dorfgemeinschaft Sicherheit in einer als „heil" wahrgenommenen Kleinwelt. In einer ehemaligen Fehnkolonie ist es eine bipolare Orientierung: zum einen das für fast jeden erschwingliche Eigenheim mit Wohnumfeld, aber auch der historische Bezug als Wissen um das schwere Kolonistenschicksal „auf dem Fehn", das man heute zugunsten moderner Lebensgestaltung überwunden hat. In der von hoher Arbeitslosigkeit gekennzeichneten Kreisstadt Leer überschneiden sich unterschiedliche Identifikationsmöglichkeiten: einerseits die tägliche Interaktion mit Arbeitskollegen, Bekannten und organisierten Interessensgruppen sowie die Alt- bzw. Innenstadt, die stellvertretend für die ganze Stadt zum Identifikationskern wird, andererseits die ländliche Idylle, die, vor der eigenen Haustür liegend, gute Luft und beruhigende Weite als Werte hoher Lebensqualität vermittelt. Schließlich sind die Fernpendler zu erwähnen, die um keinen Preis Ostfriesland als „Heimat" verlassen würden. Bei ihnen dominiert eine ökonomische Rationalität: Das Geld wird da verdient, wo man besonders viel bekommt, und da ausgegeben, wo es besonders viel wert ist, nämlich in Ostfriesland.

Verhaltenssichernde Identifikationspotentiale über „vermittelte Regionalität"
Zum anderen sind es regional wirkende Manifestationen eines Ostfrieslandbewußtseins mit identifikationsstiftender Qualität: die Wertschätzung des Teetrinkens, der typischen Sportarten Boßeln und Klootschießen, der Gebrauch des Plattdeutschen und sogar Selbstwahrnehmungen wie „bodenständig" oder „eigenbrötlerisch". Solche Identifikationspotentiale mit Traditionsverbund leben – über regionale Medien und die Kulturarbeit der Ostfriesischen Landschaft hochgehalten – in Alltagsroutinen fort und tragen so als regionale Symbole zur Verhaltenssicherung bei. Wir sprechen hier von „vermittelter Regionalität" (vgl. POHL 1993).

1.3 Der Preis der Geborgenheit: ein Entwicklungshemmnis?

Derartige Identifikationsprozesse mit Geborgenheitswirksamkeit sind allerdings mit einem Nachteil behaftet. Denn die Befangenheit in sozialräumlicher Geborgenheit hat den Preis, daß man sich wenig um die Zukunft der Region kümmert. Eher zieht man sich nostalgisch „von besseren Tagen träumend" ins kleinteilige Familien- und Dorfleben zurück. Oder man sichert sich durch pragmatische Aktivitäten, etwa wenn man sich fallweise zum eigenen Vorteil engagiert, einen Anteil am sozialen „Fortschritt".

1.4 Regionale Experten: Ratlosigkeit

Wenn die einheimische Bevölkerung mehrheitlich den Entwicklungsproblemen Ostfrieslands eher unbeteiligt gegenübersteht, könnte es die planerische und politische Handlungsebene sein, die neue Akzente und Perspektiven in die Regionalentwicklung bringt. Unsere diesbezügliche Expertenbefragung fällt allerdings ernüchternd aus. So besitzt nur eine sehr kleine Gruppe klare Entwicklungsperspektiven. Demgegenüber hat eine große Gruppe höchst diffuse und widersprüchliche Vorstellungen, in denen die Hoffnung auf neue Autobahnen und die Realisierung einer „postindustriellen" Lebensqualität unverbunden nebeneinander stehen. Dieses bedeutet, daß offensichtlich auch qualifizierte regionale Handlungsträger keinen „Durchblick" durch übermächtige Verflechtungen und Veränderungen der sich internationalisierenden Wirtschaft haben (können). Ebensowenig gelingt ihnen die Formulierung profunder regionalpolitischer Handlungsstrategien.

Wir sehen, daß Aktivierung und Veränderungen notwendig sind, wenn Ostfriesland dem Anspruch eines „innovativen Lebensraumes" näherkommen will. Aktivierung kommt aber nicht von allein! Was ist zu tun?

2. Überlegungen zu einer regionalen Entwicklungsstrategie für Ost-Friesland

2.1 Zukunftsoptionen

Zunächst einmal ist es sinnvoll, sich darüber Klarheit zu verschaffen, welches Spektrum für Entwicklungsmöglichkeiten einer Region in absehbarer Zeit (10–15 Jahre) gegeben ist. Für Ost-Friesland sind – schließt man eine „passive Sanierung" aus – zwei grundlegende Orientierungen der Regionalpolitik denkbar:[4]

2.1.1 „Standort Küste": Eine konzentrierte Wachstumsstrategie

Da die klassische Strategie der nachholenden Industrialisierung nicht mehr adäquat ist, rückt die Modernisierung des vorhandenen industriellen Bestandes in den Mittelpunkt des Interesses. Das bedeutet vor allem verstärkte Aufmerksamkeit

---

[4] Vgl. z.B. HUEBNER u.a. 1991, S. 44ff., KRÜGER 1993, S. 15f.

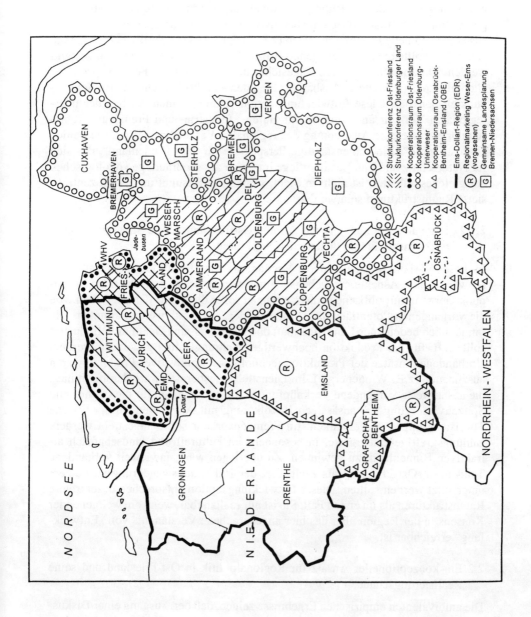

Abb. 1: Die Ostfriesische Halbinsel (Quelle: KRÜGER 1993)

für die „industriellen Kerne" in Wilhelmshaven und Emden. Mit Hilfe der Fachhochschulen und der Oldenburger Universität wären zum einen Automobilproduktion, Schiffbau, Maschinenbau usw. zu modernisieren, zum anderen daraus aber auch neue Produktionslinien (z.B. in der Energietechnik) zu entwickeln. Außerdem sollte die hafenbezogene Wirtschaft in den beiden Standorten gestärkt werden. Darüber hinaus wäre angesichts der beschränkten Förderkapazitäten allenfalls noch ein weiterer Ausbau des Fremdenverkehrs in traditionellen Schwerpunkten denkbar. Diese Entwicklungsoption erfordert einen Ausbau der überregionalen Verkehrsanbindungen für Hafen-, Industrie- und Fremdenverkehrsstandorte sowie eine Ausrichtung des regionalen Verkehrsnetzes auf die beiden „Industriepole". Eine eigenständige Perspektive für das „Binnenland", das sich für Naturschutz und Landschaftspflege im Sinne des großräumigen ökologischen Ausgleiches anbietet, ist nicht in Sicht, so daß das Resultat insgesamt zentralisierte Raumstrukturen sein werden.

2.1.2 „Innovativer Natur- und Kulturraum Ostfriesland": Eine Strategie optimaler Lebensqualität in dezentralen Strukturen

In dieser Variante gilt ein anderes Verständnis von „Entwicklung". Quantitativ schwer faßbare Aspekte der Lebensqualität werden höher gewichtet. Im Mittelpunkt der strukturpolitischen Anstrengungen sollte die Suche danach stehen, wie die vorhandenen Potentiale besser miteinander „vernetzt" werden könnten. Die immer noch bedeutende Landwirtschaft und Nahrungs- und Genußmittelindustrie sollte z.B. für die Produktion hochwertiger Nahrungsmittel gewonnen werden. Vorhandene Ansätze der Produktion technologisch innovativer Produkte wären auszubauen (z.B. Windenergie). Im Dienstleistungsbereich wäre darüber hinaus die ansatzweise vorhandene Verknüpfung von Einrichtungen für die Grund- und Spitzenversorgung der ansässigen Bevölkerung mit Angeboten für spezifische Touristengruppen zu verstärken. Im Fremdenverkehr sollte angestrebt werden, zahlungskräftige Dauergäste, insbesondere im kulturell und landschaftlich attraktiven Binnenland, zu gewinnen. Zu überlegen wäre, inwieweit vorhandene Tendenzen, Ost-Friesland als Zielgebiet der Ruhestandswanderung zu nutzen, unterstützt werden sollten. Dieser Entwicklungsoption entsprechen dezentralere Raumstrukturen als im ersten Fall. Sie ist nur realisierbar, wenn ein weitgehender Konsens in der Region über das hier angesprochene Verständnis von „Entwicklung" erreichbar ist.

2.2 Ein konzeptioneller Ansatz für Regionalpolitik in Ost-Friesland und seine Realisierungschancen

Die ambivalenten empirischen Ergebnisse zeigen, daß der Ausgang einer Diskussion um eine adäquate Entwicklungsoption nicht eindeutig vorhersehbar ist. Wir sind der Auffassung, daß viele materielle Faktoren und gewisse der von uns erhobenen Strukturen des Alltagsbewußtseins sowie die immer wieder erwähnte hohe Lebensqualität eine Entscheidung für die zweite Variante nahelegen. Außerdem spricht der künftige Rückgang der Fördermittel dagegen, daß die erste

Variante im skizzierten Umfange realisierbar wäre. Wichtig ist, daß es eine Diskussion über die Zukunft Ost-Frieslands gibt, damit die knapper werdenden Mittel an gemeinsamen Zielen orientiert eingesetzt werden.

Welche innovationsfähigen Strukturen für eine „neue" Regionalpolitik gibt es nun in Ost-Friesland? Zunächst ist hervorzuheben, daß es bisher keine für Ost-Friesland als Ganzes zuständige Gebietskörperschaft gibt. Außerdem gibt es kein eindeutig dominierendes städtisches Zentrum, aber dank einer traditionsreichen und vielfältigen Kulturförderung, weitverbreiteter regionstypischer Alltagsgebräuche, einer erstaunlichen Zahl regionaler Printmedien usw. ausgeprägte Ansätze zu einer „Kulturregion". Darüber hinaus sind die Ostfriesische Landschaft und die Fachhochschule Ostfriesland in überdurchschnittlichem Maße in Fragen der Regionalentwicklung engagiert. Zusammengefaßt: es handelt sich in räumlicher wie in sozialkommunikativer Hinsicht um eine „polyzentrale" Region, was eine hervorragende Voraussetzung für eine innovative Regionalpolitik sein könnte.

Nicht zuletzt aus diesem Grunde gilt Ost-Friesland als „Modellregion" für die 1991 begonnene Regionalisierungspolitik der Niedersächsischen Landesregierung[5]. Daher wurde im Dezember 1991 die „Regionale Strukturkonferenz Ost-Friesland" gegründet. Deren Sitze werden zur einen Hälfte von den Landkreisen und kreisfreien Städten und zur anderen Hälfte von Wirtschaftskammern, Gewerkschaften, Hochschulen, Umwelt- und Kulturverbänden eingenommen. Die bisherigen Resultate dieser Regionalkonferenz sind sehr bescheiden. Es gibt erkennbar kein Interesse an einem breiten Diskurs über regionalpolitische Ziele, was sich u.a. darin äußert, daß es bis heute kein gemeinsames Entwicklungskonzept für die Region gibt. Eine Ursache dafür ist die Ambivalenz der Landesregierung, die Regionalisierung zwar verbal fördert, aber sich bisher in keiner Weise festgelegt hat, wie mit etwaigen Ergebnissen umzugehen wäre.

Trotz guter Voraussetzungen für das Entstehen innovationsfähiger Strukturen sind diese aktuell nicht realisiert. Ein Grund dafür ist sicher, daß die „ausgetrampelten Pfade" noch nicht ausreichend in Frage gestellt worden sind. Im Gegenteil: die extrem gute Verankerung Ost-Frieslands in der gegenwärtigen Niedersächsischen Landesregierung und die bisher noch umfangreichen Transferleistungen bestätigen das Politikmuster des „Ausnutzens guter Beziehungen". Hinzu kommt, daß der Fremdenverkehr als zukunftsträchtigster Wirtschaftszweig in den letzten Jahren ohne besondere Anstrengungen expandierte, so daß Verluste in anderen Wirtschaftszweigen kompensierbar zu sein scheinen. Außerdem darf die stabilisierende Wirkung der umfangreichen informellen Ökonomie nicht unterschätzt werden.

Demgegenüber wäre es eine sinnvolle regionalpolitische Strategie, wenn die Regionale Strukturkonferenz, aufbauend auf einem Entwicklungsleitbild, „wünschenswerte Projekte" festlegen würde. Einige Handlungsfelder seien hier erwähnt: Die Innovationsfähigkeit der lokalen und regionalen Wirtschaft ist unbedingt zu stärken; wegen der Krise der Landwirtschaft, der Zunahme ökologischer

---

5 Vgl. dazu ausführlicher DANIELZYK 1994, KRÜGER 1993.

Ansprüche und der Gefahr weiterer Funktionsverluste in den Dörfern ist dem Bereich Landwirtschaft/Nahrungs- und Genußmittelindustrie/Landschaftspflege/ ländlicher Fremdenverkehr besondere Aufmerksamkeit zu widmen. Gerade in ländlichen Räumen abseits der großen Zentren wie Wilhelmshaven und Emden wäre eine Förderung der lokalen Ökonomie sinnvoll, um über Kleinbetriebe lokale Versorgungsbedürfnisse und Arbeitsplatznachfrage zu befriedigen.

Ost-Friesland weist viele Potentiale für einen „innovativen Lebensraum" mit hoher Lebensqualität auf. Dieses aber bleibt ein abstraktes Leitbild, wenn es nicht gelingt, über konkrete Projekte die Menschen in der Region zu aktivieren.

Literatur

Bundesministerium für Raumordnung, Bauwesen, Städtebau (BMBau) 1993: Raumordnungspolitischer Orientierungsrahmen. Bonn

DANIELZYK, R. 1989: Arbeitslosigkeit in Ostfriesland. In: Friedrichs, P. u.a. (Hrsg.): „... und raus bist du ..." arbeitslos in Ostfriesland. Bunde, S. 98–105

DANIELZYK, R. 1994: Regionalisierung der Ökonomie – Regionalisierung der Politik in Niedersachsen: Zur Aktualität geographischer Regionalforschung. In: Berichte zur deutschen Landeskunde 68, S. 85–110.

DANIELZYK, R./R. KRÜGER 1990: Ostfriesland: Regionalbewußtsein und Lebensformen. Ein Forschungskonzept und seine Begründung. Oldenburg (= Wahrnehmungsgeographische Studien zur Regionalentwicklung Heft 9)

DANIELZYK, R./R. KRÜGER 1993: Ostfriesland: Alltag, Bewußtseinsformen und Regionalpolitik in einem strukturschwachen Raum. In: Berichte zur deutschen Landeskunde 67, S. 115–138

HUEBNER, M./A. KRAFFT/G. ULRICH 1992: Beschäftigung und Infrastruktur auf der „Ostfriesischen Halbinsel". Oldenburg

Institut für Wirtschaft und Gesellschaft (IWG) 1989: Der Einfluß außerökonomischer Faktoren auf die Beschäftigung. Dargestellt an den Arbeitsamtsbezirken Leer und Balingen (verf. v. K. D. Grüske/J. Lohmeyer). (Ms.) Bonn

GROTH, T./A. KRAFFT u.a. 1993: Quo vadis Ostfriesland? Oldenburg

KRÖMER, E. 1991: Kleine Wirtschaftsgeschichte Ostfrieslands und Papenburgs. Norden

KRÜGER, R. 1993: Die neuen Regionalisierungsansätze als Chance für Ostfriesland? Aurich (= Perspektiven Ostfrieslands Heft 4)

KRÜGER, R./R. DANIELZYK/B. SCHÄFER 1993: Ostfriesland: Regionalbewußtsein und Lebensformen. Abschlußbericht eines DFG-Projektes. (Ms.) Oldenburg

POHL, J. 1993: Regionalbewußtsein als Thema der Sozialgeographie. Kallmünz/Regensburg (= Münchener Geographische Hefte 70)

FACHSITZUNG 3 :
UMBAU IM ÖSTLICHEN EUROPA

EINLEITUNG

Horst Förster, Tübingen / Bronislaw Kortus, Kraków

Seit Mitte der 80er Jahre, insbesondere aber seit der politischen Wende 1989, laufen im östlichen Europa Transformationsprozesse ab, deren gesellschaftliche, ökonomische und räumliche Auswirkungen bereits zu grundlegenden Veränderungen geführt haben. Andererseits wurden durch diese Veränderungen in verschiedener Weise gesellschaftliche und sozialökonomische Konflikte sichtbar, deren letzte Folgen noch nicht absehbar sind.

Ziel dieser Fachsitzung war es daher, den Versuch zu unternehmen, eine beschränkte Auswahl grundlegender Probleme jener Transformationsprozesse zu erfassen und zur Diskussion zu stellen. Die Darstellung der Phänomene, die Herausarbeitung von Ursache und Wirkungsverflechtungen, erfolgte dabei mit unterschiedlichen theoretischen Ansätzen, forschungsdidaktischen Konzepten und auf verschiedenen Maßstabsebenen. So sollten die Fachvorträge sowohl die politisch- und ökonomischgeographischen Rahmenbedingungen analysieren als auch am Beispiel unterschiedlicher Fallstudien mit sich ergänzenden Schwerpunkten einen Überblick vermitteln.

Nach einer kurzen Einführung und dem Versuch einer allgemeinen Problematisierung des Sitzungsthemas durch H. Förster (Tübingen), konnte B. Kortus (Kraków) diese Thematisierung am Beispiel der aktuellen sozioökonomischen Entwicklungen in Polen spezifizieren. Anhand empirischer Befunde wurde im Vergleich der ehemaligen RGW-Länder gezeigt werden, daß innerhalb der Transformationsprozesse gravierende Unterschiede im Erfolg des „Umbaus" auftraten.

Gleichsam als Basisvortrag zur Kennzeichnung der wirtschafts- und sozialgeographischen Grundlagen des Transformationsprozesses im östlichen Europa fungierte der Beitrag von H. *Faßmann* (Wien). Er stellte vor allem die Frage Hindernisse der Transformation sowie die gesellschaftlichen Auswirkungen in den Mittelpunkt. Probleme der Privatisierung, Fragen der Institutionalisierung der Marktwirtschaft oder der „Schock der Liberalisierung" stellten wesentliche Aspekte dar, bevor eine Prognose über die Erfolgsaussichten der Transformationsprozesse formuliert wurde. Wesentlich war dabei die Einsicht, daß Erfolg oder Mißerfolg der Transformation keine Frage der jeweiligen Staaten allein ist, sondern zugleich eine Frage gesamteuropäischer Dimension bedeutet. Sowohl theoretische Überlegungen als auch methodisch-empirische Ansätze bildeten das Grundgerüst der Ausführungen J. *Stadelbauers* (Freiburg) zu Prozessen des Zerfalls der ehemaligen Hegemonialmacht Sowjetunion als Gegenstand der Politischen Geographie. In Anlehnung an die aktuellen Auffassungen der Politischen Geographie als ein Teil der Kulturlandschaftsforschung werden zunächst überblicksartig mögliche Forschungsfelder in Verbindung mit den Zerfallsprozessen vorgestellt. Unter den Aspekten „Territorien, Grenzen, Konflikte" werden im zweiten Teil des Beitrages einzelne Phänomene jener Forschungsfelder anschaulich vorgeführt und diskutiert. Wesentlich ist dabei der Entwurf zu künftigen Prozeßanalysen, wobei hier insbesondere auf die Verbindungen der Politischen Geographie zur Konfliktforschung verwiesen wird.

Auf ganz aktuellen Feldforschungen beruht die regionale Fallstudie, die die Infrastrukturausstattung der baltischen Staaten im Zeichen der neuen Marktorientierung behandelt (*E. Buchhofer*, Marburg). Kern der Untersuchung ist eine vergleichende Bestandsaufnahme der drei wichtigsten Transportinfrastruktursysteme (Schiene, Straße, Seehäfen) im Hinblick auf ihre Leistungsfähigkeit für den Güterverkehr. Wesentlich – neben einer Fülle aktueller Informationen – ist die Erkenntnis über die Tendenzen eines „modal shifts" von der Schiene zur Straße im ganzen Baltikum, die in den einzelnen Regionen unterschiedlich erzwungen oder beeinflußt (z.T. durch Qualitätsunterschiede der Transportsysteme) wurden. Es sind verkehrspolitische Schwerpunktsetzungen, die in der EU längst als nicht erstrebenswert gelten.

Der Überprüfung der von „Transformationsprognostikern" oftmals geäußerten These, daß bei den gravierenden Wirkungen des Umbaus auf den Arbeitsmarkt insbesondere die Frauenbeschäftigung betroffen sein werde, geht der umfangreiche empirische Beitrag von *P. Meusburger* (Heidelberg) nach. Die hohe Frauenerwerbsquote galt in allen ehedem sozialistischen Planwirtschaften als ein Spezifikum. In seiner vergleichenden Analyse zwischen 1980 und 1990 kommt *Meusburger* dabei zu überraschenden Erkenntnissen. So hat sich z.B. die ökonomische Instabilität der Betriebe während der Transformation vor allem auf Berufsanfänger oder „erwerbstätige" Pensionisten negativ ausgewirkt, während die prognostizierte Verdrängung der Frauen vom Arbeitsmarkt nicht eintrat, wobei allerdings gleichzeitig eine stärkere Akzentuierung der Lebenszyklusphasen zu beobachten war.

Bereits innerhalb des RGW-Systems besaß Rumänien bezüglich verschiedener politisch-ökonomischer Rahmenbedingungen und auch hinsichtlich des wirtschaftlichen Potentials eine gewisse Sonderstellung. *P. Jordan* (Wien) stellt seine regionale Analyse daher unter die Frage: „Rumänien – permanente Peripherie Europas?". In einem historischen Ansatz werden zuerst überblicksartig politische, ökonomische und soziale Bestimmungsgrößen der Raumentwicklung bis zur Gegenwart zusammengefaßt. Anschließend legt er den Versuch einer Bewertung der gegenwärtigen Strukturen und Entwicklungen vor, wobei auch jene Merkmale und Tendenzen herausgestellt werden, die für eine Überwindung der peripheren Position Rumäniens in Europa sprechen.

Die Grenzregionen in Europa, hier insbesondere diejenigen zwischen der Europäischen Union und der Westgrenze des ehemaligen Ostblocks, stellen ein besonderes Problem der europäischen Raumordnungspolitik dar. Aus diesem Fragenkreis behandelt *H.J. Bürkner* (Göttingen) in einer empirisch aufwendigen Studie den sozialökonomischen Wandel in Grenzregionen als Folge der Grenzöffnung. Am Beispiel der Arbeitspendelwanderungen werden diese Prozesse in Nordwestböhmen (Tschechische Republik) einerseits und Nordostbayern andererseits analysiert. Sehr eindrucksvoll werden dabei die positiven (zumeist ökonomischen) Effekte beiderseits der Grenzen deutlich. Bedeutsam ist hierbei die Erkenntnis, daß letztlich die Arbeitspendelwanderung respektive das Grenzgängerphänomen dieselbe politische Funktion erhält, wie die Beschäftigung von Arbeitsmigranten aus Süd- und Südosteuropa.

Am Beispiel der Euregio Egrensis im Grenzraum zwischen Böhmen, Bayern, Sachsen und Thüringen schildert J. Vos (Marktredwitz) die komplexen planerischen Überlegungen und organisatorischen Viorkehrungen, die für eine grenzüberschreitende Regionalplanung bzw. -entwicklung getroffen werden müssen. Die sorgfältige Suche nach und Mobilisierung von endogenen Potentialen spielt auch hier eine wichtige Rolle.

Allen Referaten folgte eine sehr lebhafte Diskussion, wobei allerdings mehr das Nachfragen nach Sachinformationen, insbesondere nach den Erscheinungsformen der Transformation und der Zeitdauer des Umbaus, im Mittelpunkt standen. Dieser Sachverhalt und das große Interesse an der Fachsitzung zeigen, daß es unbedingt nötig war, mit dieser Forschungsproblematik an die Öffentlichkeit zu treten.

PROBLEME DER TRANSFORMATION UND IHRER GESELLSCHAFT-LICHEN KONSEQUENZEN IN OSTMITTEL- UND OSTEUROPA

Heinz Faßmann, Wien

1. Einleitung

Die Euphorie, die nach dem Fall der Berliner Mauer und dem Ende des Kommunismus auch in Ostmitteleuropa herrschte, ist gewichen. Resignation, Unzufriedenheit und Zweifel, ob der eingeschlagene Weg der richtige ist, traten an ihre Stelle. Die Vorstellungen über eine rasche Transformation der Planwirtschaften in funktionierende Marktwirtschaften blieben Illusion. Vieles wurde übersehen oder nicht ernst genommen. Die Hoffnungen auf eine rasche Annäherung wurden sehr bald von anderen Bildern verdrängt: Der Osten erschien nur noch als das Armenhaus Europas, aus dem die Wirtschaftsflüchtlinge in Massen nach Westeuropa strömen.

Beide Vorstellungen sind zu plakativ und daher falsch. Die ehemaligen COMECON-Staaten versanken nicht im Chaos, der Abbau der enormen Unterschiede der Lebensbedingungen zwischen Ost und West konnte nicht in drei Jahren gelingen. Zu einer Klärung dieser sehr bizarren Bilder des Wandels in Ostmitteleuropa hat auch die wissenschaftliche Forschung einiges beigetragen. Fragen der gesellschaftlichen und ökonomischen Transition nach 1989/90 wurden zunehmend thematisiert.

2. Über die Probleme des Transformationsprozesses

Warum schreitet der Transformationsprozeß so zähe voran? Die Antworten darauf sind „stilisierte Fakten", die in keinem der untersuchten Staaten (Polen, Ungarn, Tschechische Republik und Slowakei) alleine für die ökonomischen Probleme verantwortlich zu machen sind, insgesamt aber das Ensemble der Transformationsprobleme nachzeichnen.

Eine wesentliche Barriere auf dem Weg zu einer raschen Transformation stellt das großbetriebliche Erbe einer überzogenen Industrialisierung während der „sozialistischen Ära" dar. In allen Staaten Ostmitteleuropas war die Struktur der Beschäftigten durch einen hohen Anteil des sekundären Sektors und einen vergleichsweise geringen Dienstleistungsanteil gekennzeichnet. Die massive Industrialisierung war geleitet von dem Ziel, die Wirtschaftskraft des kapitalistischen Westens zu überflügeln und gleichzeitig die Transformation einer bürgerlichen in eine „proletarische" Gesellschaft sicherzustellen. Der „Arbeiterklasse" kam die Funktion eines Garanten für die Stabilität des politischen Systems zu.

Dominant waren Großbetriebe und nicht wie in westlichen Staaten kleine und mittlere Unternehmen mit wenigen Arbeitnehmern. Das Ausmaß an Arbeitsteilung war gering, die Unternehmen waren genötigt, auch aus Gründen der ungenügenden Transportmöglichkeiten, große Lager anzulegen und viele Produktionsabschnitte selbst zu realisieren.

Die Schaffung industrieller „Giganten" hatte neben der Kostenüberlegung auch eine planerisch-politische Komponente. Das System „Wirtschaft" wurde überschaubar, wenn die Zahl der beteiligten Subjekte klein blieb. Die Planbarkeit und Kontrolle der ökonomischen Abläufe war mit wenigen Großunternehmen leichter als mit vielen Kleinunternehmen. Umgekehrt hatten Großbetriebe im Planungs- und Verteilungsprozeß einen höheren Stellenwert und damit eine bessere Verhandlungsmacht, wenn es darum ging, finanzielle Ressourcen für Investitionen zugeteilt zu bekommen.

Das großbetriebliche Erbe einer überzogenen Industrialisierung in den postsozialistischen Staaten erweist sich heute als hinderlich und häufig auch als kontraproduktiv auf dem Wege zum Markt. Eine Wirtschaft, die von Produktions- und Verteilungsmonopolen beherrscht wird, läßt sich nicht durch Marktsignale steuern. Mit Sorge wird daher von einem „anormalen" Unternehmerverhalten berichtet. Dieses besteht darin, eine erhöhte Nachfrage nach Gütern oder Dienstleistungen nicht mit einer Produktionsausweitung, sondern mit einer Preiserhöhung zu quittieren. Und umgekehrt: Absatzschwierigkeiten von Gütern oder Dienstleistungen werden nicht mit Preissenkungen beantwortet, sondern mit Produktionskürzung und Nichtbezahlen von Lieferrechnungen. Dafür spricht die Beobachtung, daß die Inflationsraten auf jenen Märkten, auf denen starke Konkurrenz durch Importe oder inländische Anbieter besteht, niedriger sind als auf anderen Märkten (vgl. GABRISCH 1993).

Die Restrukturierung der industriellen Giganten gestaltet sich sehr schwierig oder steht größtenteils noch bevor. Zweierlei ist dabei zu berücksichtigen: Auf der einen Seite steht die politische Überlegung, plötzliche Massenarbeitslosigkeit zu verhindern, auf der anderen Seite die Probleme eines gradualistischen – und daher langsamen – Übergangs zu anderen Produkten und neuen Produktionsabläufen.

Dazu kommen die Schwierigkeiten der Privatisierung. Nirgendwo gestaltet sich die Privatisierung so, wie es liberale Theoretiker geplant haben. Nach dem Verkauf der attraktiven Unternehmen verlangsamt sich das Tempo der Privatisierung. Hunderte von Großbetrieben warten auf Käufer. Die in- und ausländischen Investoren haben keine große Eile und infolge der mäßigen Konjunkturentwicklung auch zu wenig Kapital und Risikobereitschaft, die Betriebe zu übernehmen.

In der Wirtschaftstheorie bedeutet Privatisierung etwas Einfaches, aber auch etwas Unumgängliches. Nicht Bürokraten entscheiden über wirtschaftliche Aktivitäten eines Betriebs, sondern motivierte und kompetente Unternehmer. Mit der Privatisierung wird die Verantwortung ökonomischen Handelns von einer staatlichen auf die private Ebene verschoben. Die freie Verfügbarkeit von Grund und Boden stellt eine Voraussetzung für autonome Entscheidungen von Unternehmern und privaten Haushalten dar. Eigentum an Produktionsmitteln und an Liegenschaften ist Teil der Autonomie der einzelnen Wirtschaftssubjekte.

Um verkaufen zu können, muß zuerst festgestellt werden, wem die privatisierbaren Güter gehören. Die schwierigste zu lösende Frage ist jene nach den rechtmäßigen Eigentümern, wobei jedoch die Rechtmäßigkeit eine politische Definition darstellt. Indem die Regierungen Ostmitteleuropas das Prinzip der

Rückerstattung gewählt haben, wird der Privatisierungsprozeß hinausgezögert und mit Rechtsunsicherheit belastet, die erst dann bewältigt ist, wenn alte Eigentümer oder ihre Erben identifiziert sind und deren Ansprüche auch anhand von Dokumenten, die häufig nicht mehr vorhanden sind, nachgewiesen werden konnten.

Erfolgreich und unproblematisch war die Privatisierung bei kleinen betrieblichen Einheiten, die in Form von Versteigerungen oder Aktienbeteiligungen verkauft oder vermietet wurden. Die gesellschaftlichen Auswirkungen waren dort gering, wo die Kontinuität der Bevölkerung gegeben war. Überall dort, wo Vertreibung oder Flucht die Sozialstruktur der Bevölkerung nachhaltig verändert haben, stellen die Rückerstattungswünsche der alten Eigentümer empfindliche Störungen der lokalen Gesellschaften dar. Die wirtschaftliche Unsicherheit bezüglich der Leistungskraft der Betriebe ist mit einer Rechtsunsicherheit über die Eigentumsfrage und mit einer sozialen Unsicherheit über die Folgen der ausländischen Kapitalzufuhr gepaart.

Die Marktwirtschaft braucht Institutionen. Märkte sind ohne Institutionen funktionsuntüchtig. Auch in Westeuropa wird beispielsweise der Arbeitsmarkt durch Interessensvertretungen, durch Gesetze, durch Arbeitsämter und durch das gesammelte Wissen über betriebliche Beschäftigungspolitik reguliert, Wohnungsmärkte durch die Einrichtung der Bausparkassen, durch die Bautätigkeit der öffentlichen Hand oder durch Wohnbauförderung entscheidend geformt. Ohne ein funktionierendes Bankenwesen, ohne ein neugeschaffenes Steuersystem und ohne wirtschaftspolitische Rahmenbedingungen führen sämtliche Bemühungen nur zu „Torsomärkten", die grundsätzliche Prämissen einer Marktwirtschaft nicht erfüllen. Daß Institutionen nicht von heute auf morgen geschaffen werden können, ist einsichtig. Dies gilt insbesondere, weil viele Institutionen durch den Staat eingerichtet werden müssen. Staatlicher Dirigismus ist aber verpönt, weil der Staat nichts mit dem Staat zu tun haben darf, der vom Kommunismus geschaffen wurde. Die Institution, die früher Feindseligkeit und Widerwillen hervorgerufen hat, soll heute eine neue und allgemein akzeptierte Realität hervorbringen.

Die Marktwirtschaft braucht neben Institutionen auch Menschen, die mit dem neuen Wirtschaftssystem umzugehen imstande sind. Die Marktwirtschaft braucht Initiative und Risikobereitschaft wie kein anderes Wirtschaftssystem. Das alte System hat die Herausbildung einer Unternehmerschicht jedoch verhindert oder in den Bereich der Zweiten Wirtschaft (Ungarn) bzw. der Schattenwirtschaft (Polen) abgedrängt. Ein System mit zentraler Zuteilung und Abschöpfung von Ressourcen hat keine Unternehmer produziert, die Spielregeln, Chancen und Gefahren einer Marktwirtschaft aktiv umzusetzen und zu beachten imstande sind. Eine Verhaltensänderung ist aber auch auf seiten der Arbeitnehmer erforderlich: Eine verstärkte Service- und Kundenorientierung bei Dienstleistungsarbeitnehmern, Anpassung an westliche Produktivitätsnormen bei Industriearbeitern und generell Motivation und Leistungsbereitschaft müssen erst entwickelt werden. Mit einem Federstrich kann die Privatwirtschaft abgeschafft werden, sie wieder einzuführen, erfordert viel mehr!

Zu all den genannten systembedingten Schwierigkeiten des Transformationsprozesses kommen die makroökonomischen Begleitumstände hinzu. Der Transformationsprozeß fällt in eine Zeit eines generellen Wirtschaftsabschwungs. Der Kampf um inländische Märkte und Arbeitsplätze, eine wiederkehrende Sympathie für protektionistische Maßnahmen und wachsende Budgetdefizite in den westeuropäischen Staaten haben konkrete Wirtschaftshilfen reduziert. Dazu kommen strukturelle Probleme im Zuge der Auflösung des ehemaligen RGW-Handels und der Umstellung auf die Verrechnung in konvertibler Währung.

Die Aufzählung der „stylized facts" ist sicherlich nicht vollständig. Sie reflektiert aber ein Grundproblem sehr deutlich: Es existiert ein massiver Zielkonflikt zwischen ökonomischen Erfordernissen und politischer Machbarkeit. Was ökonomisch notwendig wäre, ist politisch nicht durchsetzbar. Diese Gratwanderung durchzustehen, ohne links oder rechts abzustürzen, ist die Kunst der Politik in den ostmitteleuropäischen Staaten.

3. Gesellschaftliche Konsequenzen

Ebenso einschneidend, wie es der ökonomische Systemwandel gewesen ist, sind die gesellschaftlichen Konsequenzen. Für die Bevölkerung Ostmitteleuropas bedeutete das Ende des Kommunismus nicht nur die Gewährung bürgerlicher Rechte, sondern bringt auch massive soziale Veränderungen mit sich. Der „Schock des Liberalismus" (GAURON 1993) besteht in einem massiven Anwachsen der Arbeitslosigkeit, in einem Verlust der gesellschaftlichen „Mitte" und in wachsenden Einkommensdisparitäten.

Das Recht auf Arbeit, legistisch und faktisch durchgesetzt, zählte zu den „Herzeigargumenten" des realen Sozialismus. Arbeitslosigkeit wurde als immanenter Makel des Kapitalismus abgetan. Die Planwirtschaft sei in der Lage, so die offizielle Meinung, Allokationsvorgänge zwischen Angebot und Nachfrage auch auf dem Arbeitsmarkt effizienter zu steuern. Aus dieser Kontrastsituation ergibt sich die besondere Problematik. Noch zu Jahresbeginn 1990 lagen die Arbeitslosenquoten in allen ostmitteleuropäischen Staaten bei Null oder waren vernachlässigbar klein. Im ersten Halbjahr 1993 waren in den vier ostmitteleuropäischen Staaten – Tschechien, Slowakei, Polen und Ungarn – über 3.6 Mio. Menschen arbeitslos gemeldet. Dabei manifestieren sich enorme Unterschiede zwischen den einzelnen Staaten. Rund 2.6 Millionen Menschen waren in Polen ohne Job, was einer Arbeitslosenquote von 14% entsprach. In der ehemaligen ČSFR wurden rund 400.000 Arbeitslose (5.1%) registriert. Während die Quote in der Tschechischen Republik mit 2.6 % (134.788 Personen) gering war, erreichte sie in der Slowakei 10.4 % (260.274). In Ungarn stieg die Quote auf über 12%.

Hinsichtlich der Höhe der Arbeitslosenquote haben die ostmitteleuropäischen Staaten damit westeuropäischen Standard erreicht. Staaten mit hoher Arbeitslosigkeit, wie Irland, Spanien und die Türkei, weisen ein ähnliches Niveau auf wie Ungarn, Polen oder die Slowakei. Unterschiedlich ist jedoch die Geschwindigkeit des beobachteten und des erwarteten Anstiegs. Eine Vervielfachung der Arbeitslosenquote innerhalb von zwei Jahren ist außergewöhnlich, ein Plafond des Anstiegs noch nicht in Sicht.

Arbeits- und Obdachlosigkeit ist die eine Seite einer immer ungleicher werdenden Gesellschaft. Den Arbeits- und Obdachlosen steht der oft demonstrativ zur Schau gestellte neue Wohlstand der „Transitionsgewinner" gegenüber. Anhand der Einkommensverteilung in Ungarn kann dieser Prozeß veranschaulicht werden. 1982 betrug der Anteil der wohlhabendsten 10% der Bevölkerung am gesamten Volkseinkommen weniger als 19 %, 1991 bereits 22%. 1991 entfielen auf das oberste Drittel der Bevölkerung 48% des Gesamteinkommens, ein Jahr später 49%. Auf die ärmsten 30% der Bevölkerung entfielen 1991 18% des Gesamteinkommens, 1992 nur mehr 16%. Die Einkommensdisparitäten verstärkten sich. Am unteren Ende des sozialen Spektrums „rutschen" immer mehr Menschen unter die Armutsgrenze. Waren 1987 noch 700 000 bis 800 000 Ungarn den ärmsten Bevölkerungsschichten zuzuzählen, so waren dies 1991 bereits über 1.2 Millionen.

Was national zu beobachten ist, zeigt sich auch im internationalen Vergleich. Wird das Bruttoinlandsprodukt (BIP) pro Kopf in Österreich mit 100 gleichgesetzt, so erreicht der entsprechende Wert für Ungarn im Jahre 1990 lediglich 38. 1980 betrug der Anteil des ungarischen BIP pro Kopf am österreichischen BIP jedoch noch 56%. In Polen sank der Wert von 50% im Jahre 1980 auf 31% 1990.

Zwischen der wachsenden Gruppe der Ärmsten in der Gesellschaft und der relativ kleiner werdenden Zahl der Reichen löst sich die alte soziale Mittelklasse auf und wird erst sehr zaghaft durch eine neue „gesellschaftliche Mitte" ersetzt. Dies betrifft vor allem Facharbeiter und auch viele Pensionisten, die zu den Verlierern der Umstrukturierung zählen. Ihr relativer Wohlstand basierte zu einem erheblichen Teil auf den Aktivitäten in der Zweiten Wirtschaft. Im Zuge des Systemwandels wurde die Zweite Wirtschaft in die neue private Ökonomie eingegliedert, ein kleiner Teil mutierte zur Schattenwirtschaft, der größte Teil der Zweiten Wirtschaft konnte seine Aktivitäten jedoch nicht fortführen.

4. Erfolgsaussichten

Die genannten gesellschaftlichen Konsequenzen stellen ein erhebliches Gefährdungspotential eines konfliktfreien Transformationsprozesses dar. Die Bevölkerung in den Staaten Ostmitteleuropas reagiert daher zunehmend mit Unzufriedenheit, mit gestiegener Kritik an den politischen Entscheidungsträgern und mit einer Hinwendung an die jeweiligen nationalistischen Ideologien.

Alles deutet darauf hin, daß sich der Übergang zur Marktwirtschaft als ein langer und komplexer Prozeß vollzieht, der höchstwahrscheinlich Jahrzehnte dauern wird. Illusionen sind hier fehl am Platz. Geht man davon aus, daß Österreichs Wirtschaft um jährlich rund 2% wächst, dann müßten die Volkswirtschaften in Ostmitteleuropa in den nächsten zehn Jahren zwischen 24% (Ungarn und die Ex-ČSFR) und 31% (Polen) jährlich wachsen, um im Jahre 2000 das österreichische Pro-Kopf-Einkommen zu erreichen. Gewährt man dem Anpassungsprozeß 20 Jahre, dann sind noch immer zwischen 12 und 15% jährliches Wachstum erforderlich. Geht man von einem BIP pro Kopf zu Kaufkraftparitäten aus, so stellt sich die Situation günstiger, aber immer noch langfristig dar. Die erforderlichen Wachstumsraten, um österreichisches Pro-Kopf-Niveau zu erreichen, wären in diesem Fall in den nächsten zehn Jahren zwischen 9.4% (Ungarn) und 14.8% (Polen). Die Ex-ČSFR liegt dazwischen. Betrachtet man abermals einen zwanzigjährigen Zeitraum, dann bleibt für Ungarn noch immer 5.6% jährlich, für die Ex-ČSFR 7.1% und für Polen 8.2%.

Der Befund jedenfalls ist deutlich. Ostmitteleuropa ist eine neue und zugleich auch alte Peripherie Europas. Die Chancen, westeuropäische Einkommens- und Lebensstandards in kurzer Zeit zu erreichen, stehen sehr schlecht. Dabei ist die Situation innerhalb Ostmitteleuropas zu differenzieren.

Ungarn genießt eine überdurchschnittlich hohe Wertschätzung bei ausländischen Investoren. Rund 70% aller Investitionen in Ostmitteleuropa werden in Ungarn getätigt. Die Zahl der Joint-ventures ist auf 16 000 gestiegen. Bei der Privatisierung großer Staatsbetriebe ist man jedoch eher zögerlich, die Auslandsschulden (pro Kopf der Bevölkerung) sind sehr hoch. Das Bruttoinlandsprodukt wird 1993 weder steigen, noch dramatisch fallen. Die Inflation sinkt, der Außenhandel entwickelt sich günstig.

Polen steht mit einem Anteil von 47% der Privatwirtschaft am gesamten Bruttoinlandsprodukt deutlich vor anderen ehemaligen COMECON-Staaten, das BIP-Wachstum betrug 1992 +1%. Damit hat Polen als erster ostmitteleuropäischer Staat die Trendwende – so die Hoffnung – geschafft. Die Industrieproduktion erhöhte sich um 4.2%, nachdem sie zwischen 1990 und 1991 um fast 20% gesunken war. Die hohe Auslandsverschuldung und die Arbeitslosigkeit von über 14% trüben jedoch das Bild.

In der Tschechischen Republik weisen die gesamtwirtschaftlichen Eckwerte auf eine absehbare Erholung der Wirtschaft hin. Optimisten rechnen bereits 1993 mit einem Wachstum von 1%, Realisten mit einer gebremsten Schrumpfung von -1%. Nach der Einführung der Mehrwertsteuer stieg zwar die Inflationsrate auf 18.0%, in der Tendenz ist sie aber fallend. Die Arbeitslosigkeit ist gering, wesentliche Privatisierungs- und Restrukturierungsschritte sind jedoch erst zu tätigen.

Die Slowakei steht vor dem tiefgreifendsten Transformationsprozeß. Um die Geduld der Bevölkerung nicht zu überfordern, riskiert die Regierung Mečiar ein hohes Haushaltsdefizit. Die Inflationsrate beträgt fast 20%, die Arbeitslosigkeit ist sehr hoch und die Handelsbilanz defizitär. Die neue Selbständigkeit und die ethnischen Konflikte mit der ungarischen Bevölkerung erscheinen dabei als instrumentelle Ablenkung willkommen.

Der Erfolg oder Mißerfolg der Transformation ist keine nationale Frage der jeweiligen Staaten, sondern eine gesamteuropäische. Der Übergang zur Marktwirtschaft und die Herstellung einer demokratischen Ordnung sind bis heute keineswegs völlig abgesichert. Die hohe Arbeitslosigkeit, sinkende Einkommen, steigende Lebenshaltungskosten und eine Verschärfung gesellschaftlicher Unterschiede gefährden die neue Ordnung. Die Sehnsucht nach den alten Zeiten des realen Sozialismus, der, je länger er zurückliegt, umso positiver erscheint, und die Renaissance postkommunistischer Parteien in Litauen oder Polen mögen als Indiz dafür gewertet werden.

Literatur

FAßMANN, H. 1992: Phänomene der Transformation – Ökonomische Restrukturierung und Arbeitslosigkeit in Ost-Mitteleuropa. In: Petermanns Geographische Mitteilungen 136, S.49–59

GABRISCH, H. 1993: Im Zeichen westlicher Rezession. Wien (= Forschungsberichte des WIIW 179a)

GAURON, A. 1993: Der Schock des Liberalismus. Osteuropa: Markteuphorie und Wiederentdeckung des Staates. In: Lettre 21, S.19–23

LASKI, K.1992: Konzepte und Erfahrungen zur Restrukturierung ehemaliger Planwirtschaften – Der aktuelle Stand der Diskussion über die Transformationsprobleme. Europäisches Forum Alpbach (unpubliziertes Manuskript)

KREGEL, J./E. MATZNER/G. GRABHER 1992: The Market Shock. An AGENDA for the Economic and Social Reconstruction of Central and Eastern Europe. Wien

DER ZERFALL DER SOWJETUNION ALS GEGENSTAND POLITISCH-GEOGRAPHISCHER ANALYSE. TERRITORIEN, GRENZEN, KONFLIKTE

Jörg Stadelbauer, Freiburg

Politische Geographie war in der Sowjetunion erst seit *glasnost'* und *perestrojka* möglich. Inzwischen hat sich im Institut für Geographie der Russischen Akademie der Wissenschaften eine Arbeitsgruppe für politisch-geographische Fragen gebildet (*Centr politiko-geografičeskich issledovanij RAN*), und auch in anderen Instituten wird politische Geographie betrieben (N.V. KALEDIN 1993; Političeskij monitoring Rossii 3, 1992). Russische Geographen sind heute unmittelbar an der Politikberatung beteiligt. Dabei geht es weniger um geostrategische oder geopolitische Fragen als um eine laufende Beobachtung der räumlich differenzierten politischen Verhältnisse im eigenen Land.

Die deutsche Geographie hat sich sicher nicht am Politischen der Sowjetunion „vorbeigemogelt", aber die scheinbar monolithische Struktur des Systems legte es nahe, politische Analysen den Politikwissenschaftlern zu überlassen. Dies änderte sich mit dem Aufflammen interethnischer Konfikte in der Sowjetunion seit Ende 1986, mit dem Zusammenbruch der sowjetischen Herrschaft über das östliche Mitteleuropa 1989/90 und erst recht mit dem Zerfall des Sowjetimperiums. Seither ist es im Hinblick auf das Gebiet der ehemaligen Sowjetunion fast undenkbar geworden, „unpolitische" Geographie zu betreiben, weil jeder Analysegegenstand von den politischen Kräften des Sowjetsystems belastet, mit Demokratisierungsansätzen oder -hindernissen behaftet zu sein scheint. Fragen der Privatisierung, der industriellen Standortverteilung, der Infrastrukturentwicklung, der Umweltsituation, des Auflebens nationaler und ethnischer Eigenständigkeit, der Nutzung der natürlichen Potentiale in den Regionen sind ohne eine politische Komponente nicht zu diskutieren.

Der unerwartete und plötzliche Umbruch politischer Raumstrukturen hat eine ganze Teildisziplin neu belebt und ihr neue Aufgaben gestellt. Geographische Konfliktforschung hat sich dabei zu einem der wichtigsten Ansätze der am Ende der 80er Jahre zunehmend diffuser werdenden Politischen Geographie entwickelt (O'Loughlin 1991), und dies bezogen sowohl auf zwischenstaatliche als auch innerstaatliche Konflikte.

Im folgenden kann keinesfalls angestrebt werden, alle Ansätze politisch-geographischer Analyse auf das Gebiet der ehemaligen Sowjetunion zu übertragen. Es soll aber versucht werden, einen Überblick über denkbare Arbeitsfelder zu geben und dies am Beispiel der territorialen Entwicklung zu vertiefen.

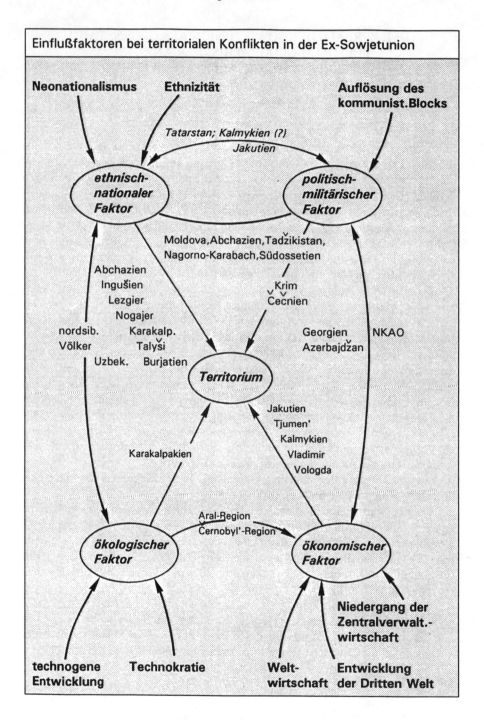

Abb. 1: Einflußfaktoren bei territorialen Konflikten in der Ex-Sowjetunioon

Zur Aufgabe und Stellung der Politischen Geographie

1. Der Zerfall der Sowjetunion hat für das Gebiet dieses Staatsgebildes die folgenden *Phänomene* für eine politisch-geographische Analyse in den Vordergrund treten lassen:
   - Entstehung, Abgrenzung und völkerrechtlicher Status der Nachfolgeterritorien
   - Einbindung in die internationale Staatengemeinschaft
   - Grenzveränderungen
   - administrativ angelegte Territorial- und Grenzkonflikte
   - ethnische und ethnoterritoriale Konflikte
   - Raumwirksamkeit von Staatssymbolen
   - Partizipation der Bevölkerung als soziales Element der Politik
   - soziale, ökonomische und ökologische Komponenten der aktuellen politischen Entwicklung.

   Diese Liste ließe sich mühelos erweitern oder thematisch differenzieren.
2. Die *Indikatoren* für die inneren politisch-territorialen Veränderungen sind vielfältig und reichen über den unmittelbar politischen Bereich in zahlreiche andere Felder hinein. Außer den Ansätzen für eine neue administrative Zuordnung können z.B. die Wahlergebnisse, die regionale Einbindung und Stellung einzelner Akteure, selbst Namensänderungen bei Orts- und Straßennamen, Änderungen bei den Staatssymbolen, Veränderungen im Sprachgebrauch und bei der Berichterstattung genannt werden.
3. Als *Quellenmaterial* kommt vor allen die Berichterstattung in den Medien für eine systematische Auswertung und kritische Interpretation in Frage. Dazu treten erste Veröffentlichungen aus den Nachfolgestaaten.
4. Als *angewandte Wissenschaft* ist die Politische Geographie innerhalb der ehemaligen Sowjetunion insbesondere in der Rußländischen Föderation neu belebt worden. So versucht die genannte Arbeitsgruppe des IGRAN, das „politische Klima" in den Gebietseinheiten der Rußländischen Föderation zu erfassen. Von der Lomonosov-Universität geht eine regionalisierende Erfassung der Reprivatisierung in der Landwirtschaft aus. In der Wirtschaftszeitung *Kommersant daily* wurde ein „*rating*" der Territorien der Rußländischen Föderation nach der Sicherheit von Investitionen publiziert (Kommersant daily Nr. 16, 17–25.4.1993, S. 24f.) Die Zeitschrift „Vaš vybor" (seit 1993) will über territorialpolitische Phänomene informieren und zur Entscheidungsfindung auf kommunaler und Gebietsebene beitragen.

Zur Analyse einzelner Phänomene beim Zerfall der Sowjetunion und in den Nachfolgestaaten

Für die ehemalige Sowjetunion erweist sich „das Politische" bei näherem Hinsehen als außerordentlich facettenreich. Im folgenden seien einige wichtige Aspekte genannt, die heute in eine Analyse einbezogen werden müssen.

5. *Territorialpolitischer Aspekt*: Territorien und Grenzen sind zwar bislang weitgehend unverändert geblieben, doch bergen wechselseitige Territorialansprüche der Nachfolgestaaten oder einzelner Teilgebiete ein umfangreiches Konfliktpotential in sich. Erklärungsansätze sind meist aus der historischen Entwicklung zu gewinnen, wobei die Stalinzeit (und damit auch der Zweite Weltkrieg) den stärksten Einfluß hatte. Die Karte interner Konflikte muß in einem politisch-geographischen Monitoring ständig fortgeschrieben werden.
  Die neugewonnene Territorialität kann unter mehreren Aspekten betrachtet werden:
  – An die Stelle eines Scheinföderalismus in der früheren UdSSR ist in der Rußländischen Föderation zumindest der Anspruch eines echten Föderalismus getreten, der von den Subjekten der Föderation vehement eingefordert, von der Zentralverwaltung wenigstens partiell zugestanden wird.
  – Territorialität wird als Gewähr für den Ressourcenzugang und damit für die künftige wirtschaftliche Entwicklungschance angesehen.
  – Das Territorium scheint auch die Basis für die Entwicklung politischer Kräfte zu sein. Nicht nur Nationalbewegungen und Volksfronten, sondern auch andere politische Parteiungen betonen den territorialen Bezug.
6. *Ethnopolitischer Aspekt*: In der Rußländischen Föderation, in der die Titularnation bei der Volkszählung 1989 einen Bevölkerungsanteil von 82,8 % stellte, sind Statusanhebungen bei den Autonomen Territorien durchgeführt worden, die sich auf ethnolinguistische Minderheiten begründen. Die Unterstützung eines Nationalstaats wird dabei in den meisten Fällen nicht in Frage gestellt. In den nichtrussischen Nachfolgestaaten mit bislang autonomen Gebietseinheiten haben sich nationalistische Ansprüche gegenüber den ethnischen Minderheiten verstärkt, was potentielle Territorialkonflikte eher schürt als mildert.
7. *Militärpolitischer und geostrategischer Aspekt*: Die räumliche Relevanz des Militärs zeigt sich in der Präsenz rußländischer Truppen in den nichtrussischen Nachfolgestaaten (von diesen teils als Besatzung empfunden, teils aber auch als Sicherheitsinstrument eingesetzt oder angefordert), in der Einbeziehung von Truppenteilen in interethnische oder interterritoriale Konflikte, in den Problemen der Konversion, in der sozialen und wirtschaftlichen Desintegration der zurückgeführten Truppen und im immer noch bedeutenden Anteil des militär-industriellen Komplexes an der Wirtschaftspotenz.
8. *Ökopolitischer Aspekt* (vgl. DALBY 1992): Der Zerfall der Sowjetunion ist zumindest teilweise auf die zunehmende Umweltbelastung und die mit ökologischen und technogenen Katastrophen verbundenen Kosten zurückzuführen. Die Folgeprobleme wurden bislang nicht gelöst, vielfach müssen sie wegen der ungünstigen Wirtschaftssituation sogar gezielt zurückgestellt werden. Für einzelne Nachfolgestaaten (Belarus', Uzbekistan, Kazachstan) besteht hierin ein besonders problematisches Erbe aus der Sowjetzeit, zumal die Rußländische Föderation – obwohl sie sich in völkerrechtlichen Fragen als Rechtsnachfolger der Sowjetunion empfindet – eine Kostenübernahme ablehnt.

Aber es geht nicht nur um die Bewältigung direkter Kosten. Umweltprobleme wie die katastrophale Situation im Umkreis des Aralsees oder die Verstrahlungen, die auf die Atomkatastrophe von Černobyl' zurückzuführen sind, haben eine staatenübergreifende und damit die Sicherheit bedrohende Komponente. Auch die atomare Verseuchung ist eine politische Bedrohung und eine Belastung, die die Nachbarregionen mitbetrifft und globale Bedrohungen nicht ausschließt. Allerdings sind bisher durch die Umweltgefährdung offenbar noch keine so massiven internen Flüchtlingsbewegungen ausgelöst worden wie durch die ethnopolitischen Konflikte.

9. *Wirtschaftspolitischer Aspekt*: Der Zerfall des Sowjetstaates und der zögerliche Übergang zur Marktwirtschaft haben alte Verflechtungen und Kontaktnetze des staatlich verwalteten Binnenhandels abreißen lassen und dadurch zum rasanten Produktivititäts- und Produktionsverfall beigetragen. Die politisch-geographische Analyse kann folgende Schwerpunkte setzen:

   – Der Übergang von der Zentralverwaltungs- zur Marktwirtschaft ist Teil einer sozioökonomischen Transformation, deren systemtheoretische Komponente vielfach untersucht wurde (HERRMANN-PILLATH 1990, 1993), während die theoriegeleitete empirische Analyse der räumlichen Auswirkungen zurücksteht.

   – Der Auflösungsprozeß der UdSSR umfaßt zugleich eine Desintegration der Wirtschaftsorganisation. Einer Phase weitgehender Desintegration im Jahr 1992 folgte 1993 eine Phase partieller (wirtschafts-)politischer Wiederannäherung zwischen den Nachfolgestaaten.

   – Ein wichtige Einzelkomponente der Transformation ist die Rechtsordnung. Innerhalb der Nachfolgestaaten sind die Privatisierung von Boden und Betrieben sowie neue Betriebsformen wichtige Indikatoren für den wirtschaftspolitischen Wandel.

   – Das grundlegende Raummodell ist das von Zentrum und Peripherie (MAUREL 1987). Es scheint, als ob sich in post-sowjetischer Zeit zwischenregionale und intraregionale Disparitäten nochmals verschärft hätten.

   – Ein struktureller Mangel besteht bis heute in der Tatsache, daß kein funktionfähiger Mechanismus für einen Finanzausgleich zwischen den Subjekten der Föderation gefunden wurde. Derzeit werden Steuerzahlungen an die Zentralverwaltung von mehr als einem Drittel der Gebiete vollständig oder teilweise zurückgehalten.

10. *Sozialpolitischer Aspekt*: Die wirtschaftliche und soziale Entwicklung zeigt eine noch nicht abgeschlossene Verschärfung regionaler und innergesellschaftlicher Disparitäten. Zu deren Analyse eignen sich Indikatoren wie Kaufkraftentwicklung, Güterversorgung für Individualhaushalte, Beschäftigung und Arbeitsmarkt, aber auch Streiks und Proteste gegen die Massenverarmung. Dazu kommt das Konfliktpotential, das durch Flüchtlinge geschaffen wird. Im Frühjahr 1993 wurde die Gesamtzahl der Flüchtlinge und Vertriebenen, die zwischen 1989 und Anfang 1993 ihren Wohnplatz auf dem Territorium der ehemaligen Sowjetunion aufgeben mußten, mit etwa 3 Mill. Menschen angegeben (Panel..., 1993).

11. *Individuelles politisches Verhalten und Handeln*: Die Einbeziehung der Bevölkerung in den Demokratisierungsprozeß verläuft vermutlich regional sehr ungleich, was jedoch bisher nur indirekt aus Meldungen in den Medien zu entnehmen ist. Nur bei einem Teil der (insbesondere großstädtischen) Bevölkerung ist ein großes Interesse an der politischen Entwicklung festzustellen. Die Wahlgeographie war ein wichtiger Impuls für die Entwicklung der Politischen Geographie in der ehemaligen Sowjetunion. Bereits Mitte der 80er Jahre wurden die westlichen Analyse- und Interpretationsansätze rezipiert und damit die Grundlagen für eine eigenständige Wahlforschung geschaffen, die erstmals am Beispiel der Parlamentswahlen vom Frühjahr 1989 durchgeführt wurde (Vesna '89, 1990, vgl. V.A. KOLOSSOV 1992).

– Im einzelnen ist das Wahlverhalten 1989 regional sehr differenziert gewesen. Dabei spielten Bekanntheitsgrad der Kandidaten, Einstellung zur damaligen sowjetischen Politik von *perestrojka* und *glasnost'* und viele andere Faktoren ein Rolle (Vesna '89, 1990).

– Ein besonders großes Protestpotential war bei den ersten Wahlen in Rußland in Nordkaukasien und Teilen Sibiriens festzustellen. Wahlverhalten und Wahlergebnisse korrelieren auch mit dem Vorkommen von Bergarbeiterstreiks.

– Die Analyse der Stimmenanteile der Bewerber um das Amt des rußländischen Präsidenten (Wahl von 1991) erlaubt eine Regionalisierung, die sowohl hohe Zustimmung zu El'cin (Boris Jelzin) im Ural und in einzelnen Regionen der räumlichen Peripherie erkennen läßt als auch die Ablehnung in wirtschaftlich schwächeren oder auf mehr Eigenständigkeit pochenden peripheren Regionen erkennen läßt (V.A. KOLOSSOV 1992, S. 98).

Grenzen, Territorien und Konflikte

Der Komplex ‚Territorien, Grenzen und Konflikte' zeigt exemplarisch Wandel und Beharrungsvermögen politischer Raumstrukturen.

12. Die größte Kontinuität weisen dabei – zumindest bisher – die Grenzen auf. Nur die (vorläufige) Grenzziehung, die zwei Landkreise (*rajony*) im Westen der früheren Čečeno-Ingušetischen ASSR in Nordkaukasien abtrennte und mit dem Hauptort Nazran' zum Rumpfterritorium einer Republik Ingušien innerhalb der Rußländischen Föderation machte, beschreibt eine neue Grenzziehung, ansonsten wird der Eingriff in bestehende Grenzen offensichtlich gescheut. Die Rußländische Föderation hat sich selbst ein Moratorium bis 1995 auferlegt. Sollte im Konflikt zwischen Ingušien und Nordossetien ein Präzedenzfall geschaffen werden, sind weitere Forderungen zu erwarten. Bisher ist der Zeitpunkt „vor den Stalinschen Repressionen" als status quo angepeilt, aber im ungünstigsten, d.h. destabilisierenden Fall werden Forderungen auf den für jedes einzelne Gebiet maximalen Gebietsstand ausgedehnt.

13. Bei den Territorien haben die höherrangigen Verwaltungseinheiten einen formalen Qualitätswandel erlebt, der im Zusammenhang mit den 1989/90 erfolgten Souveränitätserklärungen, mit der Verfassungsdiskussion, dem notwendigen Finanzausgleich und den Dezentralisierungserfordernissen zu sehen ist.

In der Rußländischen Föderation lassen sich (dezentrale) Ansprüche und (zentrale) Maßnahmen nennen:
- Statuserhöhung bei den bisherigen Autonomen Gebieten (außer dem Jüdischen Gebiet von Birobidžan) zu „Republiken" als vollberechtigten Partnern innerhalb der Föderation;
- Anerkennung der Autonomen Bezirke in den dünnbesiedelten Nordgebieten und des verbleibenden Autonomen Gebietes der Juden als eigenständige Föderationspartner in der künftigen Verfassung;
- weiterreichende Statusansprüche einzelner autonomer Bezirke, wobei die Loslösung des Autonomen Bezirks der Čukčen vom bislang übergeordneten Verwaltungsgebiet Magadan bereits akzeptiert wurde;
- von einzelnen Territorien eingeforderte und vorläufig gewährte „Sonderrechte", die eingeräumt wurden, um den Föderationsvertrag von 1992 zu ermöglichen;
- angesichts der den nichtrussischen Territorien gewährten Rechte und Sonderrechte von einzelnen russischen Verwaltungsregionen und -gebieten erhobene weiterreichende Ansprüche, die einen Republik-Status einfordern. Nach der Welle von Souveränitätserklärungen 1990 und von Unabhängigkeitserklärungen 1991 folgt jetzt eine Welle von Forderungen nach dem Republikstatus für Verwaltungseinheiten. Bekannt geworden sind sie von der Republik Ural (Sverdlovsker Gebiet), Vologda, Voronež, Primor'e und der Süd-Ural-Republik (Gebiet Čeljabinsk). Die Republik Ural hat zeitweise einseitig eine eigene Verfassung in Kraft gesetzt.

Auf der Grundlage der aus der Sowjetzeit überkommenen und nur mäßig veränderten Verwaltungsgliederung auf mittlerer Ebene sind derzeit 88, mit der Trennung Čečeniens und Ingušiens 89 territoriale Einheiten von Moskau als Föderationspartner anerkannt, nämlich alle *oblasti* und *kraja*, alle Autonomen Republiken, Gebiete und Bezirke sowie die beiden Städte Moskau und St. Petersburg.

Außerhalb der Rußländischen Föderation sind Autonomierechte ethnisch definierter Territorien eher reduziert als erweitert worden, wie sich vor allem in Kaukasien zeigt: Die Autonomie Südossetiens ist von der georgischen Zentralregierung aufgehoben worden, in Adžarien herrscht ein unklarer Schwebezustand der Autonomie. Die innerhalb der Republik Georgien bestehende (relative) Autonomie Abchaziens wurde zwar nie offiziell angetastet, doch hat der georgisch-abchazische Krieg im Spätsommer 1993 staatsrechtliche Fragen weitgehend ihrer Sinngebung enthoben. Der Status Nagorno-Karabachs ist durch den armenisch-azerbajdžanischen Krieg obsolet geworden und steht politisch zur Disposition. Nachicevan' hatte sich zeitweilig für selbständig erklärt, doch scheint der status quo noch weitgehend zu existieren. Ein Sezessionsversuch im südlichen Azerbajdzan (Talyš mit Lenkoran') ist 1993 vorerst abgewendet worden.

14. In allen Nachfolgestaaten beeinflußt die komplexe ethnogeographische Struktur die territoriale Frage. Die bisherigen Autonomien waren nominelle Zugeständnisse des Sowjetsystems an die Territorialität einzelner ethnischer Gruppen gewesen, die sich in der Regel nach linguistischen Merkmalen und nach ihrer historischen Tradition definierten.
   - Das Verteilungsmuster der über 100 statistisch bei den Volkszählungen erfaßten ethnischen Gruppen weist zahlreiche Diasporagebiete einzelner Gruppen auf; Industrialisierung und sozialistische Großbauten haben auf ethnopolitischer Ebene den Versuch umfaßt, an die Stelle der ethnischen eine gesamtsowjetische Identifikation zu setzen, was gründlich mißlungen ist.
   - Die ethnisch-föderativen Strukturen des Verwaltungssystems entsprachen nicht der tatsächlichen räumlichen Verteilung; in einzelnen Gebieten wurde eine gezielte Überfremdungspolitik betrieben, so daß die Titularnationen nur noch einen minimalen Bevölkerungsanteil stellen.
   - Auch kleinere Völker ohne territoriale Autonomie haben inzwischen Nationalbewegungen begründet, die territoriale Ansprüche erheben. Dies zeigt sich bei den Avaren, Nogajern, Kumyken, Laken und Lezgiern im ethnisch außerordentlich zersplitterten Daghestan.

Zusammenfassung und Ausblick auf weitere Forschungsaufgaben

Die Entwicklung seit 1989 bzw. 1991, nicht plötzlich hereingebrochen, sondern durch eine latente Wirtschaftskrise, die fehlende Bewältigung ererbten ethnischnationalen Konfliktpotentials, durch natürliche und technogene Umweltkatastrophen sowie durch die Demokratisierung vorbereitet, hat politische, wirtschaftliche und soziale Disparitäten im Raum der ehemaligen Sowjetunion verstärkt und zur Krise verschärft. Sie hat die Verletzlichkeit des Sowjetsystems offenbart.

Für die weitere politisch-geographische Analyse bietet sich an, verschiedene Herangehensweisen miteinander zu kombinieren:
- Angesichts der weitreichenden Auswirkungen aller Veränderungen auf dem Territorium der ehemaligen Sowjetunion ist ein gründliches, auf die politisch induzierten raumstrukturellen Veränderungen ausgerichtetes Monitoring angezeigt. Es muß versuchen, die verschiedenen politischen Facetten zu erfassen, und dies nicht nur für die Rußländische Föderation oder das Baltikum, sondern auch für die kaukasischen und mittelasiatischen Territorien.
- Da viele aktuelle Entwicklungen, Forderungen und Veränderungen ihre Begründung in der Geschichte haben, ist interdisziplinäre Forschung nötig. Hier ergibt sich eine doppelte Aufgabe für die historischen Wissenschaften: Auf der einen Seite ist es erforderlich, die Entwicklung von Grenzen, Territorien und räumlicher Bindung mit einer großen geschichtlichen Tiefe zu verfolgen und dabei die Triebkräfte für die Veränderung politischer Raumstrukturen herauszuarbeiten. Auf der anderen Seite darf dies nicht nur aus dem bislang vorherrschenden Blickwinkel der osteuropäischen bzw. russischen Geschichte

erfolgen, sondern es müssen die historischen Traditionen der einzelnen Regionen berücksichtigt werden.
- Interdisziplinäre Zusammenarbeit ist auch mit der Ethnologie erforderlich. Hier haben sich in sowjetischer Zeit, bedingt durch eine stark historisch auf die ausgehende Zarenzeit ausgerichtete Ethnographie, erhebliche Defizite aufgestaut.
- Archivstudien und Geländearbeiten sind heute leichter möglich als noch vor wenigen Jahren. Sie können auch eine Durchsicht der Medienproduktion umfassen.
- Selbst die Methoden der „Kremlologie" sind noch nicht völlig obsolet geworden. Die alten politischen Strukturen (die ihrerseits zumindest partiell auch in noch älterer Tradition standen) sind keineswegs überwunden.

Die politisch-geographische Beschäftigung mit dem Zerfall der Sowjetunion und der Entwicklung in den Nachfolgestaaten verdient auch allgemeines Erkenntnisinteresse:
- Das Politische kann aus dem Begründungszusammenhang der globalen Fragen von Bevölkerung, Ressourcen, Umwelt und Ernährungssicherung nicht ausgeklammert werden, wie der ökopolitische Ansatz oder das Flüchtlingsproblem zeigt.
- Beim Zerfall der Vielvölkerstaaten Jugoslawien und Sowjetunion sind ethnisch-nationale Bewegungen zu den treibenden Kräften geworden. Die vor allem von den Historischen und Politischen Wissenschaften neu belebte Nationalismusdebatte hat mit Ethnizität und Territorialität eine räumliche Dimension zu beachten.
- Für die Entstehung und für das Funktionieren der Nachfolgestaaten der Sowjetunion hat das sowjetische Bildungswesen eine wichtige Grundlage gelegt, indem es – bei aller zentralistischen Organisation – zur Entfaltung nationaler und regionaler Eliten beitrug. Daher wohnt auch der räumlichen Struktur des Bildungswesens eine politische Komponente inne.
- Schließlich führt die augenblickliche Situation der meisten Nachfolgestaaten der Sowjetunion auf das Feld der Konfliktforschung. Politische Geographie ist zwar nicht ausschließlich Konfliktforschung, sie ist es aber auch, und systematische Erfassung von räumlichen Konfliktsituationen kann auch zur Konfliktbewältigung und -überwindung beitragen. Zugleich zeigt das postsowjetische Beispiel die Verletzlichkeit und Fragilität politischer Raumsysteme.

Die politische Geographie in der Sowjetunion hat sich zwar als Politische Geographie – mit großem ‚P' im Sinne von SANDNER (1988, S. 54), d.h. als Teildisziplin der Geographie – entwickelt, nachdem die Ökonomische Geographie Baranskij'scher Prägung und mit marxistisch-leninistischer Verbrämung ihr Ende erreicht hatte; sie ist aber zugleich auch eine politische Geographie – mit kleinem ‚p'- als „sich verantwortende Mitwirkung an Gestaltungsprozessen" geworden. Für die regionale Politische Geographie ergibt sich die Aufgabe, bei

Analyse und Interpretation beide Richtungen, Analyse und handlungsbezogene Anwendung, zu beobachten und zu berücksichtigen.

Literatur

BENNIGSEN, B. (ed.) 1992: The North Caucasus Barrier. London
BIRCH, J. 1987: Border Disputes and Disputed Borders in the Soviet Federal System. In: Nationalities Papers XV, S. 43–70
DALBY, S. 1992: Ecopolitical Discourse: ‚Environmental Security' and Political Geography. In: Progress in Human Geography 16, S. 503–522
Geography of Human Resources in the Post-Soviet Realm: A Panel 1993. In: Post-Soviet Geography 34, S. 219–280
GLEZER, O. et al. 1990: Samaja političeskaja karta SSSR. In: Moskovskie Novosti 17.3.1991, S. 8–9
GRITSAJ, O.V. 1992: Rossija v novom evropejskom mire: utopija ili geopolitičeskaja realnost'. In: Izvestija Rossjskoj Akademii nauk, serija geografičeskaja 199/3, S. 117–126
HAUNER, M. 1990: What is Asia to Us? Russia's Asian Heartland Yesterday and Today. London, New York (Paperback ed. 1992)
HERRMANN-PILLATH, C. 1990: China – Kultur und Wirtschaftsordnung, eine system- und evolutionstheoretische Untersuchung. Stuttgart, New York
HERRMANN-PILLATH, C. 1993: China: Paradoxe Transformation oder Modell? Köln (= Berichte des Bundesinstituts für ostwissenschaftliche und internationale Studien 3
KALEDIN, N.V. 1993: Problema zakonov v političeskoj geografii. In: Vestnik Sanpeterburgskogo gosudarstvennogo universiteta, serija 7 geologija, geografija, vyp. 1(7), S. 52–58
KOLOSOV, V.A. 1987: Perspektivnye napravlenija v političeskoj geografii i razvitie ee teorii. In: Političeskaja geografija: problemy i tendencii (Materialy Vsesojuznogo soveščanija, g. Baku, 8–13 sentjabrja 1987 g.)
KOLOSOV, V.A. 1988: Političeskaja geografija: Problemy i metody. Leningrad
KOLOSOV, V.A. 1992: Territorial'no-političeskaja organizacija obščestva. Avtoreferat doktorskoj dissertacii. Moskva <lag nicht vor>
KOLOSOV, V.I. 1992: Die Wahlgeographie Rußlands 1989–1991: Rückblick, Komparatistik und theoretische Probleme. In: Politische Psychologie 1–2, S. 80–103
Kommersant, 1993 <Wochenzeitschrift>
Les marches de la Russie 1989. Paris (= Hérodote, Revue de géographie et de géopolitique, 54–55)
MAUREL, C.-M. 1987: Les logiques territoriales du pouvois soviétique. Quelques réflexions à propos du système soviétique. In: Bulletin des la Société Languedocienne de Géographie 1–2, S. 7–19
Narodnoe chozjajstvo RSFSR v 1989 g. 1990. Moskva
Narodnoe chozjajstvo Rossijskoj Federacii: 1992. Moskva
O'LOUGHLIN, J. 1991: Political Geography: Returning to Basic Conceptions. In: Progess in Human Geography 15, S. 322–339
Panel on Social Dimensions of Interdependence in the States of the Former USSR 1993. In: Soviet Geography 34, S. 28–51
SANDNER, G. 1988: Über den Umgang mit Maßstäben und Grenzen: Fragen und Antworten der Politischen Geographie. In: 46. Deutscher Geographentag München, 12. bis 16. Oktober 1987. Tagungsbericht und wissenschaftliche Abhandlungen. Stuttgart, S. 35–54
SCHÖLLER, P. 1957/1974: Wege und Irrwege der politischen Geographie und Geopolitik. In: Erdkunde 11, S. 1–20; mit einem Nachtrag 1974 wiederabgedruckt in: Matznetter, J. (Hrsg.) 1977: Politische Geographie. Darmstadt (= Wege der Forschung 431), S. 248–302

SMITH, G. 1990: The Soviet Federation: From Corporatist to Crisis Politics. In: Chisholm, M./ D.M. Smith (eds.): Shared Space: Divided Space. Essays on Conflict and Terrritorial Organization. Boston etc., S. 84–105
STADELBAUER, J. 1993: Politisch-geographische Aspekte der Systemtransformation in der ehemaligen Sowjetunion. In: Geographische Rundschau 45, S. 180–190
STADELBAUER, J. 1994: Konflikte im Süden der ehemaligen Sowjetunion: der Kaukasus. In: K. R. SPILLMANN (Hg.): Zeitgeschichtliche Hintergründe aktueller Pribleme III. Zürich (= Zürcher Beiträge zur Sicherheitsaapolitik und Konfliktforschung, 31), S. 25–65
Vesna 89. Geografija i anatomija parlamentskich vyborov 1990. Pod red. V.A. Kolosova, N.V. Petrova, L.V. Smirnjagina. Moskva
ŽURAVLEV, A.N. 1992: Nekotorye osobennosti prostranstvennoj differenciacii russkoj političeskoj kul'tury (na primere Pskovskoj oblasti). In: Izvestija RGO 124,6, S. 517–525

INFRASTRUKTURAUSSTATTUNG DER BALTISCHEN STAATEN IM ZEICHEN NEUER MARKTORIENTIERUNG

Ekkehard Buchhofer, Marburg

1. Einführung

Die wirtschaftliche Systemtransformation in den drei baltischen Staaten geht mit einer Lösung der außenwirtschaftlichen Einbindung in die Wirtschaftskreisläufe der ehemaligen UdSSR zugunsten einer wachsenden Orientierung auf den OECD-Raum einher. Dieser Prozeß beschleunigt sich seit 1992 und ist am weitesten in Estland, am wenigsten weit in Litauen vorangeschritten. Nach wie vor dominiert im Gütertransportaufkommen aller drei Staaten die Ost-West-Komponente, da die baltischen Seehäfen zu über 80 % (in Einzelfällen 95 %) ihrer Umschlagsleistungen dem GUS-Transit dienen. Angesichts der Engpässe im Landverkehr mit Mitteleuropa geht ebenfalls der größte Teil des baltischen Westhandels über die Seehäfen, denen somit eine Schlüsselstellung im baltischen Transportnetz zukommt. Die oft spektakuläre Propagierung solcher nordsüdgerichteter Fernstraßenachsen wie der „Via Baltica" (Helsinki-Tallinn-Riga-Kaunas-Warschau/Warszawa) oder der „Via Hanse" (St. Petersburg-Narva-Dorpat/Tartu-Riga-Königsberg/Kaliningrad-Danzig/Gdańsk) blieb bislang fast ohne realen Gehalt.

Kern der Untersuchung ist im folgenden eine vergleichende Bestandsaufnahme der drei wichtigsten Transportinfrastruktursysteme (Schiene, Straße, Seehäfen) im Hinblick auf ihre Leistungsfähigkeit für den Güterverkehr angesichts der jüngsten Neuorientierung der Warenströme. Dabei ist im Zuge der Transformationskrise ein allgemeiner gravierender Rückgang des Transportvolumens gegenüber der Zeit vor 1990 zu konstatieren, z.B. beim Schienentransport um 40–45 % zwischen 1985 und 1992 (mit vermutlich nachhaltiger Wirkung), während die Einbrüche beim Straßengüterverkehr (vor allem 1990–1992) insgesamt etwas geringer ausfielen und schon 1993 teilweise ausgeglichen wurden. Hier zeichnet sich also ein Umstieg von der Schiene auf die Straße ab, zumal die Transportnachfrage auch im Baltikum langfristig (soweit sie nicht vom GUS-Transit geprägt wird) zunehmend durch Nichtmassengüter, insbesondere durch nicht eisenbahnorientierte Industrie- und Dienstleistungsprodukte bestimmt werden dürfte. Die geringe Größe des baltischen Wirtschaftsraumes und seiner drei Staaten wird auch künftig einem Ausbau des kombinierten Verkehrs (KV) Schranken setzen, so daß auch von dieser Seite ein erneuter Bedeutungszuwachs der innerbaltischen Schienentransporte kaum zu erwarten ist.

2. Eisenbahnnetz

Im Januar 1992 wurden die baltischen Schienennetze aus dem sowjetischen Bahnverbund gelöst und nationalisiert. Seitdem gibt es drei getrennte nationale Gesellschaften, die weiterhin nach den Reglements der ehemaligen sowjetischen

Bahn arbeiten. Mit Ausnahme der Güterwaggons, die noch unter einer gemeinsamen „ex-sowjetischen" Verwaltung stehen, bestehen auf allen operativen Ebenen jeweils separate nationale Kompetenzen.

Der Anteil des Schienenverkehrs am Frachttransport (ohne den Seeverkehr) ist im Baltikum traditionell dominierend. So lag er z.B. im Falle Estlands 1991 bei ca. 63 % (J. LAVING/A. VALMA 1992). Ein beträchtlicher Teil der Gütertransporte der Bahn (z.B. in Lettland 1991: ca. 28 %; n. EBRD Railway sector survey of Latvia 1993) entfällt auf den Transit zwischen den baltischen Seehäfen und den GUS-Staaten. Die Schienennetze sind fast vollständig auf die Breitspur (1520 mm) ausgelegt. Im südlitauischen Šeštokai existiert ein direkter Kontakt mit dem polnischen Normalspursystem der PKP (1435 mm). Der Frachttransfer über diesen kleinen Bahnhof ist technisch unbefriedigend (Umladezeit je Güterzug 20 Std.) und von sehr geringer Kapazität (einspurige Nebenstrecke der PKP). Derzeit werden Möglichkeiten eines Ausbaus sowie der Weiterführung der Normalspurstrecke bis nach Kaunas geprüft, wo ein zentraler intermodaler Frachtterminal für das gesamte Baltikum errichtet werden könnte.

Tab. 1: Baltische Eisenbahnnetze im Vergleich (Spurweite 1520 mm, 1991)

	Estland	Lettland	Litauen
Streckenlänge insg. (km)	1026	2397	2000
davon %			
elektrizifiert	12,9 %	11,3 %	6,1 %
mehrgleistig	9,6 % (1)	12,6 % (2)	28,5 % (3)
automat. Signalblockade	49,0 % (3)	46,1 % (2)	20,5 % (1)
Betonschwellen	33,0 % (1)	59,0 % (2)	66,0 % (3)
Gleis „R 65"	63,0 % (2)	65,0 % (3)	54,0 % (1)
Geschwind.-Begrenzgn.	30,4 % (1)	7,5 % (3)	11,5 % (2)
(Gesamtpunktzahl)	(8)	(12)	(10)

Ranking der Streckeninfrastrukturen
(jeweils die höchste Qualität erhält 3 Punkte, die niedrigste Qualität 1 Punkt; Elektrifizierung bleibt unberücksichtigt, da ohne Belang für den Güterverkehr)
Quelle: EBRD. Railway sector survey of Estonia/of Latvia/of Lithuania. 1992/1993/1992.

Die baltischen Breitspurnetze zeigen eine vergleichsweise hohe Dichte (insgesamt 31 Strecken-km je 1 000 km^2). Ihre Leistungsfähigkeit wird jedoch durch ihr niedriges technisches Niveau entscheidend beeinträchtigt (vgl. Tab. 1). Dies gilt besonders für das estnische Netz. Die Elektrifizierung hat bislang nur einige Nahverkehrsstrecken im Umfeld von Reval/Tallinn, Riga und Wilna/Vilnius erfaßt. Die elektrische Traktion (in Estland und Lettland leichte 3 kV-Systeme, in Litauen ein 25 kV-System) wird nur im Personennahverkehr eingesetzt. Der mehrgleisige Ausbau blieb ebenfalls bruchstückhaft: Es gibt keine durchgehende mehrgleisige Verbindung zwischen den drei baltischen Hauptstädten, ebensowenig zwischen den baltischen Seehäfen und dem GUS-Hinterland. Die wichtigen Strecken sind mit automatischen Signalblockadesystemen ausgestattet, auch ist hier generell der schwerste sowjetische Schienentyp „R 65" (65 kg/m) auf Betonschwellen verlegt, dies jedoch oft im Wechsel mit leichteren und kürzeren Schienen („R 50", „R 43").

Insgesamt zeigt sich im einzelnen eine starke örtliche Varianz in der Kombination der verschiedenen technischen Standards der Gleiskörper. Das betrifft auch die wechselnde Qualität des Streckenoberbaus. Dieser besteht zumeist aus verunkrautetem und stark verschmutztem, allzu selten erneuertem Granitschotter ukrainischer Herkunft von geringer Festigkeit. Es fehlt allgemein an technischem Gerät zur laufenden Pflege des inzwischen stark heruntergekommenen, äußerst heterogenen Gleiskörpers. Hier liegt die Hauptursache für die zahlreichen Langsamfahrstrecken, hier hat sich somit auch der drängendste Investititonsbedarf im baltischen Eisenbahnwesen entwickelt (vgl. EBRD Railway sector survey).

Neben den starken Leistungsdefiziten der meisten Strecken gibt es örtliche Engpässe von ähnlicher leistungsmindernder Wirkung auf das Gesamtsystem. Die äußerst mangelhafte technische Verbindung mit dem mitteleuropäischen Normalspurnetz im einzigen Verknüpfungspunkt Šeštokai wurde bereits erwähnt. Technische Engpässe bei der Frachtvermittlung treten u.a. im estnisch-russischen Grenzbahnhof Narva und im Hafen Memel/Klaipēda auf. Die mittlere Haltezeit der Güterzüge an den zahlreichen Grenzstationen der baltischen Region beträgt etwa 1,5 Std. (J. LAVING/A. VALMA 1992). Dennoch werden die bestehenden Engpässe nicht allzu spürbar, da die Streckenbelastung (1990 auf den Hauptstrecken etwa 10–20 Güterzugpaare täglich) seit 1990 rückläufig ist und auch in nächster Zeit niedrig bleiben dürfte. So reichen die vorhandenen Rangierkapazitäten (auch bei den Häfen) für die Bewältigung der reduzierten Frachttransporte derzeit im ganzen aus.

Angesichts der großen Bedeutung der Transitbewegungen ist ständig mit externen Einwirkungen auf die Auslastung der baltischen Eisenbahnnetze zu rechnen. Dies wurde deutlich, als die russische Staatsbahn im Jahr 1992 in dem Bestreben, die Zahl der neu eingerichteten Grenzaufenthalte zu minimieren, ihre Gütertransporte von und zu den Häfen Riga, Windau/Ventspils, Memel/Klaipēda und Königsberg/Kaliningrad auf andere Strecken verlagerte. So werden Riga und Windau heute nicht mehr über Pleskau/Pskov – Valga angefahren, sondern von Rēzekne (-Mitau/Jelgava) aus, Memel und Königsberg nicht mehr vom Knoten Dünaburg/Daugavpils, sondern von Molodečno – Wilna/Vilnius aus. Durch diese Manipulation, auf die die baltischen Eisenbahnen keinen Einfluß hatten, geriet der traditionell bedeutende Knotenpunkt Dünaburg, dessen Wirtschaft stark auf das Bahnwesen ausgerichtet ist, über Nacht ins Abseits, während die litauische Strecke Wilna – Šiauliai, z.T. noch mit leichten Schienen „R 50" und ohne automatische Signalblockade ausgestattet, unvermittelt schwer belastet wurde.

3. Straßennetz

Die geschilderten Investitionsdefizite bei den baltischen Eisenbahnnetzen bilden einen Kontrast zum Zustand der Straßennetze. Angesichts des reduzierten Verkehrsaufkommens sind diese derzeit bei weitem nicht ausgelastet, weisen jedoch zahlreiche Mängel auf, die bei der bereits erkennbaren Belebung der Transportnachfrage künftig zu Konflikten führen können.

Im Rahmen der ehemaligen Sowjetunion verfügten die baltischen Republiken über vergleichsweise hochentwickelte Straßennetze. Insbesondere die litauische Parteiführung hatte es seit den 60er Jahren verstanden, erhebliche Investitionsmittel zum Bau eines „nationalen" Autobahnnetzes zu beschaffen (autobahnähnliche Straßen: Wilna/Vilnius – Kaunas – Memel/Klaipēda, Wilna – Panevėžys z.T. noch im Bau). Ähnliche Ambitionen in Estland (Autobahnprojekt Reval/ Tallinn – Wesenberg/Rakvere) oder in Lettland (Projekt Riga – Dünaburg/Daugavpils) kamen über Teilrealisierungen nicht hinaus und ruhen angesichts der derzeitigen Knappheit an öffentlichen Mitteln. Gemeinsam ist den früheren baltischen „Autobahn"-Projekten ihre Ost-West-Orientierung, die sie vor allem für künftige Transittransporte geeignet erscheinen läßt.

Tab. 2: Baltische Straßennetze im Vergleich (1992)

	Estland	Lettland	Litauen
Staatsstraßen insg. (km)	14.811	18.834	20.899
dav. m. „schwarzer Decke"			
km	8.025	7.864	10.214
%	54% (3)	42% (1)	49% (2)
vierstreifig km	ca. 75	ca. 140	ca. 460
%	1% (1)	2% (2)	5% (3)
Staatsstr. m. „schw. Decke"			
km/1000 km²	178 (3)	122 (1)	157 (1)
km/1000 Ew.	5,1 (3)	2,9 (2)	2,7 (1)
(Gesamtpunktzahl)	(10)	(6)	(8)

Ranking der Straßeninfrastrukturen
(jeweils die höchste Qualität erhält 3 Punkte, die niedrigste Qualität 1 Punkt)
Quelle: Informationen der jeweiligen Straßenbauverwaltungen (Sept. 1993)

In Tab. 2 werden einige Grundparameter der drei nationalen Staatsstraßennetze verdeutlicht. Die Netzdichte der Straßen mit „schwarzer Decke" (Asphalt, Asphaltbeton u.ä., Beton) entspricht – bezogen auf die Landesfläche – ziemlich genau den Dichtewerten der schwedischen und finnischen Netze. Gleiches trifft auch auf den Kfz-Besatz je Straßenkilometer zu (Estland: 43 – Finnland: 42; Litauen: 65 – Schweden: 56; vgl. J. LAVING/A. VALMA 1992). Dabei ist zu beachten, daß im Baltikum leichte Asphaltdecken mit schwachem Unterbau („blacktop") dominieren (in Estland 52 %, in Litauen 76 % der Straßen mit schwarzer Decke). Weite Gebiete abseits der Hauptstraßen (z.B. in Kurland/ Kurzeme und in Lettgallen/Latgale) werden nur von Kiesschotterstraßen erschlossen, die im ganzen etwa die Hälfte der Staatsstraßenlänge ausmachen. Diese „gravel roads" gelten – bei entsprechendem Winterdienst – meist als ganzjährig nutzbar, nehmen auch notfalls Schwerlastverkehr auf, sind dabei allerding stark reparaturanfällig. Insgesamt weist Estland diesmal die günstigsten Parameter auf, während es beim Schienennetz am schlechtesten abschneidet (vgl. Tab. 1 u. 2).

Alle drei Staaten führten 1992 eigene nationale Straßenklassifikationen ein. Für den Gütertransport am bedeutendsten sind die Hauptstraßen der jeweils obersten Kategorie (Litauen: „Magistralstraßen"). Ihre Leistungsfähigkeit hängt von mehreren Parametern ab, so vom Straßenquerschnitt und der Linienführung, von den Brückenbauten, von der Zahl und Beschaffenheit der Ortsdurchfahrten und Grenzübergänge usw. In all diesen Aspekten treten derzeit generell keine gravierenden Mängel auf, doch sind örtliche Engpässe auch heute schon spürbar.

Auf den Hauptstraßen wurden bei den nationalen Verkehrszählungen 1991 abseits der größeren Städte meist 2 000–4 000 Fahrzeuge pro Tag gezählt, im Umfeld der Großstädte zwischen 5 000 und 10 000. Bedeutsam ist der überaus hohe Anteil der LKWs und Busse (auf den estnischen Hauptstraßen 1990 etwa 60 % !). Derartigen Verkehrsbelastungen sind die im Baltikum dominierenden Straßenquerschnitte (Straßendeckenbreite generell 7–9 m auf Hauptstraßen) meist problemlos gewachsen, auch wenn die Deckenqualität hier und da schlecht ist. In einigen stadtfernen Räumen (Schamaiten/Žemaitija in Litauen, Lettgalen/Latgale in Lettland) wird der Verkehr der Pferdefuhrwerke auf unbefestigten Sonderstreifen neben den (hier oft nur 5 m breiten) Asphaltbändern der Hauptstraßen abgewickelt.

Die Brückenbauten im Zuge der Hauptstraßen sind heute durchweg Stahlbetonkonstruktionen der militärischen Lastenklasse 50 t. In Litauen gilt derzeit ein zulässiges Fahrzeuggewicht von maximal 40 t (abseits der „Autobahnen"). In sowjetischer Zeit verkehrten im Baltikum real nur LKWs bis 30 t Gewicht, doch zeichnen sich mit der Öffnung zu den westeuropäischen Transportmärkten wesentlich anspruchsvollere Erfordernisse ab. Der technische Zustand der meisten baltischen Straßenbrücken wird seit Jahrzehnten nur sporadisch überprüft und ist daher kaum bekannt. In Litauen z.B. sind 35 % aller Brückenbauten wenigstens 30 Jahre alt, ohne daß derzeit die Chance einer fälligen Grunderneuerung bestünde (M. MIETTINEN 1992).

In den letzten beiden Jahrzehnten sind zahlreiche Ortsumgehungen und verbreiterte Ortsdurchfahrten (leider zu Lasten des jeweiligen Ortsbildes) errichtet worden. Doch gibt es weiterhin stark vom Durchgangsverkehr belastete Stadtzentren (Beispiele: Riga, Pernau/Pärnu, in Grenzlage: Narva, Valga-Valka), die als Verkehrsengpässe wirken. Die bekannten Behinderungen des internationalen Frachtverkehrs an den Straßenübergängen Litauen-Polen (Lazdijai, dazu seit 1993 Kalvarija) haben zur Aufwertung der überragenden *gateway*-Funktion der baltischen Seehäfen beigetragen. Solange keine Beseitigung der Transportengpässe zwischen Wilna bzw. Kaunas und Warschau in Sicht ist, wird auch das erwähnte „Via-Baltica"-Konzept, das von finnischer Seite angeregt und vorrangig finnischen Transitinteressen dient, eine eher politisch-propagandistische Erscheinung bleiben. Gleichwohl gelten diesem Straßenausbaukonzept derzeit alle politischen Energien der drei baltischen Regierungen, die sich von ihm sowohl eine passable Landanbindung an Mitteleuropa als auch eine gegenseitige infrastrukturelle Verklammerung in der bislang defizitären Nord-Süd-Richtung erhoffen.

4. Seehäfen

Seit der Hansezeit ist die baltische Küste mit einer Kette leistungsstarker Seehäfen ausgestattet, die der Vermittlung großräumiger Warenströme zwischen West- und Osteuropa dienen. Auch heute liegt ihre Bedeutung entscheidend in der Transitfunktion, d.h. in der Vermittlung des Warenverkehrs zwischen den GUS-Staaten und Westeuropa, während auf den engeren Warenverkehr der baltischen Republiken nur ein Bruchteil ihrer Leistungen entfällt. Die Häfen bilden somit für die rohstoffarmen baltischen Staaten einen wirtschaftlichen Aktivposten ersten Ranges, ihr Leistungsangebot gehört – außenwirtschaftlich gesehen – zu den wenigen „marktfähigen Produkten" des Baltikums.

Aus der Sicht der internationalen Nachfrage nach Transitleistungen stehen die Häfen zwischen Königsberg/Kaliningrad und St. Petersburg in Konkurrenz zueinander, und die Wiederherstellung der drei baltischen Republiken mit je eigenen außenwirtschaftlichen Interessen muß diesen Wettbewerbsaspekt verstärken. Tab. 3 zeigt die wichtigeren nautischen und technisch-ökonomischen Parameter der Häfen im Vergleich.

Tab. 3: Baltische Seehäfen im Vergleich (1992/93)

Hafen	Tage mit Eis (1)	Kanaltiefe (m) (2)	Kaitiefe (m) (3)	Frachter (Ts.tdw) (4)	Tanker (Ts.tdw) (5)	Ro-Ro (6)	Cont. (7)	U-Kapaz. Fracht (Mio t) (8)
St.Petersburg	136	11,3	10,5	40	20	xx	xx	(10,8/1990)
Tallinn-Muuga	>66	18,0	>16	120	50	x	–	10
Tallinn-Central	66	9,5	10	20	–	xx	x	5
Riga	71	12,5	9,8	45	.	xx	xx	9
Windau (Ventspils)	54	14,8	12,5	15	60	–	–	3
Libau (Liepaja)	<54	9,2	7,5	4	–	–	–	(2/1965)
Memel (Klaipēda)	57	11,5	10,5	22	25	x	x	(10/1989)
Königsberg (Kaliningrad)	>57	8	8	15	16	x	–	5

(2) Mindesttiefe im Ansteuerungskanal, (3) Maximaltiefe am Hafenkai, (4) max. Größe der Frachtschiffe, (5) max. Tankergröße, (6) Ro/Ro-Anlage (gewichtet), (7) Spezial-Containerterminal (gewichtet), (8) U=Umschlag ohne Flüssiggüter (für St. Petersburg, Libau, Memel nur Real-Umschlagsdaten verfügbar; Flüssiggut-Umschlagsdaten für Windau: 35 Mio t, für Memel: 8 Mio t/1989)
Quelle:(1) n. OSTSEE-HDB. I. Teil; (2)-(8) zusammengestellt nach B. VAN MULKEN/A. SCHOOF (1993), Baltic Ports (Annex zu EBRD Railway sector survey of Estonia 1992), V. KORNEYEVETS (1993), Angaben aus dem Ministry of Maritime Affairs in Riga (1993)

Bei der vergleichenden Bewertung der Häfen ist zu berücksichtigen, daß der klimageographische Faktor (mittlere Vereisungsdauer) überlagert wird durch lokale Lagefaktoren (Flußmündungslage: Königsberg, Riga; Ausgleichsküstenlage: Libau, Windau; Tiefwasserlage: Tallinn-Muuga), deren Korrektur technisch möglich aber äußerst kostenintensiv ist. Hinsichtlich der Hafen-Fazilitäten wird ein breites Spektrum erkennbar, das sowohl Funktionsergänzungen als auch Angebotskonkurrenzen (Ro/Ro, Containerumschlag) einschließt.

Der Jahresumschlag der estnischen, lettischen und litauischen Seehäfen insgesamt liegt derzeit bei 30–35 Mill. t (ganz überwiegend Transitgüter; Gesamtkapazität über 80 Mill. t, davon über die Hälfte für Flüssiggut). Auf Exporte entfallen rund zwei Drittel (Rohöl und Ölprodukte über Windau und Memel, Kohle und Stückgut über die Hafengruppe Tallinn und Riga), das übrige Drittel umfaßt Importe (Getreide über Tallinn-Muuga und Riga, dazu Stückgut und Container über Riga u.a.).

Die Hafenfazilitäten gelten fast ausnahmslos als personalintensiv und überaltert, wenn man westeuropäische Maßstäbe zugrundelegt. Dennoch erwirtschaften sie z.T. erhebliche Gewinne für die nationalen Betreiber. Ein weiterer Ausbau – vor allem mit Blick auf ehrgeizige russische Neubauprojekte bei Lomonosov oder Ust-Luga östlich von Narva und bei Pillau/Baltijsk – wird angestrebt. Dabei steht oft nationalstaatliches Konkurrenzdenken im Vordergrund, etwa wenn Litauen bei Memel/Klaipēda einen eigenen Ölterminal in Konkurrenz zum benachbarten lettischen Windau errichten will. Andere Vorhaben erscheinen rationaler, so etwa der geplante Ausbau des reinen Ölexporthafens Windau zu einem Ölex- und -importhafen. Demgegenüber kann die geplante ökonomische Wiederbelebung (Konversion) des bisherigen Kriegshafens Libau allenfalls regionalpolitisch begründet werden. Alle zitierten Vorhaben sind jedenfalls derzeit ohne finanzielle Basis. Zu den wenigen Fazilitäten, die heute schon internationalem Standard entsprechen, gehört der Rigaer Containerhafen (1. Ausbaustufe), der – im Unterschied zur St. Petersburger Konkurrenz – auch Container der sogenannten dritten Generation abfertigen kann, ferner der Flüssiggutterminal in Windau und die hochmoderne und leistungsstarke Getreideumschlaganlage im neuen Hafen (1986) Tallinn-Muuga.

Gewichtet man die sechs Häfen unter den Aspekten der Vielseitigkeit, der absoluten Frachtumschlagkapazitäten und der Modernität bestimmter Schlüsselfazilitäten, so treten Tallinn-Muuga, Riga und Memel klar als langfristig stärkste Anbieter hervor, die auch die russischen Konkurrenzhäfen nicht zu fürchten brauchen. Alle drei kommen aus russischer Sicht als *gateways* nach Skandinavien und Westeuropa in Betracht. Dabei hat Memel lagebedingt Vorteile bei transportzeitempfindlichen Gütern, während Tallinn-Muuga als einziger Tiefwasserhafen sich besonders dem Überseeverkehr empfiehlt: Alle Hochseeschiffe, die die Darß-Schwelle bei Rügen (17 m) passieren können, finden auch in Muuga einen Anlegeplatz. Riga genießt die Vorteile der zentralen Lage, eines differenzierten metropolitanen Umfelds mit vielerlei Dienstleistungen sowie des Großcontainer-Monopols in der Region. Die geringen Hafentiefen und das Eisproblem bilden hier jedoch spürbare Handicaps.

Die lebhaften Gütertransporte zwischen den baltischen Häfen und der GUS-Region erfolgen traditionell auf der Schiene. Durch die Aufteilung des im ganzen desolaten Eisenbahnwesens auf viele nationale Zuständigkeiten seit 1992, ferner durch Desorganisationserscheinungen der Bahnen im GUS-Bereich ist aus der Sicht der Transporteure inzwischen eine neue Lage entstanden, in der die Wahl des Straßentransports beim Transit zunehmend attraktiv wird. So bieten neuerdings westeuropäische Transportunternehmen zuverlässige Leistungspakete für den Containerverkehr mit der GUS an. Es handelt sich dabei um Transportketten in einer Hand, die sich ganz auf den kombinierten Schiffs- und Straßenverkehr stützen (Ro/Ro-Angebote, Trailer-Transporte über große Distanzen bis hin zum Kunden in der GUS). Der noch schwach entwickelte interbaltische Gütertransport wird bereits überwiegend auf der Straße (u.a. auf der „Via Baltica") abgewickelt.

5. Fazit

Die erkennbaren Tendenzen eines *modal shift* von der Schiene zur Straße werden im Baltikum vor allem vom hoffnungslosen Zustand der Schienennetze erzwungen, für deren umfassende Aufwertung selbst mittelfristig keine Chance besteht. Allenfalls wird sich langfristig ein reduziertes Grundnetz, bestehend etwa aus drei bis vier Ost-West-Transitstrecken sowie einer Nord-Süd- Magistrale Tallinn-Riga-Kaunas, aufrechterhalten lassen. Demgegenüber ziehen die weithin intakten und kaum befahrenen Fernstraßen der Region immer größere Transportmengen auf sich und dies selbst im ökonomisch entscheidenden Transitverkehr zwischen den baltischen Seehäfen und der GUS. Der allgemeine Qualitätskontrast zwischen Schiene und Straße ist in Estland am stärksten, so daß hier auch die Bedingungen für den erwähnten *modal shift* am günstigsten sind. Somit zeichnen sich im Baltikum allein aufgrund des prekären infrastrukturellen Erbes fast notwendigerweise verkehrspolitische Schwerpunktsetzungen ab, die in der EU schon längst als nicht erstrebenswert gelten.

Literatur

BUCHHOFER. E. 1993: Die baltischen Staaten – Probleme der Infrastruktur und der räumlichen Verflechtung. In: Wirtschafts- und sozialwiss. Ostmitteleuropa-Studien 18. Marburg/Lahn, S. 117–131
EBRD 1992/1993/1992. Railway sector survey of Estonia/of Latvia/of Lithuania. (BOOZ, ALLEN & HAMILTON, TRAVERS MORGAN). o.O. (Mskr.)
KORNEYEVETS 1993: Prospects of Transport Development in the Kaliningrad Region. Kaliningrad (Mskr.)
LAVING, J./A. VALMA, (Comp.) 1992: The Situation and Development Prospects of the Estonian Transport System and Infrastructure in the Baltic Sea Region. (Min. of Transp. and Commun. of the Rep. of Estonia – Mskr). Tallinn
MIETTINEN, M. 1992: Road infrastructure in Lithuania. (Mskr.: Draft 06.02.1992)
VAN MULKEN, B./A. SCHOOF 1993: Masterplan for the port of Tallinn. In: Estonian Kroon. Finance Economy. Tallinn, June 1993
OSTSEE-HANDBUCH I. Teil. Hrsg. Dt. Hydrogr. Inst. Hamburg 1984

DIE VERÄNDERUNG DER ALTERSSPEZIFISCHEN FRAUENERWERBSQUOTE IN UNGARN ZWISCHEN 1980 UND 1990

Peter Meusburger, Heidelberg

1. Einleitung und Problemstellung

Weltweit wurden in keiner anderen Region so hohe Frauenerwerbsquoten erreicht wie in den sozialistischen Ländern Mittel- und Osteuropas und in der UDSSR (MOGHADAM 1992a, S. 5). Die Integration aller Frauen in den Arbeitsprozeß und eine möglichst frühzeitige Herausnahme der Kinder aus dem Familienverband in die Obhut staatlicher Institutionen der Kinderbetreuung waren seit Lenin erklärte Ziele der kommunistischen Ideologie, die mit ökonomischen und politischen Maßnahmen (extrem niedrige Löhne, Pflicht zur Arbeit) erzwungen wurden und auch alle Pendelausschläge der Familienpolitik überdauert haben. Die wirtschaftliche Reformpolitik der 1980er Jahre, gezielte Maßnahmen der Familienpolitik und insbesonders der Übergang von der sozialistischen Planwirtschaft zur Marktwirtschaft haben zu einer beträchtlichen Veränderung der altersspezifischen Frauenerwerbsquoten geführt.

Das Ziel der vorliegenden Studie besteht darin, diesen Wandel der Frauenerwerbsquoten in Ungarn zwischen 1980 und 1990 zu analysieren. Mit Frauenerwerbsquoten, die auf Fünfjahresgruppen oder sogar auf das gesamte erwerbsfähige Alter (z.B. 15–60 Jahre) bezogen sind, lassen sich in den (ehemals) sozialistischen Ländern weder die typischen Strukturveränderungen noch die regionalen Unterschiede der Frauenerwerbstätigkeit mit ausreichender Genauigkeit erfassen; deshalb werden hier die Erwerbsquoten für jeden Altersjahrgang berechnet.

2. Veränderungen der altersspezifischen Erwerbsstruktur in Ungarn zwischen 1980 und 1990

In Ungarn hat sich die altersspezifische Erwerbskurve der Frauen zwischen 1980 und 1990 stark verändert, wobei je nach den Lebenszyklusphasen (Altersgruppen) sehr unterschiedliche Entwicklungen festzustellen waren. In drei Phasen des Erwerbslebens, nämlich bei den 15- bis 18-jährigen, den 23- bis 36-jährigen und bei den über 52-jährigen ungarischen Frauen haben die Erwerbsquoten im Zeitraum 1980–1990 abgenommen, während in zwei Phasen, nämlich bei den 20- bis 22-jährigen Frauen und bei den 38- bis 52-jährigen Frauen, ein Zuwachs der Erwerbstätigkeit festzustellen war (vgl. Abb. 1). Für jede dieser drei Phasen rückläufiger Frauenerwerbstätigkeit stehen jeweils andere Einflußfaktoren im Vordergrund. Nur bei den 15- bis 18-jährigen Frauen wurde der Rückgang der Erwerbsquoten vorwiegend durch eine zunehmende Arbeitslosigkeit verursacht.

Die zweite große Veränderung der Frauenerwerbstätigkeit betraf die sogenannte Kleinkinderphase. Da sich die sozialistischen Länder von den westlichen,

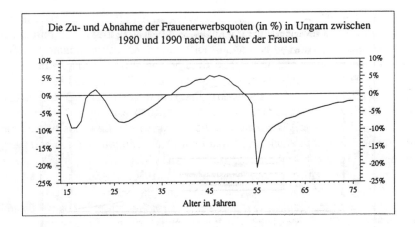

Abb. 1

kapitalistischen Staaten vor allem hinsichtlich der „Tiefe" und Dauer der Kleinkinderphase unterschieden haben, stellt diese Phase in den ehemaligen sozialistischen Ländern einen besonders wichtigen Indikator für den Strukturwandel der Frauenerwerbsquoten dar. Auf der Basis der Einjahres-Altersgruppen war in Ungarn schon 1980 während der Kleinkinderphase ein kurzer Rückzug der Frauen aus dem Erwerbsleben festzustellen. Im Jahre 1980 dauerte diese Kleinkinderphase bei der Gesamtzahl aller erwerbstätigen Frauen Ungarns rd. sechs Jahre, wobei die Erwerbsquote zwischen dem 19. und dem 22. Lebensjahr (dies entspricht dem ersten Maximum und dem darauf folgenden Minimum) um 10,33% abgesunken ist. Entgegen den ideologischen Vorstellungen und Erwartungen vieler westlicher Marxisten gab es auch in sozialistischen Ländern große schichtspezifische und zentral-periphere räumliche Ungleichheiten der Frauenerwerbsquote. Sowohl das Niveau der Frauenerwerbskurve als auch der Beginn, die Dauer und die „Tiefe" der Kleinkinderphase standen in einem engen Zusammenhang mit dem Ausbildungsniveau der Frauen und der Gemeindegröße ihres Wohnortes.

Bei den Universitätsabsolventinnen begann die Kleinkinderphase zu einem späteren Zeitpunkt und auf einem höheren Niveau der Erwerbstätigkeit als bei den Pflichtschulabsolventinnen. Während von den Universitätsabsolventinnen im Jahre 1980 88,13% vor Beginn der Kleinkinderphase erwerbstätig waren, traf dies bei den Pflichtschulabsolventinnen nur auf 62,39% zu (vgl. Abb. 2). Nicht zuletzt war 1980 auch die Tiefe der Kleinkinderphase (= Differenz zwischen den Erwerbsquoten des ersten Maximums und des Minimums während der Kleinkinderphase) bei den Universitätsabsolventinnen noch deutlich geringer (4,17%) als bei den Pflichtschulabsolventinnen (10,63%). Die geringere Tiefe der Kleinkinderphase von Universitätsabsolventinnen kann u.a. damit begründet werden, daß sich hochqualifizierte Frauen eher mit ihrem Beruf identifizieren, daß für sie eine längere Unterbrechung der Berufstätigkeit eher einen Karriereknick zur Folge

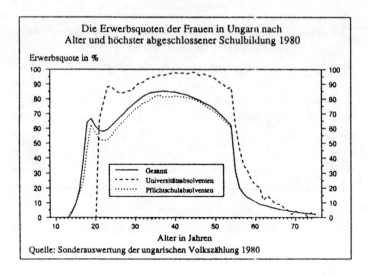

Abb. 2

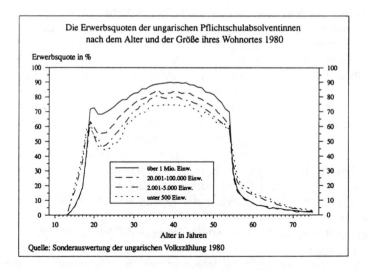

Abb. 3

haben kann, daß sie aufgrund der stärkeren Konzentration ihrer Arbeitsplätze in den Großstädten eher auf Institutionen der Kinderbetreuung zurückgreifen können, und daß bei ihnen die Diskrepanz zwischen Gehalt und Mutterschaftsgeld am höchsten war.

Je kleiner die Gemeindegröße des Wohnortes war, umso tiefer war die Kleinkinderphase und umso länger dauerte sie an, und zwar unabhängig vom

Ausbildungsniveau der Frauen. Bei den Pflichtschulabsolventinnen betrug die Tiefe der Kinderphase im Jahre 1980 in der Millionenstadt Budapest 4,30%, in der Gemeindegrößenklasse zwischen 20 001 und 100 000 Einwohnern 7,75%, in der Gemeindegrößenklasse zwischen 2 001 und 5 000 13,26%, und in der Gemeindegrößenklasse mit weniger als 500 Einwohnern 19,47% (vgl. Abb. 3). Bei den Universitätsabsolventinnen betrug die entsprechende Differenz in Budapest 6,33% und in den Gemeinden bis 5 000 Einwohnern 21,57%.

Für die Erklärung, warum die ungarischen Frauen während des kommunistischen Systems in ländlichen Gebieten die Erwerbstätigkeit während der Kleinkinderphase in viel stärkerem Maße aufgegeben haben als die Frauen in Großstädten, bieten sich mehrere Hypothesen an. Eine erste wichtige Ursache lag in der Art, wie der Mutterschaftsurlaub finanziert wurde. Um die hohen Abtreibungsraten und den starken Geburtenrückgang zu stoppen, wurde in Ungarn 1967 ein sogenanntes Kinderpflegegeld eingeführt. Die ersten 20 Wochen nach der Geburt eines Kindes konnten die Mütter bei vollem Lohnbezug zuhause bleiben. Nach diesem Zeitraum konnten die Mütter bis zur Vollendung des dritten Lebensjahres des Kindes ebenfalls zuhause bleiben und das sogenannte Kinderpflegegeld beanspruchen, das jedoch nur 600 Forint betrug und etwa 40–50% des Durchschnittseinkommens einer Arbeiterin in den unteren Einkommensklassen ausmachte. Nur für das zweite oder dritte Kind etc. wurden etwas höhere Zuschüsse genehmigt (GÖMÖRI 1980, S. 73). Die ausbezahlte Summe war also so gering, daß es sich die meisten Frauen nicht leisten konnten, bis zum vollendeten dritten Lebensjahr ihres Kindes die Erwerbstätigkeit aufzugeben (vgl. EINHORN 1992, S. 62). Vor allem in den Großstädten, wo die Lebenshaltungskosten und wohl auch das Anspruchsniveau höher waren, konnten nur wenige Familien rd. zweieinhalb Jahre lang auf das Einkommen eines Ehepartners verzichten. Im Gegensatz dazu hatten die Mütter im ländlichen Raum nicht nur niedrigere Lebenshaltungskosten, sondern ihnen standen noch andere Möglichkeiten zur Verfügung, zum Familieneinkommen beizutragen. In den landwirtschaftlichen Staatsgütern oder Genossenschaften konnten nicht erwerbstätige Mütter durch Bewirtschaftung des 1 ha großen, privat nutzbaren Grundstückes in beträchtlichem Umfang zum Familieneinkommen beitragen (Gemüseanbau, Eier- und Fleischproduktion etc.), so daß hier der Verdienstausfall durch Inanspruchnahme des Kinderpflegegeldes nicht so groß war. Der ökonomische Zwang zur Erwerbstätigkeit bzw. zum Verzicht auf das Kinderpflegegeld war also in den Großstädten viel größer als im ländlichen Raum. Eine weitere Hypothese lautet, daß es hinsichtlich der Einstellung zu Familie und Kindererziehung zwischen dem ländlichen Raum und den Großstädten signifikante Unterschiede gab. Abgesehen von der Tatsache, daß die empirischen Belege für diese These noch fehlen, würden unterschiedliche Normen wenig Konsequenzen haben, solange die ökonomische Situation den Frauen gar keine Wahl zwischen Alternativen läßt. Nicht zuletzt hängt die fehlende oder schwächer ausgeprägte Kleinkinderphase in den Großstädten auch damit zusammen, daß hier bekanntermaßen der Anteil der alleinstehenden erwerbstätigen Frauen wesentlich höher ist als im ländlichen Raum.

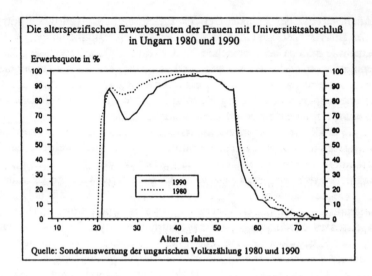

Abb. 4

Im Jahrzehnt zwischen 1980 und 1990 hat sich in Ungarn die Bedeutung der Familien- oder Kleinkinderphase in den altersspezifischen Frauenerwerbsquoten stark erhöht, wobei die größten Veränderungen bei den Universitätsabsolventinnen und in den Großstädten festzustellen waren. Während z. B. in Budapest zwischen 1980 und 1990 24 Jahrgänge (die 22- bis 45-jährigen Frauen) von einer Abnahme der Erwerbsquote betroffen waren, hat die Frauenerwerbsquote in der Gemeindegrößenklasse bis 500 Einwohner nur in fünf Altersjahrgängen (bei den 21- bis 25-jährigen Frauen) abgenommen. In jenen Altersgruppen, in denen die Frauenerwerbsquote zwischen 1980 und 1990 während der Familienphase besonders stark abgenommen hat, waren jedoch keineswegs höhere Arbeitslosenquoten festzustellen, sondern dieser Rückgang war fast ausschließlich durch eine höhere Inanspruchnahme des sogenannten Kinderpflegegeldes bedingt.

Bei den weiblichen Universitätsabsolventen ging die Erwerbsquote während der Kleinkinderphase besonders stark zurück. Bei den 27- bis 30-jährigen Frauen mit Hochschulabschluß hat die Erwerbsquote in diesen zehn Jahren um mehr als 15% abgenommen (Abb. 4). Das Minimum der Erwerbstätigkeit (am Höhepunkt der Kleinkinderphase) ist bei den Universitätsabsolventinnen von 83,96% auf 67,02%, also um 16,94%, gesunken, während sich bei den Pflichtschulabsolventinnen das Minimum der Erwerbstätigkeit im selben Zeitraum nur um 0,58% vertieft hat (Abb. 5) und lediglich die Dauer der Kinderphase zugenommen hat. Die „Tiefe" der Kleinkinderphase (zwischen dem 23. und dem 27. Lebensjahr) hat sich zwischen 1980 und 1990 bei den Universitätsabsolventinnen von 4,17% auf 20,76% erhöht. Dieser überraschende Rückgang der Erwerbsquoten von Universitätsabsolventinnen läßt sich sowohl in Großstädten als auch in den ländlichen Kleingemeinden feststellen.

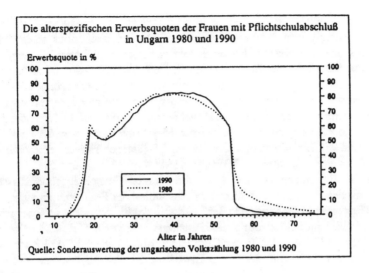

Abb. 5

Die für viele überraschende Tatsache, daß bei den Universitätsabsolventinnen die Erwerbsquoten während der Kleinkinderphase zwischen 1980 und 1990 wesentlich stärker abgenommen haben als bei den Pflichtschulabsolventinnen, beruht auf folgenden Ursachen. Erstens hatte in den kleinen Gemeinden die Bedeutung der Kleinkinderphase bzw. der Einbruch der Erwerbstätigkeit bei den 25- bis 27-Jährigen schon 1980 fast westliche Größenordnungen erreicht, so daß hier der ökonomische und politische Wandel der 1980er Jahre weniger Auswirkungen hatte als in den Großstädten, wo das sozialistische Ideal einer möglichst hohen Frauenerwerbstätigkeit schon aus ökonomischen Gründen schwer aufgegeben werden konnte. Die wichtigste Ursache für diesen Wandel war jedoch eine familienpolitische Maßnahme, welche die höher qualifizierten Frauen in verstärktem Maße bewogen oder ihnen erstmals eine Alternative eröffnet hat, nun ebenfalls das Kindpflegegeld in Anspruch zu nehmen, um ihre Kleinkinder länger betreuen zu können. Anfang der 1980er Jahre wurde den Müttern zusätzlich zur bisherigen Regelung eine neue Alternative angeboten. Nach der Geburt eines Kindes konnten die Mütter nun wählen, entweder bis zum dritten Lebensjahr des Kindes das Kindpflegegeld nach dem Gesetz von 1967 zu bekommen oder nur eineinhalb Jahre lang eine deutlich höhere Unterstützung zu erhalten. Für die meisten Frauen, insbesonders für höher Ausgebildete, war diese zweite Alternative, nämlich in eineinhalb Jahren mehr Geld zu bekommen, attraktiver als die frühere Lösung, so daß sie sich nun ebenfalls verstärkt für die Dauer der Kleinkinderphase aus dem Erwerbsleben zurückgezogen haben.

Eine weitere gravierende Strukturveränderung betraf die Frauen über 55 Jahre, d.h. jenseits der Pensionsgrenze. Wie in einigen anderen sozialistischen Staaten waren auch in Ungarn Frauen mit 55 Jahren pensionsberechtigt. Da die

Renten im sozialistischen System jedoch sehr niedrig waren, haben viele Pensionäre, unabhängig von der beruflichen Qualifikation, auch noch nach der Pensionierung arbeiten müssen. Im Gegensatz zu vielen westlichen Ländern hat der ungarische Staat bei einer Erwerbstätigkeit die Renten (Pensionen) nicht gekürzt. Zwischen 1980 und 1990 gab es geradezu erdrutschartige Einbrüche hinsichtlich der Erwerbstätigkeit der pensionierten Frauen. Die Erwerbsquote der 55-jährigen Frauen verringerte sich in diesem Jahrzehnt von 32,05% auf 11,11%, die der 56-jährigen von 20,44% auf 6,44%, die der 65-jährigen ging von 6,17 auf 0,96% zurück, und die Erwerbsquoten der 70- bis 75-jährigen Frauen, erreichten 1990 nur noch etwa ein Zehntel der Werte von 1980 (vgl. Abb. 4 und 5).

Da die ländlichen Gebiete bzw. die kleinen Gemeindegrößenklassen im sozialistischen System viel höhere Erwerbsquoten der Pensionisten aufzuweisen hatten (Erwerbsmöglichkeiten in der Landwirtschaft), sind sie vom Rückgang der Frauenerwerbsquoten während der Pensionsphase auch viel stärker betroffen worden als die Großstädte. In der Gemeindegrößenklasse bis 500 Einwohner hat sich zwischen 1980 und 1990 die Erwerbsquote der 55-jährigen Frauen um 35,35% verringert (von 40,39% auf 5,03%), in Budapest nur um 14,06%. Die Erwerbsquote der 60-jährigen Frauen hat in der kleinsten Gemeindegrößenklasse um 11,86% abgenommen (von 13,63% auf 1,77%), in Budapest dagegen nur um 5,08%. Bei den 65-jährigen Frauen verringerten sich die Erwerbsquoten in Budapest um 3,11% und in der Gemeindegrößenklasse bis 500 Einwohner um 8,29%.

3. Zusammenfassung

Die Ungewißheit der Betriebe über die ökonomischen Folgen des politischen Systemwechsels und die Notwendigkeit, den Überhang an Personal abzubauen, haben sich in den ersten paar Jahren des Transformationsprozesses vor allem auf die Berufsanfänger und die „erwerbstätigen" Pensionisten negativ ausgewirkt. Die von vielen Autoren prognostizierte Verdrängung der Frauen vom Arbeitsmarkt ist in Ungarn bis 1993 nicht eingetreten. Im Gegenteil: die Arbeitslosenquoten der Männer waren in allen Altersgruppen höher als die der Frauen. Der Übergang zur Marktwirtschaft und familienpolitische Maßnahmen (z.B. Änderung der Richtlinien für das Kinderpflegegeld) haben zu einer stärkeren Akzentuierung der Lebenszyklusphasen in den altersspezifischen Frauenerwerbskurven bzw. zu einer Verringerung der Erwerbsquoten während der Kleinkinderphase und zu einer Erhöhung der Erwerbsquoten nach der Kleinkinderphase geführt, wobei diese Strukturveränderungen bei den Universitätsabsolventinnen besonders tiefgreifend waren.

Literatur

EINHORN, B. 1992: Concepts of Women's Rights. In: In: Moghadam, V. M. (ed.): Privatization and Democratization in Central and Eastern Europe and the Soviet Union: The Gender Dimension. Helsinki, S. 59–73

GÖMÖRI, E. 1980: Special Protective Legislation and Equality of Employment Opportunity for Women in Hungary. In: International Labour Review 119, S. 67–77

MOGDHADAM, V. M. 1992a: Introduction. In: Moghadam, V. M. (ed.): Privatization and Democratization in Central and Eastern Europe and the Soviet Union: The Gender Dimension. Helsinki, S. 4–8

MOGHADAM, V. M. 1992b: Gender and Restructuring: a Global Perspective. In: Moghadam, V. M. (ed.): Privatization and Democratization in Central and Eastern Europe and the Soviet Union: the Gender Dimension. Helsinki, S. 9–23

RUMÄNIEN – PERMANENTE PERIPHERIE EUROPAS?

Peter Jordan, Wien

Im folgenden sei auf einige Fakten hingewiesen, die für die heutige Stellung Rumäniens in Europa und für seine Fähigkeit, sich in die europäischen Strukturen einzufügen, bestimmend sein könnten.

1. Entscheidende Prägungen im Verlauf der älteren Geschichte

Die im 11. Jahrhundert erstmals in der Walachei und in der Moldau nachweisbaren Wlachen wurden trotz nur loser politischer Bindung an Byzanz von dorther kulturell beeinflußt und für die Orthodoxie gewonnen. Sie wurden damit Teil eines Kulturkreises, der seine Hauptverbreitung im östlichen Europa fand, sich gegen westliche Einflüsse relativ abschirmte und durch enge Verbindung von Kirche und Nation bzw. Staat gekennzeichnet blieb. Der im 9. Jahrhundert unter ungarische Herrschaft gelangte innerkarpatische Teil des heutigen Rumäniens orientierte sich politisch zum Zentrum des Pannonischen Beckens hin und geriet konfessionell bald in die Sphäre des westlichen Christentums.

Beide Teile des heutigen Rumäniens kamen im 15. und 16.Jahrhundert unter indirekte osmanische Herrschaft. Während jedoch die türkische Oberhoheit innerhalb des Karpatenbogens nur bis zum Ende des 17. Jahrhunderts dauerte (1541–1699) und sich die Anbindung dieses Gebiets an Mitteleuropa im 18. Jahrhundert intensivierte, blieben die Donaufürstentümer Walachei und Moldau dem Osmanischen Reich bis 1878 tributpflichtig. Der Zwang zu hohen Tributzahlungen laugte die Wirtschaft aus und konservierte ein rigides Feudalsystem. Doch orientierten sich auch die Donaufürstentümer schon vor dem Ende der türkischen Oberhoheit nach Westen. Von den Türken eingesetzte griechische Kaufleute auf den rumänischen Fürstenthronen (Phanarioten) führten Französisch als Bildungssprache ein. Söhne des rumänischen Adels studierten in Frankreich und übertrugen französisches Gedankengut. Der zentralistische französische Staat und das französische Recht wirkten als Modelle, als Walachei und Moldau 1859 zu einem ersten rumänischen Staat vereinigt wurden. Die kulturelle Bindung an Frankreich blieb bis heute erhalten und hat sich oft auch in politischen (Kleine Entente) und wirtschaftlichen Naheverhältnissen geäußert.

Das romanische Selbstverständnis der Rumänen hat seine eigentliche Wurzel aber unter den Rumänen Siebenbürgens. Priester ihrer, von den Habsburgern geförderten unierten Kirche studierten häufig in Rom und wurden dort der historischen Beziehungen zwischen der römischen Provinz Dazien und Rom und der Ähnlichkeit ihrer Sprache mit dem Lateinischen gewahr. So bildete sich im späten 18. Jahrhundert eine „lateinische Bewegung". Sie kodifizierte die rumänische Schriftsprache in lateinischer Schrift. Das romanische Bewußtsein ist heute ein Wesensmerkmal der Rumänen. Sie empfinden sich dadurch als eine Insel im östlichen Europa und fühlen sich den romanischen Völkern West- und Südeuropas verbunden.

2. Politische und wirtschaftliche Position des Königreichs Rumänien vor dem Ersten Weltkrieg

Nach Erlangen seiner Unabhängigkeit (1878) orientierte sich Rumänien auch wirtschaftlich nach dem Westen. Schon seit der Befreiung des Handels vom türkischen Monopol im Jahr 1829 von Viehwirtschaft auf Ackerbau umgestiegen, wurde Rumänien bis zum Ersten Weltkrieg zu einem der weltgrößten Exporteure von Getreide (siebenfache Menge Bulgariens, knapp weniger als die USA, zwei Drittel Kanadas) und der größte Exporteur von Mais.[2] Außerdem stiegen bis zum Ersten Weltkrieg Erdölförderung und -export. 1912 stand Rumänien hinter den USA und vor Rußland an zweiter Stelle der Erdölexportländer (Exportstruktur 1913: 76% landwirtschaftliche Produkte, 20% Bergbauprodukte samt Erdöl). War in den 1860er Jahren noch die Türkei der Haupthandelspartner, so verlagerten sich in den 1870er Jahren die Handelsbeziehungen nach Mitteleuropa (Österreich-Ungarn, Deutschland), phasenweise (1880er Jahre) dominierte Westeuropa. Gegen den Ersten Weltkrieg zu erlangte Deutschland immer größeres Gewicht. (Außenhandelspartner Rumäniens 1913: 1. Deutschland 23%, 2. Österreich-Ungarn 18,6%).[3]

Die große Rolle Rumäniens im Getreide- und Maisexport beruhte jedoch nicht auf einer hochentwickelten, wohlorganisierten Landwirtschaft. Trotz günstiger natürlicher Voraussetzungen waren die Hektarerträge im europäischen Vergleich niedrig.[4] Das lag im Grunde an der immer noch feudalistischen Sozialstruktur am Land.[5]

Die industrielle Entwicklung kam über die Verarbeitung landwirtschaftlicher Produkte und von Erdöl nicht hinaus. Vor allem an der 1857 begonnenen Ölförderung und -verarbeitung engagierte sich massiv ausländisches, in erster Linie deutsches Kapital. Im Jahr 1910 förderten deutsche Gesellschaften 38 % des Rohöls, niederländische 34 %. Auf Gesellschaften in rumänischem Besitz entfielen nur 6 %.[6] Die Gewinne flossen größtenteils ins Ausland, qualifizierteres Personal wurde aus dem Ausland mitgebracht.

---

1 DUCELLIER, A. 1992: Structures politiques et mentales de longue durée dans les Balkans. In: L'Europe Balkanique rapport capes. Paris, S. 89-107. KEEFE, E. et al. 1972: Area Handbook of Romania. Washington TURNOCK, D. 1974: Economic Geography of Romania. London
2 Rumänien. Landes- und wirtschaftsstatistische sowie topographische Übersichten, bearb. v. d. Direktion des k.k. österr. Handelsmuseums, 2. Aufl., Wien 1917
3 Rumänien 1917, a.a.O.
4 So waren die Hektarerträge bei Getreide niedriger als in 10 europäischen Staaten (darunter Österreich-Ungarn, Deutschland, Dänemark, Belgien, Vereinigtes Königreich, Schweden, Norwegen. Schweiz). Quelle: Rumänien 1917, a.a.O.
5 Rumänien 1917, a.a.O.
6 Rumänien 1917. a.a.O.

Insgesamt war Rumänien vor dem Ersten Weltkrieg eine typische Peripherie, die extensiv, mit Kapitaleinsatz und technischer Hilfe von außen Rohstoffe produzierte, deren Sozialstruktur weiterhin feudale Züge trug (1907: blutig niedergeschlagener Bauernaufstand) und kaum eine Mittelschicht kannte.

3. Politische und wirtschaftliche Stellung Rumäniens unter den Staaten Europas in der Zwischenkriegszeit

Im Gefolge des Ersten Weltkriegs wuchs Rumänien um das Gebiet innerhalb des Karpatenbogens, Bessarabien und die ganze Bukowina. 97,3% (1920/23) aller Rumänen lebten jetzt innerhalb Rumäniens.[7] Mit diesen Gebietsgewinnen erhielt das vorher mit Ausnahme der Dobrudscha und der verstreuten Juden und Roma fast monoethnisch gewesene Rumänien viele und zum Teil starke Minderheiten, zu denen es kaum eine positive Einstellung fand. Letzteres gilt besonders für die große ungarische Minderheit.

Das Gebiet innerhalb des Karpatenbogens und die Bukowina waren wirtschaftlich besser entwickelt als „Altrumänien". Bukarest stand vor der schweren Aufgabe, einen großen, stärkeren Landesteil, noch dazu mit einer ethnischen Gruppe, die vorher das Herrschaftsvolk gebildet hatte, vom schwachen Landesteil aus zu regieren. Mit seinem zentralistischen Vorgehen rief es Widerstand selbst bei den siebenbürgischen Rumänen hervor, die trotz ihrer sozial untergeordneten Stellung ein Überlegenheitsgefühl gegenüber den Rumänen in der Walachei und in der Moldau entwickelt hatten.

Die Frontstellung gegenüber Ungarn (Teilnahme Rumäniens an der Einkreisung Ungarns durch die Kleine Entente) war eine logische Konsequenz des großen Gebietsgewinns auf Kosten dieses Nachbarn. Sie verbaute Bukarest allerdings nachhaltig den direkten Zugang nach Mitteleuropa. Trotz weiterer Industrialisierung und einer Landreform[8] kam Rumänien in der wirtschaftlichen Entwicklung nicht wesentlich voran (Hektarerträge geringer als in allen Nachbarländern, sekundärer Sektor schwächer als zum Beispiel in Ungarn[9]). Die verbreitete Autarkiepolitik dieser Zeit, die Weltwirtschaftskrise und der Preisverfall bei Erdöl taten ein übriges. Rumänien betrieb eine restriktive Politik in bezug auf ausländische Kapitalanlagen: es durfte keine Unternehmen ohne rumänische Mehrheit geben, und ausländische Kredite durften nicht an Bedingungen gebunden sein, die die rumänische Finanz- und Wirtschaftshoheit berührt hätten. Das ausländische Interesse an Investitionen in Rumänien blieb dementsprechend gering. Im Verlauf der 1930er Jahre geriet Rumänien in den Sog der kriegsvorbereitenden Großraumwirtschaft des Deutschen Reichs.

---

7   KOCSIS, K. 1992: Changing Ethnic, Religious and Political Patterns in the Carpatho-Balkan Area (A geographical approach). In: KERTÉSZ, Ä.; KOVÁCS . Z. (Hg.) 1992: New Perspectives in Hungarian Geography. Budapest (= Studdies in Geography in Humgary, 27), S. 115–142
8   HESSE, P. [1943]: Der Donau-Karpatenraum. Stuttgart-Hohenheim o.J.
9   HESSE [1943], a.a.0.

4. Politische und wirtschaftliche Stellung Rumäniens in der kommunistischen Staatengruppe

Nur in der unmittelbaren Nachkriegszeit folgte Bukarest völlig der Politik Moskaus. Bereits mit GHEORGHIU-DEJ (1953) begann ein national-kommunistischer Kurs, der in der Phase des sowjetisch-chinesischen Gegensatzes in den frühen 1960er Jahren und später unter CEAUŞESCU noch akzentuiert wurde. Er brachte außenpolitische Sonderbeziehungen, eine militärpolitische Sonderstellung im Warschauer Pakt und nur geringe Integration in den Rat für Gegenseitige Wirtschaftshilfe (RGW).

Die für die heutige Situation Rumäniens schwerwiegendste Konsequenz hatte wohl die Distanz zum RGW. Als Chruschtschow im RGW eine zentrale Investitionslenkung einführen wollte und Rumänien im Zuge einer Arbeitsteilung unter den RGW-Staaten die Rolle eines Lieferanten landwirtschaftlicher Produkte, von Erdöl und anderen Rohstoffen zugewiesen bekam, koppelte es sich aus diesen Planungen aus und startete ein ehrgeiziges Industrialisierungsprogramm. Die Handelsbeziehungen mit dem RGW wurden drastisch reduziert. Da den neuen Industrien aber ökonomische Standortvoraussetzungen größtenteils fehlten und sie am Weltmarkt nicht konkurrenzfähig waren, führte dieser nationale Kraftakt in eine wirtschaftspolitische Sackgasse, die Rumänien schließlich zu einem der notleidendsten Staaten im kommunistischen Lager werden ließ.

5. Heutige geopolitische Stellung Rumäniens

Südosteuropa insgesamt ist eine Peripherie mit starken Krisensymptomen. Sie rühren daher, daß
- es eine Kontaktzone des westlichen Christentums, der Orthodoxie und des Islams bildet;
- der Zerfall von multinationalen Großreichen (Osmanisches Reich 1830–1913, Österreich-Ungarn 1918, Jugoslawien seit 1990) Kleinstaaten hinterlassen hat, die sich als Nationalstaaten sehen, aber keineswegs monoethnisch sind. Die neuen Staatsnationen mußten oder müssen sich erst ihren Platz sichern, was oft zu nationalistischen Übertreibungen führt;
- sich in einem ethnischen Mosaik wie Südosteuropa der Nationalismus besonders gut als Ersatzideologie für den Kommunismus und als neuer Kitt für die Gesellschaft in der wirtschaftlich schwierigen Transformationsphase verwenden läßt.

Ganz Südosteuropa wird deshalb wohl noch einige Zeit eine Krisenregion bleiben. Rumänien leidet als Teil dieser Region zumindest unter deren generellem Image. Aktuelle Eigentümlichkeiten der rumänischen Randposition werden im folgenden skizziert.

5.1 Landwirtschaft

Trotz der radikalen Industrialisierung in den 1960er und 1970er Jahren ist Rumänien selbst im Vergleich zum übrigen Südosteuropa noch besonders agrarisch geprägt. 1990 betrug der Anteil der Landwirtschaft am Bruttoinlandsprodukt noch mehr als 18%. Das war der zweithöchste Anteil in Europa nach Albanien.

Rumänien verabschiedete sein Bodengesetz zur Privatisierung der Landwirtschaft schon am 20. Februar 1991, damit als erstes der Länder des östlichen Europas.[10] Die Privatisierung erfolgte vor allem in Form von Restituierung an frühere Besitzer. Da vor der Kollektivierung Kleinbesitz vorgeherrscht hatte und 1991 das Interesse an Landerwerb groß war, ergab sich nun wieder eine starke Zersplitterung des Bodenbesitzes auf ca. fünf Millionen private Bauern mit durchschnittlichen Flächen von 1–3,5 ha.[11] Die Bewirtschaftung dieser kleinen Flächen kann oft nicht rationell erfolgen. Zudem fehlt es an Geräten, die sich für diese Betriebsgrößen eignen. Deshalb und durch Anbauausfälle infolge von Rechtsstreitigkeiten ist die landwirtschaftliche Produktion zunächst gesunken. Zudem wird oft nicht das produziert, was der Markt verlangt, weil sich ein Vermarktungssystem erst in Entwicklung befindet und sich die in der Vermarktung noch unerfahrenen Bauern aus Scheu vor neuer Bevormundung nur ungern Direktiven von außen beugen.

So ist die tierische Produktion radikal gesunken.[12]

Ein großes Problem bilden die ländlichen Siedlungen. Sie wurden gerade in Rumänien Jahrzehnte hindurch vernachlässigt („Systematisierung"). Oft wohnen in ihnen nur noch Alte bei großem Frauenüberschuß. Für Junge sind sie nicht attraktiv genug. Es ist zu befürchten, daß durch die übereilte und nicht von Infrastruktur- und Sozialmaßnahmen begleitete Privatisierung der Landwirtschaft eine Situation geschaffen wurde, die schwer zu sanieren ist und dem potentiell reichen Agrarland Rumänien keinen Startvorteil auf agrarischem Gebiet sichert.

5.2 Industrie

Im Gegensatz zur Landwirtschaft steht die Privatisierung der Industrie erst ganz am Anfang.[13] Die Regierung hat bisher vor zu radikalen Maßnahmen gegenüber der politisch sehr sensiblen Industriearbeiterschaft zurückgeschreckt. So ist es bisher in den unrentabelsten Branchen (vor allem Metallurgie, Chemie, Bergbau) lediglich zu Produktionsrückgängen gekommen.[14] Da aber nicht damit zu rechnen ist, daß Private die Betriebe der Schwerindustrie übernehmen oder der

10 IANOŞ, I./V. REY./B. LECLERC, B. 1992: Changements récents dans l'agriculture roumaine. In: Revue roumaine de géographie 36, S 23–30
11 IANOŞ, REY, LECLERC 1992, a.a.0.
12 Anuarul statistic al României 1992, hg. v. Comisia Naţională pentru Statistică, o.O., o.J. 1990: 53 % pflanzl.: 47 % tierisch, 1991: 66 % pflanzl.: 34 % tierisch. Vor 1990 lange Jahre stabil.
13 POPESCU, C. 1993: The Romanian Industry in Transition. In: GeoJournal 29, S. 41–48. ENACHE, L. 1993: Unveröffentl. Manuskript 1993.
14 Folge davon ist ein geringerer Energieverbrauch und ein Rückgang des Gütertransports von 2,826 Mrd. t (1989) auf 1,179 Mrd. t (1991). Quelle: Anuarul Statistic al României 1992.

Staatshaushalt sie auf Dauer finanzieren kann, wird die Arbeitslosigkeit gewiß noch beträchtlich steigen. Sie lag im Dezember 1992 mit 9,4%[15] weit unter dem Niveau Bulgariens, was aber nur ein Zeichen eines weniger weit gediehenen Transformationsprozesses ist.

5.3 Ausländische Investitionen

Gesetzliche Voraussetzungen dafür bestehen schon seit März 1990. Doch waren sie am Anfang wenig attraktiv. Erst die 1993 durchgesetzten Verbesserungen führten sie an das Niveau anderer Staaten des östlichen Europas heran.[16] Als eine große Hemmschwelle ist das Verbot des Erwerbs von Grund und Boden durch Ausländer geblieben.[17] Die zögerliche legislative Öffnung ist neben der schwerfälligen Bürokratie, der übervorsichtigen Industriepolitik, dem veralteten Zustand der meisten Verkehrs- und Industrieanlagen und der räumlichen Distanz zu den Zentren Europas der Grund dafür, daß Rumänien bisher weit weniger ausländischen Investitionen an sich zog als die Staaten Ost-Mitteleuropas.[18] Allerdings steigt die ausländische Investitionstätigkeit kontinuierlich an. Auch beginnt sie sich von kleinen Dienstleistungen zur Lebensmittel-, Textil- und Bekleidungsindustrie und ins Bankwesen, also zu langlebigeren und kapitalintensiveren Aktivitäten hin zu verlagern.[19]

Mitte Juli 1993 hatten Firmen aus Italien das meiste Kapital in Rumänien investiert. Dahinter rangierten Investitionen aus dem Vereinigten Königreich, Frankreich, den USA und den Niederlanden.[20] Diese Rangordnung spiegelt die starke romanische Komponente der rumänischen Auslandsbeziehungen wider. Gemessen an der Zahl der gegründeten Unternehmen liegt aber Deutschland an der Spitze.[21] Deutsche Unternehmen beobachten also den rumänischen Markt sehr intensiv, erachten die gegenwärtige Situation aber noch als zu riskant, um mehr zu investieren.

6. Aktuelle Merkmale der Raumstruktur Rumäniens

6.1 Fortbestehen einer Zweiteilung des Landes

Rumänien teilt sich immer noch sehr deutlich in jene zwei Landesteile, die seit dem Frühmittelalter eine so unterschiedliche Entwicklung genommen haben und erst seit 1918 in einem Staat vereint sind: in die Walachei, die Moldau und die Dobrudscha einerseits und das Gebiet innerhalb des Karpatenbogens andererseits.

15 România liberă
16 IANOŞ, I./L. GURAN 1993: Regionale Aspekte der ausländischen Investitionen in Rumänien seit 1990. In: Österreichische Osthefte 35, S. 633–648
17 Die diesbezügliche rumänische Tradition geht auf die Verfassung des Jahres 1923 zurück.
18 Bis Ende 1992 0,54 Mrd. US-$; dagegen Ungarn 3,3 Mrd., Tschechien 1,57 Mrd., Polen 1,5 Mrd., Slowenien 0,88 Mrd. Quelle: ECE
19 IANOŞ, GURAN 1993, a.a.0.
20 România liberă, 12.7.1993, S. 4.
21 România liberă, 22.7.1993, S. 4.

Der Unterschied zeigt sich nach wie vor in der ethnischen Struktur. Während Altrumänien mit Ausnahme der Dobrudscha fast rein rumänisch ist, weisen alle Gebiete innerhalb des Karpatenbogens relativ große ethnische Minderheiten auf.[22] Allerdings nimmt der Anteil der Rumänen auch dort weiterhin zu, wohingegen die autochthonen Minderheiten (Ungarn, Deutsche) auch absolut schrumpfen.

Die besondere historische Entwicklung und ethnische Prägung des innerkarpatischen Rumäniens äußert sich in sozialen und wirtschaftlichen Eigenheiten und in einem Entwicklungsunterschied zu Altrumänien, der sich zwar seit 1918 vermindert hat, aber immer noch in fast allen Sozial- und Wirtschaftsindikatoren sichtbar wird. Die nicht nur im östlichen Europa um sich greifenden Desintegrationstendenzen fänden in Siebenbürgen wohl den ersten Ansatzpunkt in Rumänien.

6.2 Wirtschaftliche und soziale Krisengebiete

Eine Kategorie von wirtschaftlichen und sozialen Krisengebieten sind die kleinen ländlichen Siedlungen im ganzen Land, in die schon seit den 1970er Jahren nichts mehr investiert wurde, weil sie ja größtenteils zur Schleifung vorgesehen waren. Es fehlt dort besonders nach Auflassung der LPGs, die zumeist wichtige soziale und Versorgungsfunktionen hatten, praktisch an jeglicher sozialer Infrastruktur.

Eine zweite Kategorie sind die Regionen mit Bergbau und Schwerindustrie, die unter besonders starken Produktionsrückgängen leiden. Im Durchschnitt Rumäniens ist die Industrieproduktion zwischen 1989 und 1991 auf 66 % des Standes von 1989 gesunken. Am stärksten war der Rückgang im Bergbau, in der Ölverarbeitung, in der Metallurgie und im Metallbau sowie ganz generell in großen Betrieben. Man wird bei einem intensiveren Ausgreifen des Transformationsprozesses auf die Industrie mit einem starken Anstieg der Arbeitslosenraten besonders in diesen Sektoren und Branchen rechnen müssen.

6.3 Innovationszentren

Ein Indikator dafür ist die räumliche Verteilung ausländischer Investitionen. Allerdings ist zu berücksichtigen, daß durch die bisherige Konzentration der ausländischen Investitionen auf Dienstleistungen die großen Städte überdeutlich im Vordergrund stehen.

Somit hat Ende Juni 1993 Bukarest mit 62% allen ausländischen Kapitals in Rumänien den Löwenanteil.[23] Daneben zeigt sich an der Westgrenze zu Ungarn, im Banat und im Kreischgebiet eine kleinere Konzentration von insgesamt 19% aller ausländischen Investitionen. Der Rest verteilt sich relativ gleichmäßig: Nur die Stadt Iași und der Kreis Vîlcea ragen noch etwas hervor. Oltenien, die restliche Walachei und die restliche Moldau hatten bisher die geringste Attraktivität. Überraschend wenig attraktiv waren bisher die Regionalzentren Kronstadt und Klausenburg.

---

22 Jeder Kreis (județ) hat zumindet 5 % Minderheiten, die Kreise Covasna und Harghita haben ungarische Mehrheiten (Volkzzählung 1992)
23 IANOȘ, GURAN 1993, a.a.0.

Eine gewisse Aussagekraft in bezug auf das Innovationspotential kann auch dem Wahlverhalten beigemessen werden. So schnitten bei den jüngeren Wahlgängen Parteien, die für eine Beschleunigung des Transformationprozesses eintraten, generell in Großstädten und im Gebiet innerhalb des Karpatenbogens am besten ab, während in kleineren Städten, ländlichen Zentren und in Industrie- und Bergbaugebieten zumeist Parteien an der Spitze lagen, die einen langsameren, sozial gut abgefederten Übergang befürworteten.

7. Thesen zur weiteren Entwicklung

7.1 Merkmale und Tendenzen, die für ein Verharren in der peripheren Position sprechen:

- Die unsichere politische Lage in Südosteuropa, als dessen Teil Rumänien gilt.
- Die byzantinische, kontemplative Geisteshaltung des Staatsvolks, geprägt durch die Orthodoxie.
- Das schwierige Verhältnis des Staates und seines Mehrheitsvolks zu Siebenbürgen, wodurch dessen mögliche Funktion als Übergangszone und Bindeglied zu Mitteleuropa nicht im vollen Maße genutzt werden kann.
- Die belastete Beziehung zwischen den Rumänen und ihrer ungarischen Minderheit, wodurch auch ein potentielles ethnisches Bindeglied zu Mitteleuropa seine Funktion nicht erfüllt.
- Das gespannte Verhältnis auch zu Ungarn, das als der am weitesten auf dem Weg zur Marktwirtschaft fortgeschrittene Nachbar Rumäniens Weg nach Europa sehr unterstützen könnte.
- Die Position der Rumänen als ethnische Insel im östlichen Europa, wodurch in keiner der Beziehungen zu einem anderen Volk der Region (mit Ausnahme der Moldauer) das emotionale Element ethnischer Verwandtschaft zum Tragen kommt. Das mindert die Chancen Rumäniens, ein politisches oder wirtschaftliches Aktionszentrum der Region zu werden.
- Die Tradition eines zentralistischen Staatsaufbaus, der lokalen und regionalen Initiativen nicht förderlich ist.
- Die größtenteils nicht standortgerechte Schwerindustrie.
- Die kleinbetriebliche und ineffizient produzierende Landwirtschaft als Ergebnis einer überhasteten, ohne technische, organisatorische und soziale Begleitmaßnahmen erfolgten Reprivatisierung.
- Der durch lange Vernachlässigung der ländlichen Siedlungen unattraktiv gewordene ländliche Lebensraum.
- Das infolge langer Import- und Kreditsperre außerordentlich niedrige technologische Niveau des Landes.
- Das bisher geringe Interesse westlicher Unternehmen an Investitionen in Rumänien.

7.2 Merkmale und Tendenzen, die für eine Überwindung der peripheren Position sprechen

- Das beachtliche Bildungspotential, besonders im technisch-naturwissenschaftlichen Bereich.
- Das naturräumliche und menschliche (im Unterschied zu den meisten anderen postkommunistischen Staaten wollen sich noch viele Menschen agrarisch betätigen) Potential für die Landwirtschaft.
- Das naturräumliche (Karpaten, Westsiebenbürgisches Gebirge, Schwarzes Meer, Donaudelta, Heilquellen) und kulturräumliche (vielfältige, teils multiethnische Volkskultur; orthodoxe Klöster; historische Stadtkerne, „Monumente" des Sozialismus) Potential für den Tourismus.
- Die auf der Romanitas der Rumänen beruhenden engen Kontakte zu den romanischen Ländern Europas, insbesondere zu Frankreich und Italien. Sie stellen im Hinblick auf Bildungs- und Technologietransfer sowie auf ausländische Investitionen eine der größten Chancen für die europäische Einbindung Rumäniens dar.
- Die in Resten immer noch vorhandene deutsche Minderheit, jedenfalls aber die deutschen Traditionen in Rumänien, die auch das Interesse der deutschsprachigen Länder an Rumänien fördern.
- Die wegen der geringen RGW-Verflechtung relativ kompakte Wirtschaftsstruktur Rumäniens, die ihm schmerzliche Entflechtungsprozesse (wie besonders zwischen den Staaten der ehemaligen Sowjetunion) erspart.
 Der mit 23 Millionen Einwohnern potentiell große Binnenmarkt als Standortfaktor der Wirtschaft.

SOZIOÖKONOMISCHER WANDEL IN GRENZREGIONEN: DAS BEISPIEL NORDWESTBÖHMEN

Hans-Joachim Bürkner, Göttingen

1. Einleitung

In diesem Beitrag wird der Frage nachgegangen, welche Auswirkungen die Arbeitspendelwanderungen für die westböhmische Grenzregion sowie für die Wandernden selbst haben und wie diese Auswirkungen im Hinblick auf die gegenwärtige und künftige Regionalentwicklung der tschechischen Grenzregion bewertet werden können.

Seit der Grenzöffnung im Zuge der politischen Wende in der Tschechoslowakei haben sich in kurzer Zeit neue grenzübergreifende Mobilitäts- und Austauschprozesse entwickelt. Hierzu zählen eine Vielzahl von politischen und kulturellen Kontakten zwischen den Bevölkerungen und Institutionen beiderseits der Grenze, der in dramatischem Umfang gestiegene grenzüberschreitende Warenhandel wie auch der stark angewachsene individuelle Grenzverkehr von Personen zwischen Nordostbayern bzw. Sachsen und Nordwestböhmen. Zu unterscheiden sind in beiden Richtungen zum einen verschiedene Formen der Einkaufs- und Freizeitmobilität, die jeweils attraktive Angebots- und Preisunterschiede von Waren und Dienstleistungen in Grenznähe nutzen, und zum anderen die ökonomisch motivierte Mobilität im Grenzbereich, die sich vor allem in Richtung Bayern als Arbeitsmobilität von tschechischen Staatsbürgern bemerkbar macht. Seit dem 1.1.1991 ist aufgrund der Anwerbestopp-Ausnahmeverordnung zum Arbeitsförderungsgesetz die Beschäftigung von Arbeitnehmern aus der damaligen CSFR und heutigen Tschechischen Republik in insgesamt 28 Landkreisen und 5 kreisfreien Städten Bayerns und Sachsens entlang der Grenze möglich.

Diese Regelung wurde vor allem im Grenzraum Nordostbayern – Westböhmen wirksam, da auf bayerischer Seite ausreichende Beschäftigungsmöglichkeiten existierten. Vorsichtige Schätzungen auf der Basis der von den regionalen Arbeitsverwaltungen erteilten Arbeitserlaubnisse ergeben für das Jahr 1992 eine Zahl von ca. 20 000 tschechischen Arbeitspendlern, die in Bayern beschäftigt waren. Die nach wie vor schlechte wirtschaftliche Situation in Sachsen schlug sich dagegen in einer geringen Attraktivität der grenznahen Landkreise für Arbeitsmigranten sowie in nur geringen Wanderungsaktivitäten nieder. Darüber hinaus stellte das zur Zeit der Untersuchung (1992) bestehende Lohngefälle zwischen Bayern und Sachsen einen zusätzlichen „pull"-Faktor für die Arbeitspendelwanderungen in Richtung Bayern dar. Die durchschnittlichen Löhne im Verarbeitenden Gewerbe hatten in Sachsen Ende des Jahres 1992 ca. 70 % des bayerischen Lohnniveaus erreicht. Die für die Arbeitspendler in Bayern realisierbaren Einkommensvorteile waren – gemessen an dem Lohnniveau in der Tschechischen Republik (CR) – beträchtlich. Während beispielsweise eine Arbeitskraft im Verarbeitenden Gewerbe der CR im Jahr 1992 umgerechnet durchschnittlich 300 DM pro Monat verdiente, lagen die in Bayern erreichbaren Einkommen um das Neun- bis Zwölffache höher.

Die registrierten Arbeitspendler oder – im Jargon der Grenzforschung – Grenzgänger können jeden Tag nach Deutschland einreisen und dort maximal einmal in der Woche übernachten. Ergänzt wird die Gruppe der Arbeitswanderer seit dem 1.1.1992 durch Saisonarbeitnehmer, die v.a. im Hotel- und Gastgewerbe bis zu drei Monaten beschäftigt werden können, sowie durch Werkvertrags-Arbeitnehmer, d.h. Beschäftigte tschechischer Betriebe, die aufgrund von bilateralen Vereinbarungen zeitweise in Deutschland arbeiten (dies ist überwiegend im Baugewerbe der Fall; vgl. WERTH 1991). Der Begriff „Grenzgänger" soll im folgenden nur diejenigen Arbeitnehmer bezeichnen, die nicht im Rahmen von derartigen Verträgen oder als Saisonarbeitnehmer tätig sind.

2. Auswirkungen der grenzüberschreitenden Arbeitsmobilität auf die beteiligten Grenzregionen

Allgemein wird das Arbeitspendeln in der Literatur als Indikator für das Vorliegen von ökonomischen Entwicklungsunterschieden zwischen zwei angrenzenden Regionen sowie für das Vorhandensein von Engpaßfaktoren der Regionalentwicklung in derjenigen Region angesehen, die die Arbeitnehmer entsendet (s. IRMEN/SINZ 1991, MEINKE 1970). Die reichere Region übt eine Art Sogwirkung auf Arbeitskräfte, aber auch auf Konsumenten aus und profitiert von den Defiziten (hinsichtlich der Infrastruktur, der Struktur der Erwerbsbevölkerung, der Zahl der Arbeitsstätten etc.) der ärmeren Region. Umgekehrt wird die ärmere Region aufgrund niedrigerer Löhne und Warenpreise selektiv für Unternehmen und Einkaufspendler aus der reicheren Region attraktiv. Bei hinreichend großen Disparitäten der sozialen Verhältnisse in beiden Regionen handelt es sich somit nicht um gleichgewichtige Austauschbeziehungen, sondern eher um asymmetrische Beziehungen, deren Vorteile in der reicheren Region akkumulieren.

Für die entwickeltere Region bietet die Beschäftigung von Grenzgängern folgende Vorteile:
– Sie ermöglicht die Nutzung billiger Arbeitskraft, deren Lohnansprüche deutlich unter denjenigen der einheimischen Bevölkerung sowie der mittlerweile eingegliederten Arbeitsmigranten liegen.
– Die Grenzgänger stellen eine zusätzliche Konkurrenz für einheimische Arbeitskräfte dar und vergrößern die industrielle Reservearmee auf dem Arbeitsmarkt um ein disponibles Kontingent.
– Kosten, die durch die Reproduktion der Arbeitskraft entstehen, entfallen (z.B. für die Unterbringung der Arbeitskräfte).
– Im Falle des Konjunkturrückganges werden die sozialen Folgekosten der Freisetzung von Arbeitskräften exportiert, so daß sowohl Arbeitgeber als auch der Staat zumindest kurzfristig profitieren.

Nachteile bestehen für die reichere Region kaum, mit einer Ausnahme:
– Durch die verstärkte Konkurrenz der Arbeitskräfte werden die Arbeitsbedingungen der einheimischen Arbeitnehmer tendenziell verschlechtert, da die Löhne von den Unternehmen in der Peripherie niedriggehalten werden und Lohnforderungen mit dem Verweis auf billigere Arbeitskräfte abgelehnt werden können. Bei wachsender Gesamtarbeitslosigkeit ergeben sich arbeitsmarktpolitische Legitimationsprobleme.

Für die weniger entwickelte Region ergeben sich als Vorteile:
– die Möglichkeit zum Export von offener und versteckter Arbeitslosigkeit (s. SIEBERT 1991, S. 21);
– Weiterqualifikation von ohnehin gut qualifizierten Arbeitskräften sowie Ausbildung von unqualifizierten Arbeitskräften; Ersparnis von Qualifizierungskosten für eine geringe Zahl von Arbeitskräften.

Nachteile für die ärmere Region bestehen:
– in dem Export von qualifizierten Arbeitskräften, die dem heimischen Arbeitsmarkt nicht mehr oder nur noch eingeschränkt zur Verfügung stehen, sowie
– in dem Entzug von Kaufkraft, da das Warenangebot in der reicheren Region in der Regel attraktiver ist.

Im Falle des bayerisch-tschechischen Grenzraumes ist die Lage etwas komplizierter: Zwar treffen hier eine relativ reiche westliche Region und eine ärmere östliche Region aufeinander, aber die entwicklungspolitischen Rollen dieser Regionen innerhalb der jeweiligen Staaten sind recht unterschiedlich. Auf der bayerischen Seite stellen die grenznahen Landkreise Oberfrankens und der Oberpfalz traditionelle Problemregionen dar, die die üblichen Merkmale der Peripherisierung tragen: z.B. überdurchschnittliche Arbeitslosenquoten, hohe Abwanderungsraten und Überalterung der Wohnbevölkerung oder Fremdbestimmtheit der regionalen Industrie (hoher Anteil an Zweigbetrieben, deren Mutterunternehmen in den wirtschaftlichen Zentren der BRD lokalisiert sind) (vgl. MAIER/WEBER 1987). Nordwestböhmen dagegen als sehr heterogen strukturierter Raum vereinigte in der Vergangenheit zum einen erhebliche industrielle Entwicklungskapazitäten und -potentiale, auf der anderen Seite jedoch auch einen hohen Anteil an Landwirtschaft und Tourismusfunktionen auf kleinem Raum. Beide Sektoren, die der Region unter dem Sozialismus nach den Industrieregionen Prag und Pilsen einen relativ zentralen Stellenwert innerhalb der böhmischen Wirtschaft sicherten, haben durch die Grenzöffnung eine Entwertung erfahren; eine Ausnahme bildet der Bädertourismus. Durch die Transformation vor allem der Industrie und des Einzelhandels sind vormals funktionsfähige Strukturen stark verändert oder völlig abgebaut worden. Erst durch den Systemwandel und die Grenzöffnung haben sich somit die Vorzeichen, unter denen Nordostbayern und Nordwestböhmen aufeinandertreffen, verändert: Die ehemalige Peripherie Bayerns hat eine kurzzeitige Aufwertung erfahren und insbesondere in den ersten beiden Jahren nach der Wende erheblich von der Grenzöffnung profitiert, ohne allerdings einen grundlegenden Strukturwandel durchzumachen. Die ehemals starke böhmische Grenzregion hat nach der Wende eine ökonomische Peripherisierung erfahren, die im Zusammenhang mit den strukturellen Mängeln der Vergangenheit (vor allem im Infrastrukturbereich) für ernste sektorale sowie kleinräumlich differenzierte Entwicklungsprobleme sorgt.

Der Abfluß von Arbeitnehmern in die BRD findet also unter dem Vorzeichen eines labilen Bedeutungsüberschusses der bayerischen Grenzregion sowie eines neu entstandenen Bedeutungsdefizits der böhmischen Grenzregion statt. Die Grenzgänger stellen hierbei eine zusätzliche Manövriermasse für Unternehmen in Sektoren dar, die auf Konjunkturschwankungen sensibel reagieren und zudem lohnkostenintensiv arbeiten. Dies ist vor allem in der Bauwirtschaft, dem Hotel- und Gaststättengewerbe sowie dem Produzierenden Gewerbe (Bekleidungs- und Textilindustrie, Glas- und Porzellanindustrie etc.) der Fall. Aufgrund der starken zeitlichen Begrenzung der Arbeitsverhältnisse sowie der extrem unsicheren Beschäftigungssituation der tschechischen Arbeitnehmer kann davon ausgegangen werden, daß sich sowohl die individuellen Vorteile als auch die Vorteile der Grenzgängerbeschäftigung für die Regionalentwicklung in der Tschechischen Republik in engen Grenzen halten und vorwiegend kurzfristiger Natur sein werden.

3. Wer sind die Grenzgänger?

3.1 Alter, Geschlecht, Branchenverteilung und Dauer der Arbeitsverhältnisse

Die folgenden Ausführungen stützen sich auf die Ergebnisse einer standardisierten Befragung von 160 Grenzgängern (Arbeitspendlern) in der Euroregion Egrensis (Großraum Cheb/Eger-Bayreuth), die im März 1992 an drei Grenzübergängen in der Nähe von Cheb/Eger durchgeführt wurde. Bei den befragten Grenzgängern handelte es sich überwiegend um Männer im mittleren erwerbsfähigen Alter (64 % Männer, 36 % Frauen; überwiegend im Alter zwischen 25 und 45 Jahren). Die Orientierung auf die eingangs genannten Branchen ist in der Befragungsgruppe deutlich zu erkennen: Ungefähr die Hälfte der Befragten war in Betrieben der Verarbeitenden Industrie beschäftigt (davon ca. zwei Drittel in der Textilindustrie sowie der Glas- und Keramikherstellung), ca. ein Viertel im Dienstleistungsbereich sowie 15 % im Baugewerbe (s. Tab. 1).

Tab. 1: Zugehörigkeit der befragten tschechischen Grenzgänger zu Wirtschaftszweigen

Wirtschaftszweig	abs.	%
Land-/Forstwirtschaft	2	1,2
Metallerzeugung und -verarbeitung	10	6,2
Chemische Industrie	12	7,5
verarb. Industrie (Textilind., Glas- und Keramikherstellung u.a.)	55	34,4
Baugewerbe	23	14,4
Handel	9	5,6
Nachrichten-, Verkehrswesen	3	1,9
Dienstleistungen	39	24,4
sonstige	7	4,4
insgesamt	160	100,0

Quelle: Befragung von tschechischen Arbeitspendlern im Bezirk Cheb/Eger 1992

Die Beschäftigung in der BRD stellte die Mehrzahl der Befragten vor eine Grundsatzentscheidung hinsichtlich der Aufnahme bzw. Beibehaltung von Nebentätigkeiten in der CR. Die angnommenen Arbeitsplätze in der BRD waren zu mehr als 80 % Vollzeitarbeitsplätze, die Nebentätigkeiten nur in geringem Umfang zuließen. Für 91 % der Befragten stellte die derzeitige Tätigkeit als Grenzgänger die einzige Einnahmequelle dar, aus der der Lebensunterhalt bestritten wurde. Dieser Umstand konnte für die Betroffenen dann ein existentielles Risiko bedeuten, wenn die Möglichkeit zur Beschäftigung in Deutschland nicht weiterbestand und Arbeitsmöglichkeiten aufgrund des ökonomischen Umbaus in der CR noch nicht oder nicht mehr gegeben waren.

3.2 Berufliche Stellung

Die Mehrzahl der Befragten mußte für die Beschäftigungsaufnahme in Bayern einen kurzfristigen Statusverlust hinnehmen. Für insgesamt 60 % der Befragten hatte sich die berufliche Position im Vergleich zum Ende des Jahres 1989 verschlechtert oder war insgesamt der damaligen Position vergleichbar; lediglich 40 % konnten ihren Status verbessern. Die Verteilung der Befragten auf die Berufsstatusgruppen ergibt folgendes Bild:

Tab. 2: Berufliche Stellung der befragten tschechischen Grenzgänger

	abs.	%
Auszubildende, Schüler	5	3,2
ungelernte Arbeiter	27	17,2
angelernte Arbeiter	48	30,6
Facharbeiter	51	32,5
Angestellte	23	10,2
Selbständige	3	1,9
Sonstige	3	1,9
insgesamt	160	100,0

Quelle: Befragung von tschechischen Arbeitspendlern im Bezirk Cheb/Eger 1992

Fast die Hälfte der Befragten (47 %) arbeitete als un- bzw. angelernte Arbeiter und somit in untergeordneten betrieblichen Positionen. Der Anteil der un- und angelernten Arbeiter innerhalb der Befragungsgruppe liegt zwar deutlich unter demjenigen ausländischer Arbeitnehmer in der BRD insgesamt (65 %; vgl. KÖNIG u.a. 1986, S. 84); jedoch muß angemerkt werden, daß die Befragten aufgrund der erheblichen begrifflichen Überbewertung vergleichbarer Tätigkeiten in der CR ihre Position in der BRD tendenziell höher eingeschätzt haben, als dies der Wirklichkeit entspricht. Berücksichtigt man zusätzlich die extreme Instabilität der Arbeitsverhältnisse, so wird deutlich, daß die tschechischen Arbeitnehmer jeweils die untersten Positionen auf den grenznahen regionalen Arbeitsmärkten Bayerns einnahmen.

4. Motive der Arbeitsaufnahme

Die Gründe für die Arbeitsaufnahme in der BRD sind zunächst eindeutig auf die unmittelbare Verbesserung der individuellen materiellen Verhältnisse gerichtet (s. Tab. 3). Mehr als die Hälfte der Befragten nannte die Realisierung eines höheren Lebensstandards als Motiv für die Aufnahme der Grenzgängerei, gefolgt von dem Wunsch, die Ausbildung der Kinder zu sichern sowie Ersparnisse zu bilden (jeweils ca. ein Drittel der Befragten).

Tab. 3: Motive für die Arbeitsaufnahme in der Bundesrepublik Deutschland

Motiv	Nennungen	
	abs.	%
besser leben, höheren Lebensstandard erreichen	88	55,0
Zukunft für die Kinder sichern	54	33,8
Ersparnisse bilden	50	31,3
Startkapital für Privatbetrieb erwirtschaften	47	29,4
fachliche Kenntnisse erwerben	47	29,4
unzureichende Arbeitsmöglichkeiten in der CR	39	24,4
Arbeitslosigkeit	29	18,1
Konsumgüter anschaffen	19	11,9
Deutsch lernen	7	4,4
andere Gründe	19	11,9

N = 160; Mehrfachnennungen möglich
Quelle: Befragung von tschechischen Arbeitspendlern im Bezirk Cheb/Eger 1992

Erstaunlich ist der relativ hohe Anteil derjenigen, die durch ihre Beschäftigung in Deutschland das Startkapital für die Eröffnung eines eigenen privaten Unternehmens erarbeiten wollten (29 %) sowie der gleich hohe Anteil derjenigen, die sich fachliche Kenntnisse für zukünftige Tätigkeiten in der CR aneignen wollten. Dies widerspricht zunächst der landläufigen Vorstellung, die jahrzehntelange Konsumabstinenz müsse nun vordringlich in der Befriedigung aufgestauter Konsumwünsche kompensiert werden. Vielmehr drückt sich in diesen Motiven bereits ein gewisses Maß an strukturierter Zukunftsplanung aus, die sich nicht ausschließlich an kurzfristigen Bedürfnissen orientiert.

Die Motive „Arbeitslosigkeit" (18 % der Befragten) und „unzureichende Arbeitsmöglichkeiten in der CR" (24 %) deuten auf einen Engpaßfaktor hin, der im Zusammenhang mit der ökonomischen Umstrukturierung der CR bislang eher vermutet als mit statistischem Material belegt werden konnte. Die kontinuierliche Freisetzung von Arbeitskräften durch die Privatisierung sowie die sektoral eher unausgewogene Ausstattung der westböhmischen Grenzregion mit Arbeitsplätzen sorgten bereits kurze Zeit nach der Wende für einen latenten Migrationsdruck. Die individuelle Notwendigkeit, bei mangelndem Arbeitsplatzangebot in der Region abzuwandern, wurde in der Grenzregion zumindest teilweise durch die Möglichkeit der Arbeitspendelwanderung in die BRD aufgefangen. Engpässe auf dem Arbeitsmarkt und – als Folge davon – regionale Arbeitslosigkeit konnten sich somit bislang weder in den Arbeitsmarktstatistiken der CR (Arbeitslosenquote für die Grenzregion 1992: ca. 2,5 %!) noch in nennenswerten Binnenmigrationszahlen niederschlagen.

Insgesamt gesehen können nicht nur pull-Faktoren, sondern auch in beträchtlichem Maße ausgesprochene push-Faktoren als ausschlaggebende Momente für die Grenzgängertätigkeit beobachtet werden.

5. Ersparnisverwendung und Zukunftsperspektiven

Vergleicht man die tatsächliche Verwendung des in Deutschland erarbeiteten Geldes (d.h. desjenigen Betrages, der über die unmittelbare Sicherung des Lebensunterhaltes hinausgeht) mit den individuellen Absichten, die in den Wanderungsmotiven zum Ausdruck kommen, so ergibt sich zunächst eine teilweise Übereinstimmung.

Tab. 4: Verwendung des in Deutschland erarbeiteten Geldes

Verwendungszweck	Nennungen	
	abs.	%
Ersparnisse gebildet	89	55,6
Auto gekauft	54	33,8
Haus/Wohnung renoviert	33	20,6
TV/Video gekauft	31	19,4
Haus/Wohnung gekauft	14	8,8
Privatbetrieb gegründet	9	5,6
Anteile an Privatbetrieb gekauft	7	4,4
Haushaltsgeräte (z.B. Waschmaschine) gekauft	6	3,8
Schulden abbezahlt	5	3,1
sonstige Verwendung	24	15,0

N = 160; Mehrfachnennungen möglich
Quelle: Befragung von tschechischen Arbeitspendlern im Bezirk Cheb/Eger 1992

An erster Stelle rangiert die Bildung von Ersparnissen (von mehr als der Hälfte der Befragten genannt) und somit der Versuch der langfristigen Zukunftssicherung. Jedoch nehmen Investitionen in Konsumgüter (Auto, Unterhaltungselektronik) eine wichtige Stellung ein; sie konterkarieren in gewisser Weise die in den Motiven nur zu einem geringen Teil geäußerte Absicht, Konsumgüter zu erwerben.

Ein weiterer Widerspruch zwischen Einstellungen bzw. Motiven und tatsächlichem Verhalten ist aus den Angaben zu Investitionen in private Unternehmen ersichtlich. Die Gründung eines eigenen Privatbetriebes oder die Beteiligung an einem bereits bestehenden Unternehmen werden nur von einer kleinen Minderheit der Befragten als Verwendungszweck genannt. Allerdings ist hier zu berücksichtigen, daß das Ansparen geeigneter Kapitalsummen einen z.T. beträchtlichen Zeitraum erfordert, der zum Zeitpunkt der Befragung von vielen Befragten noch nicht erreicht worden sein dürfte. Entsprechend hoch ist auch der Anteil derjenigen, die die Dauer des Arbeitspendelns nach Deutschland erheblich ausweiten würden, wenn sie die Möglichkeit dazu hätten (Tab. 5).

Tab. 5: Geplante Fortsetzung des Pendelns nach Deutschland

Antwort	abs	%
bis zu 6 Monaten	7	4,4
bis zu 1 Jahr	19	11,9
1–3 Jahre	28	17,5
mehr als 3 Jahre	28	17,5
weiß nicht	78	48,7
insgesamt	160	100,0

Quelle: Befragung von tschechischen Arbeitspendlern im Bezirk Cheb/Eger 1992

Ca. 15 % der Befragten würden eine Tätigkeitsdauer bis zu einem Jahr bevorzugen, 35 % möchten länger als ein Jahr arbeiten (davon die Hälfte länger als drei Jahre), und rund die Hälfte der Befragten konnten noch keine genauen Angaben dazu machen.

6. Mögliche Auswirkungen des Verhaltens von Grenzgängern auf die böhmische Grenzregion

Stellt man bei der Beurteilung der Auswirkungen des Grenzgängerverhaltens zunächst den letztgenannten Wunsch zur längerfristigen Beschäftigung im Ausland in Rechnung, so ist aus der Sicht der tschechischen Grenzregion für die Zukunft – unter der Voraussetzung gleichbleibender Arbeitsmöglichkeiten – mit einem dauerhaften Entzug von Arbeitskräften zu rechnen. Dies stellt angesichts des hohen Bedarfs an Fachkräften, der bei dem Aufbau einer tragfähigen privaten Regionalwirtschaft zu erwarten ist, ein nicht zu unterschätzendes Manko der Regionalentwicklung dar.

Andererseits könnten positive Effekte für die westböhmische Grenzregion durch den Erwerb von Know-how und Investitionen in private Unternehmungen entstehen, die sich allerdings erst auf lange Sicht auszahlen werden. Immerhin kann das Arbeitspendeln zur Kapitalbildung in der CR beitragen, die für die Neuaufnahme bzw. Installierung einer kapitalistischen Wirtschaftsweise unabdingbar ist. Für die nähere Zukunft jedoch ist zunächst mit eher negativen Effekten zu rechnen.

Hinzu kommt, daß sich die Arbeitspendelwanderungen aufgrund von veränderten Investitionsstrategien westdeutscher Unternehmen sowie der latenten ökonomischen Labilität des bayerischen Grenzraumes innerhalb kurzer Zeit als ein vorübergehendes Umbruchsphänomen erwiesen haben. Zum einen bringt die vermehrte Auslagerung von Produktionen in die Tschechische Republik für Unternehmen des Produzierenden Gewerbes erheblich höhere Lohnkostenvorteile als die Beschäftigung von Grenzgängern. Zum anderen zeigen die neuerlichen Forderungen von bayerischen Politikern (und Wissenschaftlern, s. MAIER/BIRK 1993), die Pendlerzahlen zu begrenzen und den „Erfordernissen des Arbeitsmarktes" anzupassen, daß es hier weniger um soziale und ökonomische Nachbarschaftshilfe als vielmehr um die konsequente Wahrung der arbeitsmarktpolitischen Interessen der reicheren Region geht. Insofern erhält die Grenzgängerei dieselbe politische Funktion wie die Beschäftigung von Arbeitsmigranten aus Süd- und Südosteuropa (vgl. DOHSE 1981). Sie besteht darin, ausländische Arbeitsmärkte für die kurzfristig wechselnden Bedürfnisse der eigenen – im internationalen Schichtungssystem dominanten – Ökonomie zu funktionalisieren, allerdings mit dem Unterschied, daß die Verfügbarkeit der Arbeitskraft und somit die Beeinflußbarkeit des fremden Arbeitsmarktes im Falle der Tschechischen Republik aufgrund der räumlichen Nähe größer ist.

Literatur

DOHSE, K. 1981: Ausländische Arbeitnehmer und bürgerlicher Staat. Königstein/Ts. (=Sozialwissenschaft und Praxis 32)

IRMEN, E./ M. SINZ 1991: Regionale Entwicklungspotentiale und -engpässe in den neuen Ländern. In: Informationen zur Raumentwicklung, 11/12, S. 755–771

KÖNIG, D./G. SCHULTZE/R. WESSEL 1986: Situation der ausländischen Arbeitnehmer und ihrer Familienangehörigen in der Bundesrepublik Deutschland. Repräsentativuntersuchung '85. Bonn (=Forschungsinstitut der Friedrich-Ebert-Stiftung, Forschungsbericht 133)

MAIER, J./F. BIRK 1993: Auswirkungen der Grenzöffnung zur CSFR auf Grenzgänger und Einzelhandel in der EUREGIO EGRENSIS. Grenzgänger zwischen Nordbayern und Westböhmen – Ausdruck regional unterschiedlicher Wirtschaftsstrukturen beiderseits der Grenze. In: MAIER, J. (Hrsg.): Auswirkungen von Grenzen IV. Bayreuth (=Arbeitsmaterialien zur Raumordnung und Raumplanung 118), S. 79–94

MAIER, J./J. WEBER 1987: Regionalentwicklung und Regionalpolitik in peripheren Räumen – das Beispiel Oberfranken. In: Berichte zur deutschen Landeskunde, 2, S. 453–485

MEINKE, D. 1970: „Grenze". B. Ökonomische und soziale Auswirkungen. In: Handwörterbuch der Raumforschung und Raumordnung. 2. Auflage Hannover, Sp.1065–1075

SIEBERT, H. 1991: Die Integration Osteuropas in die Weltwirtschaft. Kiel (= Kieler Arbeitspapiere 491)

GRENZÜBERSCHREITENDE ZUSAMMENARBEIT IM GEBIET NORDOSTBAYERN, SACHSEN, THÜRINGEN UND WESTBÖHMEN, ERFAHRUNGEN AUS DER EUREGIO EGRENSIS

Jochen Vos, Marktredwitz

1. Einleitung

Politische Grenzen haben seit der Nachkriegszeit Struktur und Entwicklung der Grenzregion Bayerns, Sachsens, Thüringens und Böhmens entscheidend bestimmt. In Folge des Wegfalls der Grenze mitten durch Deutschland und der Öffnung der Grenze zur Tschechischen Republik und den östlichen Nachbarn ist die Bedeutung der politischen Grenzen drastisch verringert worden, vollkommen veränderte Rahmenbedingungen wurden geschaffen. Die Grenzregion hat nunmehr die Möglichkeit zur Aufnahme grenzüberschreitender Beziehungen und Verflechtungen in allen Lebensbereichen erhalten.

Aufgrund der relativen Isolierung der Grenzregion jeweils innerhalb ihrer nationalen Volkswirtschaften sowie insbesondere aufgrund der ehemaligen Unüberwindbarkeit der nationalen Grenzen sind immense Anstrengungen zur Bewältigung der Struktur- und Entwicklungsprobleme notwendig. Die spezifische Problemlage läßt sich wie folgt zusammenfassend darstellen:

- Die Umstellung von der Plan- zur sozialen Marktwirtschaft löste einen erheblichen Strukturwandel innerhalb und zwischen den Wirtschaftsbereichen aus, verbunden mit einer hohen Arbeitslosigkeit.
- Die Standortqualität des Grenzgebietes wird eingeschränkt durch eine vergleichsweise mangelhafte verkehrsinfrastrukturelle Ausstattung, die vorhandene Monostruktur bei Industrie und Gewerbe und durch teilweise starke Umweltbelastungen.
- Ungeklärte Eigentumsfragen, ungeklärte Kompetenzen sowie verbesserungsbedürftige Verwaltungsstrukturen vor Ort beeinträchtigen das Kaufverhalten, die Privatisierung und Sanierung bestehender Industrie- und Gewerbegebiete.
- Sozio-kulturelle Beziehungen, Kontakte und Kenntnisse müssen grundlegend und umfassend verbessert werden.
- Die wirtschaftliche Asymmetrie an dieser Außengrenze der Europäischen Union ist gravierend, das Lohn- und Geldwertgefälle steigt bei stark auseinanderbrechendem Wechselkurs; Standortverlagerungen von Industrie und Gewerbe von West nach Ost finden statt, es besteht eine große Konkurrenz bezüglich der Arbeitsplätze.

Diese und andere Problembereiche gilt es durch aktives politisches Handeln auf kommunaler, regionaler, nationaler und europäischer Ebene zu überwinden. Es gilt einen im Zentrum Europas liegenden Wirtschafts- und Lebensraum von historischer Bedeutung und mit rund zwei Millionen Menschen den neuen Bedingungen und Herausforderungen anzupassen. Die institutionalisierte grenzüberschreitende Zusammenarbeit, namentlich die EUREGIO EGRENSIS, kann und soll hier einen wesentlichen Beitrag leisten.

2. Die EUREGIO EGRENSIS – Struktur, Mitglieder, Organe

Die EUREGIO EGRENSIS setzt sich aus Gebieten der Länder Bayerns, Sachsens, Thüringens und Böhmens zusammen. Die Idee zur Bildung einer grenzüberschreitenden Region entstand auf einer Tagung im Dezember 1990 in Marktredwitz.

Als erstes wurde auf Veranlassung der Tschechoslowakischen Republik und des Landes Böhmen die EUROREGIO EGRENSIS mit Sitz in Eger gegründet. Ihr gehören die vier Landkreise Eger (Cheb), Falkenau (Sokolov), Karlsbad (Karlovy Vary) und Tachau (Tachov) an.

Im Januar 1992 wurde die EUREGIO EGRENSIS, Arbeitsgemeinschaft Bayern e.V., offiziell ins Leben gerufen. Sie ist ein gemeinnütziger, eingetragener Verein und stellt einen Zusammenschluß von Gemeinden, Landkreisen und Städten, aber auch von kulturellen und wirtschaftlichen Vereinigungen und natürlichen Personen in den Planungsregionen Oberpfalz-Nord und Oberfranken-Ost dar. Sitz des Vereins ist Marktredwitz, deren historische Stadtentwicklung durch eine von 1340 bis 1816 dauernde Zugehörigkeit zur westböhmischen Stadt Eger maßgeblich beeinflußt wurde. Die Regierung von Oberfranken leistete von Beginn an dem Verein wesentliche Unterstützung; u. a. stellt sie den Geschäftsführer aus ihrem Geschäftsbereich.

Im März 1992 folgte die Gründung der sächsischen Partnerorganisation, der EUREGIO EGRENSIS, Arbeitsgemeinschaft Vogtland/Westerzgebirge e. V., mit Sitz im grenznahen Kurort Bad Elster. Sie umfaßt insgesamt sieben Landkreise des sächsischen Vogtlandes und Westerzgebirges inklusive der kreisfreien Stadt Plauen. Mit Beginn des Jahres 1993 wurden vier ostthüringische Kreise, die historisch zum Vogtland gehören, in die sächsische Arbeitsgemeinschaft aufgenommen.

Anfang Februar 1993 fand in Eger der Zusammenschluß der drei Arbeitsgemeinschaften der EUREGIO EGRENSIS zu einer gemeinsamen grenzüberschreitenden Institution statt. In der gemeinsamen Vereinbarung heißt es, daß die EUREGIO EGRENSIS im Geiste guter Nachbarschaft und Freundschaft die grenzüberschreitende Zusammenarbeit und Entwicklung koordiniert und fördert sowie zur Verständigung und Toleranz beiträgt. Wichtige Organe der EUREGIO EGRENSIS werden das gemeinsame Präsidium sowie beratende Ausschüsse, in die die jeweiligen Partnerorganisationen ihre Mitglieder entsenden, sein. Ausschüsse sind zu den Themenbereichen Wirtschaft, Verkehr, Kultur, Fremdenverkehr und Umweltschutz eingerichtet worden.

Mit der Bildung des „gemeinsamen Daches" wurden auch organisatorisch adäquate Voraussetzungen für die Fortsetzung der bereits aufgenommenen Arbeit, der EUREGIO EGRENSIS geschaffen.

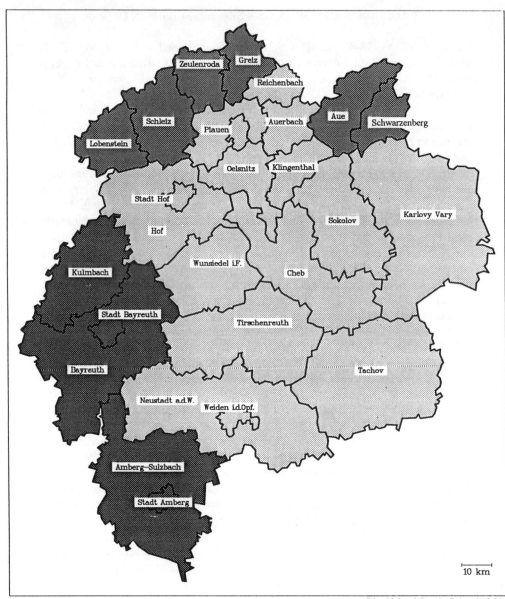

□ des Trilateralen Entwicklungskonzeptes
▨ der weiteren Mitgliedskreise Sachsens und Thüringens
▰ des Maßnahmenkatalogs der vorliegenden Studie

Abb. 1: Übersichtskarte der Euregio Egrensis

3. Die INTERREG-Initiative

Die Gemeinschaftsinitiative INTERREG der Europäischen Union ist ein spezifisches Programm für die grenzüberschreitende Zusammenarbeit.
Die Initiative zielt im einzelnen darauf ab,
- die Gebiete an den Binnen- wie auch an den Außengrenzen der Europäischen Union bei der Bewältigung besonderer Entwicklungsprobleme infolge ihrer relativen Isolierung innerhalb der nationalen Volkswirtschaften und der europäischen Union insgesamt im Interesse der lokalen Bevölkerung und in einer mit dem Umweltschutz zu vereinbarenden Weise zu unterstützen;
- die Anpassung der Gebiete an den Außengrenzen an ihre neue Rolle als Grenzgebiete eines einheitlichen integrierten Marktes zu unterstützen;
- die neuen Möglichkeiten für eine Zusammenarbeit mit Drittländern in den Gebieten an den Außengrenzen der Europäischen Union zu nutzen.

Die EU-Kommission, die im Rahmen dieser Initiative eine Gemeinschaftsunterstützung für Grenzgebiete vorsieht, wird den Vorschlägen für Maßnahmen und Projekte Vorrang einräumen, die in Zusammenarbeit mit den regionalen und lokalen Gebietskörperschaften in Grenzgebieten entwickelt wurden.

Die Maßnahmen an den Außengrenzen sollten die Entwicklung dieser Gebiete unterstützen, damit sie sich an die neue Lage anpassen können und die Zusammenarbeit zwischen den Gebieten an den Außengrenzen der Europäischen Union und den Grenzgebieten benachbarter Drittländer gefördert wird. Soweit möglich sollte ihre Planung und Durchführung auf grenzüberschreitender Basis in Verbindung mit grenzübergreifenden Aktionen erfolgen, die im Rahmen anderer Gemeinschaftsprogramme, insbesondere der PHARE-Programme, in benachbarten Drittländern unterstützt werden.

Der von der EU-Kommission am 16. Februar 1994 vorgelegte Leitlinien-Entwurf für die Initiative INTERREG II sieht die Förderfähigkeit folgender Maßnahmen vor:
- Studien über Entwicklungspläne, die die Grenzgebiete als eine integrierte geographische Einheit behandeln;
- Unterstützung und Entwicklung kleiner und mittlerer Unternehmen und handwerklicher Betriebe;
- Entwicklung des Fremdenverkehrs;
- Örtliche Wasser-, Gas- und Stromversorgung und örtliche Telekommunikationen und Entwicklung erneuerbarer Energiequellen;
- Umweltschutz;
- Förderung der Land- und Forstwirtschaft;
- Gründung oder Ausbau von Handelsorganisationen, Berufsverbänden, Planungs- und Beratergruppen wie z. B. grenzüberschreitende Entwicklungsgesellschaften;
- in Gebieten mit großem Infrastruktur-Rückstand die Verbesserung der Verkehrs- und anderer Kommunikationssysteme;
- Maßnahmen zur Förderung der Zusammenarbeit im Hochschulbereich;
- Schulung und Ausbildung;

- Maßnahmen zur Förderung der Zusammenarbeit im Gesundheitswesen;
- Maßnahmen zur Unterstützung der Vorbereitung und Unterstützung einer grenzübergreifenden Raumplanung

Vor dem Hintergrund dieser EU-Initiativen wurde mit der EUREGIO EGRENSIS eine grenzüberschreitende Institution geschaffen, die sich eine verbindliche Rechtsstruktur gegeben hat. Die EU legt hierauf im Hinblick auf verstärkte Subventionen besonderen Wert. Zusammenschlüsse dieser Art garantieren deshalb den einzelnen Mitgliedern eine hohe Effizienz ihrer Arbeit und vergrößern die Erfolgsaussichten ihrer Bemühungen.

Im Herbst 1993 befaßte sich die Bayerische Staatsregierung mit der Rolle einer EUREGIO. Im Ergebnis wird grundsätzlich festgehalten, daß das Wirken der Euregiones im Hinblick auf die grenzüberschreitende Zusammenarbeit von der Staatsregierung positiv gesehen und unterstützt wird. Aus der Sicht der Staatsregierung sind einer Euregio insbesondere folgende Aufgaben gegeben:
- Koordination grenzüberschreitender Aktivitäten,
- Information,
- Bündelung der Interessen und Verstärkung der Durchsetzungskraft.

Im einzelnen sollen die Euregiones ihre Aufgabe wie folgt verstehen:
- Sie können und sollen Projekte generieren, vorantreiben, anregen, vorschlagen.
- Sie können sich im Rahmen der kommunalen Zusammenarbeit die Dringlichkeit bestimmter Projekte, die Bedeutung von Vorhaben und ihre wünschenswerte Durchführung verständigen.

Sie können Projekte auf der örtlichen Ebene unterstützen und koordinieren.

Die Anträge für diese Fördermaßnahmen müssen allerdings vom Träger über die jeweils zuständige Regierung an das entsprechende Ressort gemäß der allgemeinen Zuständigkeitsregel eingereicht werden. Die Entscheidung über die Förderung mit EU-Mitteln wird von den zuständigen staatlichen Stellen getroffen.
- Die Förderfähigkeit von bestimmten Projekten wird wie bisher von den zuständigen staatlichen Stellen beurteilt werden.
- Bei der Frage der Förderwürdigkeit ist das Votum der Euregio ein gewichtiger Gesichtspunkt.

4. Schwerpunkte der Arbeit

4.1 Erarbeitung eines Regionalen Aktionsprogramms

Im Hinblick auf die für 1994 bis 1999 zu erwartende EU-Förderung im Rahmen der Gemeinschaftsinitiative INTERREG II hat die EUREGIO EGRENSIS die Aufgabe, ein umfassendes Entwicklungsprogramm für den Gesamtraum zu erarbeiten. Die EU-Kommission wird das Vorliegen eines Entwicklungsprogramms zur unabweislichen Voraussetzung machen. Methodisch wird die Untersuchung u. a. eine Bestandsaufnahme, Stärken-Schwächen-Analyse, Handlungsbedarfe und Entwicklungsleitlinien sowie konkrete Projekte und Maßnahmen aufweisen.

Inhaltlich werden insbesondere Wünsche, Anregungen und Vorstellungen der Region Berücksichtigung finden, so daß am Ende ein von lokalen und regionalen Interessen geprägtes Regionales Aktionsprogramm vorgelegt werden kann.

Als besonders hilfreich empfindet die EUREGIO EGRENSIS in diesem Zusammenhang die Existenz eines „Trilateralen Entwicklungskonzepts" für den bayerisch/sächsisch/tschechischen Grenzraum, das die sächsischen Landesentwicklungsministerien in München bzw. Dresden sowie das tschechische Wirtschaftsministerium in Prag erstellt haben. Dieses Gutachten wird wesentliche Teile unseres Regionalen Aktionsprogrammes liefern. Es bestehen intensive Abstimmungen und Kooperationen zwischen der EUREGIO EGRENSIS und den Verantwortlichen des Trilateralen Entwicklungskonzepts.

Gebietlich geht das Regionale Aktionsprogramm über das Untersuchungsgebiet des Trilateralen Entwicklungskonzeptes hinaus. Es beinhaltet auf bayerischer Seite zusätzlich die Landkreise Kulmbach, Bayreuth, Amberg-Sulzbach sowie die kreisfreien Städte Bayreuth und Amberg. Damit ist das Gesamtgebiet der bayerischen Arbeitsgemeinschaft der EUREGIO EGRENSIS Gegenstand des Regionalen Aktionsprogramms. Dieses ist im Hinblick auf die Fördergebietsabgrenzung für die Initiative INTERREG II von großer Bedeutung. Nach der bisherigen Leitlinie für das Programm INTERREG I, das Ende 1993 auslief, waren nur „Gebiete entlang der internen und äußeren Landesgrenzen der Gemeinschaft" förderungswürdig. In Deutschland waren dies die Kreise mit unmittelbarer Grenzberührung. Die EUREGIO EGRENSIS hat zusammen mit der Arbeitsgemeinschaft Europäischer Grenzregionen (AGEG) in der Frage der Fördergebietsabgrenzung für die Initiative INTERREG II gegenüber dem bayerischen Wirtschaftsministerium und der EU sehr deutlich gemacht, daß diese Regelung zu erheblichen Ungerechtigkeiten führt. Gemäß den wirtschaftsstrukturellen Zielsetzungen von INTERREG sollte nämlich grenzüberschreitend ein Gebiet für die Förderung erfaßt werden, das einen regionalen wirtschaftlichen und sozialen Zusammenhang und eine ausreichende Tätigkeit gewährleistet. Es erscheint wenig sinnvoll, wenn Grenzgebiete ein grenzüberschreitendes Regionales Aktionsprogramm (gefördert mit Geldern der EU) vorlegen, es genehmigt bekommen, und hinterher nur Projekte in einem schmalen Streifen beiderseits der Grenze aus INTERREG finanziert werden. Als Bemessungsgrundlage für INTERREG soll zumindest das Gebiet der genehmigten grenzüberschreitenden Entwicklungskonzepte berücksichtigt werden.

Die Verhandlungen über die Festlegung der förderfähigen Gebiete für die Initiative INTERREG II dauern an, ihr Abschluß wird für den Sommer 1994 erwartet.

4.2 Sozio-kulturelle Zusammenarbeit

Dieser Arbeitsbereich ist der EUREGIO EGRENSIS ein großes Anliegen. Er zielt darauf ab, vordringlich grenzüberschreitende Kontakte zwischen den Menschen beiderseits der Grenze herzustellen und das Kennenlernen und Verständnis füreinander schrittweise in allen Lebensbereichen zu fördern. Darin wird eine gute Basis für die weitere sozial-ökonomische Zusammenarbeit gesehen; die

Akzeptanz von wirtschaftlichen, infrastrukturellen und planerischen Maßnahmen für die grenzüberschreitende Zusammenarbeit wird erhöht.

4.3 Maßnahmen und Projekte

Es folgt eine Zusammenstellung wichtiger grenzüberschreitender Maßnahmen und Projekte, die 1993 bereits durchgeführt bzw. vorbereitet wurden.

Museumsführer

Der Museumsführer soll alle wichtigen Sammlungen und Museen auf bayerischer, sächsischer/thüringischer und böhmischer Seite enthalten. Das umfassende Werk soll dreisprachig in deutscher, tschechischer und englischer Sprache erscheinen. Es soll der Sicherung und Präsentation des bedeutenden kulturellen Erbes auf überregionaler Ebene dienen. Zielgruppe sind die Bewohner und Besucher der Region. Träger dieses Projektes ist die EUREGIO EGRENSIS.

Jugendsommerlager

Auf Initiative der sächsischen EUREGIO EGRENSIS fand bereits Mitte 1992 ein grenzüberschreitendes Jugendsommerlager mit jeweils 15 Jugendlichen aus Bayern, Sachsen und Böhmen in der Jugendherberge von Bad Brambach im Vogtland statt. Insgesamt nahmen an der zweizügigen Maßnahme rund 60 Jugendliche teil. Von den Teilnehmern eigeninitiativ nach Ablauf der Maßnahme organisierte Nachtreffen beweisen die Akzeptanz dieser Initiative. Die EUREGIO EGRENSIS, Arbeitsgemeinschaft Bayern e. V., hat ihrerseits im Sommer 1993 eine vergleichbare Veranstaltung organisiert und durchgeführt.

Unterrichtsmaterialien

Es sollen Unterrichtsmaterialien über die EUREGIO EGRENSIS zur Verwendung im Schulunterricht erarbeitet werden. Mit beispielhaften und praxisnahen Themen wird angestrebt, den Gedanken der grenzüberschreitenden Zusammenarbeit sowie die gemeinsame Geschichte und Geographie, Struktur und Bedeutung der Region in die Schulen zu tragen. Das Projekt wird in Zusammenarbeit mit der Lehrerfortbildung Akademie Dillingen und der bayerischen Staatskanzlei, München, vorbereitet. Eine Projektgruppe mit Fachleuten aus den Teilregionen der EUREGIO EGRENSIS ist gebildet worden.

Tourenvorschläge

Es ist geplant, einen Prospekt mit „Tourenvorschlägen in der EUREGIO EGRENSIS" zu erstellen. Dieser soll nicht nur dazu beitragen, die Grenzregion „neu zu entdecken", sondern auch als „Reiseführer" neue Wege und Touren aufzuzeigen und somit einen wesentlichen Beitrag zur Verständigung leisten. Der Prospekt richtet sich nicht nur an Individualreisende, sondern soll auch als Anregung für Busunternehmer, Reiseveranstalter und Reisebüros dienen. Vorgesehen ist eine deutsche und tschechische Sprachfassung. Hinzu kommt aufgrund des internationalen Einsatzes bei nationalen touristischen Organisationen auch ein Prospekt in englischer Sprache.

Bibliotheken

Es ist beabsichtigt, die Einrichtung und Erweiterung von deutschen und tschechischen Abteilungen in öffentlichen Büchereien zu fördern. In dieser Maßnahme wird ein weiterer wichtiger Beitrag zur Vermittlung von Kenntnissen über den Nachbarn gesehen. Das Projekt wird in Zusammenarbeit mit der staatlichen Beratungsstelle für öffentliche Büchereien, Bayreuth, ausgestaltet.

Vermittlung demokratischer Grundstrukturen

Es ist beabsichtigt, in Zusammenarbeit mit fünf Volkshochschulen aus den Regionen Oberfranken-Ost und Oberpfalz-Nord Seminare und Weiterbildungsveranstaltungen für Politiker, Verwaltungsfachleute, Juristen, Vertreter anderer gesellschaftlich relevanter Körperschaften und Institutionen, Journalisten und weiteren Funktionsträgern durchzuführen. Ziele sind neben der Vermittlung demokratischer Grundstrukturen die Unterstützung politischer Reformen in der CR, Unterstützung bei der Neuorganisation und Entwicklung von Kommunalverwaltungen in der CR und beim Aufbau politischer, rechtlicher und sonstiger gesellschaftlich relevanter Körperschaften. Hauptziel ist die Verbesserung der Kenntnisse über die vorhandenen Rechtsgrundlagen und Organisationen in allen Verwaltungsbereichen sowie eine langfristige und nachhaltige Einrichtung pluralistischer demokratischer Strukturen.

Informationsveranstaltung zur Nutzung moderner Informations und Kommunikationstechnologien

Im Telehaus Oberfranken, Bayreuth, stehen alle Geräte und Dienste zeitgemäßer Telekommunikation für Vorführungen und Erläuterungen zur Verfügung. Dieses Angebot kann von Unternehmen und Verwaltungen der Region genutzt werden, die Führungen vermitteln Grundwissen moderner Telekommunikation und Anregungen für betriebliche Anwendung. Geplant ist, im Rahmen einer ein- bzw. mehrtägigen Führung die Dienstleistungen und Informationen des Telehauses Oberfranken interessierten Unternehmen und Verwaltungen aus der EUREGIO EGRENSIS zur Verfügung zu stellen.

VHS-Sprachkurse

Die EUREGIO EGRENSIS, Arbeitsgemeinschaft Bayern e. V., unterstützt die Volkshochschulen bei der Durchführung von tschechischen Sprachkursen.

Sportveranstaltung

Die EUREGIO EGRENSIS, Arbeitsgemeinschaft Bayern e. V., hat in Zusammenarbeit mit dem Stadtsportverband Marktredwitz einen grenzüberschreitenden 25-Kilometer-Lauf zwischen Marktredwitz und Eger am 12.09.1993 veranstaltet. Grenzüberschreitende Sportbegegnungen bieten optimale Gelegenheiten, sich gegenseitig verstehen, achten und akzeptieren zu lernen.

Symposium zur Denkmalpflege, Stadt- und Dorferneuerung

Es ist geplant, ein erstes Deutsch-Tschechisches Symposium zur Denkmalpflege,

Stadt- und Dorferneuerung in der EUREGIO EGRENSIS durchzuführen. Im Gebiet des ehemaligen Egerlandes kam es durch die Vertreibung der dort ansässigen Bevölkerung zu einer weitgehenden Zerstörung der Landschaft, der Einöden, Dörfer und Städte. In der Oberpfalz-Nord und in Oberfranken-Ost wuchsen in der gleichen Zeit die Landkreise und Städte durch die Ansiedlung der vertriebenen Sudetendeutschen um ca. 30 % ihrer ursprünglichen Bevölkerung. Diese Tatsache führte zu einer sehr starken Siedlungstätigkeit, wobei die für diese Gegend typischen Bauformen immer mehr in den Hintergrund traten. Es gilt, sie wieder zu entdecken und zu pflegen, Rettungs- und Sanierungsmaßnahmen sind dringend notwendig. Das Symposium soll dazu den ersten Anstoß liefern.

5. Schlußbemerkungen

Die noch sehr junge EUREGIO EGRENSIS hat zielorientiert, pragmatisch und bürgernah ihren Auftrag zur grenzüberschreitenden Zusammenarbeit angenommen. Ein vergleichsweise breites Betätigungsfeld wird bereits abgedeckt, ein noch viel größeres gilt es zukünftig zu besetzen.

Zusammenfassend kristallisieren sich sechs wesentliche Aktionsfelder angesichts der gegebenen Verhältnisse in der Region heraus:
1. Ausbau der sozio-kulturellen Beziehungen
2. Förderung der grenzüberschreitenden Wirtschafts- und Regionalpolitik
3. Grenzüberschreitende Abstimmung der Raumordnung, Landesplanung und Infrastruktur
4. Verringerung der Umweltschäden und Ausbau des Umweltschutzes
5. Ausbau bestehender und Schaffung neuer Grenzübergänge und Verkehrsverbindungen sowie Verbesserung der Grenzabfertigungen als Voraussetzung für jede Art von Zusammenarbeit, zur Beseitigung der bestehenden Investitionshemmnisse und zur Verbesserung der Standortgunst
6. Imageverbesserung.

FACHSITZUNG 4:
EUROPA VOR DEM VERKEHRSINFARKT?

EINLEITUNG

Jürgen Deiters, Osnabrück / Joachim Masuhr, Hannover

„Europa vor dem Verkehrsinfarkt?" ist die ebenso reißerische wie irreführende Frage, unter welche diese Fachsitzung zur Entwicklung und künftigen Gestaltung des Verkehrs in Europa gestellt wurde. Die Analogie zum Herzinfarkt löst Angst aus, der „Kreislauf" der Verkehrsströme, der Wirtschaft und Gesellschaft in Gang hält, könnte zusammenbrechen; dem komplizierten „Organismus" unserer raumzeitlichen Lebens- und Arbeitsorganisation könnte damit der Todesstoß versetzt werden.

Der Vergleich einer solchen krisenhaften Zuspitzung im Funktionszusammenhang von Wirtschaft und Gesellschaft mit dem menschlichen Organismus trifft jedoch nur in einer Hinsicht wirklich zu: Der wichtigste Risikofaktor für den drohenden Zusammenbruch ist in beiden Fällen – wenngleich auf systemisch sehr unterschiedliche Weise – der Mensch selbst, d.h. seine unangepaßte bis selbstzerstörerische Lebensweise. Um aber die Ursachen des Verkehrswachstums im fortschreitenden Prozeß der Marktintegration in Europa zu erkennen und Lösungswege zur künftigen Sicherung bzw. Wiederherstellung der Funktionsfähigkeit einer hochgradig arbeitsteilig verflochtenen Wirtschaft aufzeigen zu können, ist die Analogie zwischen den Strömen in einem Verkehrsnetz und der Blutzirkulation im menschlichen Körper eher hinderlich.

- So ist *erstens* beispielsweise die Staubildung auf den Autobahnen mit der möglichen Folge von Versorgungsengpässen ganzer Wirtschaftsregionen in der Regel nicht auf die lokale Verminderung der Durchflußkapazität (wie bei der Versorgung der Herzkranzgefäße infolge von Kalkablagerungen) zurückzuführen, sondern resultiert zumeist aus einer unangepaßten Verkehrszunahme, die – wie wir wissen – nur sehr begrenzt durch Erhöhung der Durchfluß- bzw. Aufnahmekapazität der Verkehrswege (etwa durch Straßenbau) bewältigt werden kann. Denn der Ausbau der Verkehrsinfrastruktur bewirkt bekanntlich allenfalls kurzfristig die – planerisch gewollte – Flüssigkeit des bestehenden Verkehrs; mittelfristig erzeugt die Kapazitätserweiterung im Straßennetz aber Neuverkehr, und die Überlastungserscheinungen stellen sich alsbald wieder ein, dann jedoch auf einem höheren Niveau des Verkehrsaufkommens. Für diesen Prozeß des selbstinduzierten Wachstums im Verkehrssystem gibt es im menschlichen Organismus (Stichwort „Infarkt") keine Entsprechung.
- *Zweitens* ist die Suggerierung eines drohenden Zusammenbruchs unserer Lebensorganisation und Funktionsfähigkeit der Wirtschaft durch Störungen des Verkehrsablaufs völlig überzogen. Vielmehr soll diese Assoziation vom lebenszerstörenden Infarkt wohl dazu dienen, den von der Wirtschaft stets

geforderten, von der Gesellschaft aber immer weniger akzeptierten Ausbau der Verkehrsinfrastruktur voranzutreiben und den Zugang zu lukrativen Niedrig-Lohn-Regionen namentlich in Süd- und Osteuropa sowie zu neuen Absatzmärkten zu erleichtern. Aber auch der differenzierteren These vom „Engpaßfaktor Verkehrsinfrastruktur" im Konzeptrahmen des regionalen Entwicklungspotentials ist grundsätzlich zu mißtrauen, da entsprechende Einschätzungen zumeist auf Status-quo-Betrachtungen beruhen und Strukturwandlungen als Folge veränderter Rahmenbedingungen für Produktion und Verkehr zu wenig berücksichtigen.

– *Drittens* schließlich fehlt für die so wichtige Umverteilung des Verkehrs auf umweltverträglichere Verkehrsarten (z.B. die Verlagerung des Gütertransports von der Straße auf die Schiene) oder gar für die Verkehrsvermeidung (durch neue räumliche Organisationsformen der Wirtschaft oder verändertes Mobilitätsverhalten der Bevölkerung) im Bild vom menschlichen Blutkreislauf und dessen Störungen (Herzinfarkt) jede Parallele. Es gibt keinen, durch Kosten und Preise im Gleichgewicht gehaltenen „Regelkreis" von Verkehrsnachfrage und -angebot, so lange in diesem Marktsektor keine „Kostenwahrheit" (insbesondere durch Internalisierung der externen Kosten des Verkehrs) herrscht. Ebensowenig wird man das Problem des sich selbst lahmlegenden Verkehrs in den Griff bekommen, wenn man – wie bisher zumeist üblich – Verkehrsströme als exogene Größen betrachtet, denen sich das Leistungsvermögen eines Verteilnetzes anzupassen hat.

Vielmehr ist heute die umgekehrte Blickrichtung notwendig, nämlich nach Art und Umfang des Transportaufkommens zu fragen, das auch künftig im wesentlichen in den vorhandenen Verkehrsnetzen zu bewältigen sein wird – bei weitgehender Kooperation der Verkehrsträger (Stichwort Kombinierter Verkehr), optimaler Ausschöpfung der Kapazitäten (z.B. durch Einsatz der Telematik für Transportlogistik und Verkehrsmanagement) und Beseitigung nationaler Marktzugangsbeschränkungen (sog. Deregulierung des Verkehrs).

Wenn der Kreislaufgedanke im Zusammenhang mit den Warnungen vor dem drohenden „Verkehrsinfarkt" wirklich ernst genommen würde, so ergäbe die Analogie einen guten (ökologischen) Sinn: dem Geldkreislauf der Wirtschaft müßte ein Stoffkreislauf der Produktion, Distribution und Konsumtion von Gütern und Leistungen entsprechen – mit konsequenter Wiederverwertung kreislauffähigen Materials und angemessenen Preisen für außermarktfähige stoffliche Nebenwirkungen (hier: Schadstoffemissionen des Verkehrs), deren Kosten bislang als sog. externe Effekte der Allgemeinheit angelastet werden und einen umweltverträglichen Wettbewerb der Verkehrsträger verhindern.

Doch davon sind wir in Europa noch weit entfernt, wie der erste Beitrag zu dieser Fachsitzung *(J. Deiters)* zeigen wird. Während wir von einer „Verkehrslawine" (vor allem im Straßen- und Luftverkehr) überrollt zu werden drohen, die nicht zuletzt Folge der europäischen Integrationspolitik ist, fehlt es noch weithin an einer konsistenten Verkehrspolitik für Europa. In so wichtigen Bereichen wie Angleichung der Wettbewerbsbedingungen im europäischen Binnenmarkt verfügt der EU-Ministerrat nicht über die zur Umsetzung der Gemeinschaftsziele notwendigen Kompetenzen, wofür das Scheitern der europäischen Harmonisierung im Güterkraftverkehr der traurige Beleg ist.

Doch auch auf einzelnen Feldern grenzüberschreitender Koordination und Steuerung der Verkehrsentwicklung kommt die EU nur schlecht voran. So steht die Standort- und Projektplanung für Güterverkehrszentren (GVZ) als intermodale Transportschnittstellen für den kombinierten Verkehr eher unter lokaler bis regionaler Perspektive (als Instrument der Wirtschaftsförderung), statt dem Ausbau transnationaler Netze zur Verknüpfung von Transportalternativen im Europäischen Wirtschaftsraum zu dienen, wie *D. Höltgen* in seinem Beitrag anhand der Länder Großbritannien und Deutschland nachweist. In der europäischen Peripherie könnten GVZ als „Wachstumspole" regionalwirtschaftliche Effekte auslösen, die nationale und EU-Förderung verdienen*.

Die beiden folgenden Beiträge betreffen informations- bzw. kommunikationstechnische Lösungsansätze zur Steuerung eines wachsenden Verkehrsaufkommens in Europa, mit deren Hilfe die Verkehrsflüsse besser koordiniert (Routenoptimierung, Stauumfahrung usw.) und die Wirtschaftlichkeit der eingesetzten Transportkapazitäten erhöht (u.a. Vermeidung von Leerfahrten) werden sollen. *P. Gräf* befaßt sich zunächst mit den raumwissenschaftlichen Aspekten des Telematik-Einsatzes im Rahmen europäisch vernetzter, grenzüberschreitend kompatibler Informations- und Steuerungssysteme der Verkehrsleittechnik. Er gibt damit „Verkehrsleitsystemen" einen breiten Begriffsinhalt (Steuerung des gesamten Verkehrsablaufes) und gelangt so zu differenzierteren Ableitungen ihrer Raumwirksamkeit, als es dem überkommenen Dualismus Verdichtungsraum/ländlicher Raum entspricht. Unzulänglichkeiten der Akzeptanz und Diffusion der neuen Techniken bestimmen deren zentralisierende und konzentrationsfördernde Wirkung offenbar stärker als die Systeme selbst. – *F.-W. Strathmann* stellt demgegenüber die neuen Technologien zur satellitengestützten Positionierung und Routenplanung von Fahrzeugen sowie zur Überwachung und Steuerung von Verkehrsabläufen in den Mittelpunkt seiner Ausführungen und nennt abschließend einige verkehrsgeographische Auswirkungen ihrer verstärkten Anwendung.

Die zuvor aufgezeigten Probleme des Verkehrswachstums in Europa können durch Einsatz der Informations- und Kommunikationstechnik im Verkehrsmanagement bestenfalls gemildert werden, sofern ihr Kapazitätseffekt nicht Neuverkehr induziert, der alsbald wieder zu den bekannten Belastungserscheinungen führt; Verkehrsvermeidung oder -verlagerung können die neuen Technologien in der Regel nicht bewirken. Angesichts des komplexen Systemzusammenhangs, zu dem auch die sozialen und ökologischen Wirkungen des Verkehrs gehören, ist die Frage von besonderem Interesse, ob vernetztes bzw. ganzheitliches Denken in der Verkehrsplanung aus dem Dilemma herausführt, in das die Verkehrspolitik im zusammenwachsenden Europa offenbar hineingeraten ist. Im Abschlußreferat kommt *A. M. Walker,* der sich auf einen Forschungsauftrag des Schweizer Verkehrs- und Energiedepartements bezieht, zu dem Ergebnis, daß entsprechende

---

* Ein Beitrag zur Entwicklung des europäischen Luftverkehrs ist wegen kurzfristiger Verhinderung des Referenten leider ausgefallen.

Ansätze das Verständnis für komplexe, interdisziplinär zu erschließende Zusammenhänge und mithin die „Denkkultur" in der Verkehrsplanung fördern können, daß ihnen aber auch die Gefahr technokratischer Lösungen (z.B. mit einem Computer-Expertenmodell) innewohnen. Die besonderen Chancen der neuen Methode liegen der Untersuchung zufolge in der Koordinierung der Verkehrspolitik mit der Raumordnung und Umweltpolitik; bleibt zu hoffen, daß sich die neue Denkkultur in der Verkehrsplanung durchsetzt und auch zur Neuorientierung der europäischen Verkehrspolitik beiträgt!

VERKEHRSWACHSTUM UND EUROPÄISCHE INTEGRATION – ZUR NOTWENDIGKEIT EINER NEUEN VERKEHRSPOLITIK

Jürgen Deiters, Osnabrück

Die Verkehrsentwicklung in Europa unter dem Einfluß des EU-Binnenmarktes und der Öffnung Osteuropas ist heute im wesentlichen durch die folgenden Problembereiche gekennzeichnet:

An erster Stelle macht das ungebremste Wachstum des *Straßenverkehrs* bei der Personenbeförderung, vor allem aber beim Gütertransport den Verkehrs- und Umweltpolitikern zu schaffen; die anschwellende „Lkw-Lawine" auf den europäischen Fernstraßen ist nicht zuletzt Folge des Scheiterns der europäischen Harmonisierung im Güterkraftverkehr und der dem Straßenverkehr noch weithin fehlenden Anlastung der tatsächlichen Kosten, die als Wege-, Umwelt- und Unfallfolgekosten von der Allgemeinheit zu tragen sind (zu den „externen Kosten" des Straßenverkehrs vgl. v. SUNTUM 1993, S. 7ff.).

Zweitens geht die Liberalisierung der europäischen Verkehrsmärkte ohne Angleichung der Wettbewerbsbedingungen zwischen den verschiedenen Ländern und Verkehrsträgern im Europäischen Wirtschaftsraum vor allem zu Lasten des *Eisenbahnverkehrs*, dessen Wettbewerbsposition gegenüber dem Straßenverkehr (hauptsächlich beim Gütertransport) und dem Luftverkehr (vor allem im Passagierbereich) sich weiter verschlechtert hat.

Drittens sind die hohen Zuwachsraten des *Luftverkehrs* in Europa umwelt- und klimapolitisch höchst bedenklich und führen schon jetzt zu Überlastungen der Infrastruktur; in nur zehn Jahren (1980–1990) wuchs das Fluggastaufkommen der wichtigsten europäischen Flughäfen um zwei Drittel, und zwischen 1990 und 2010 soll der Passagierluftverkehr nochmals um 74 Prozent zunehmen; die Zuwachsraten in der EU-weiten Luftfracht sind noch größer. Ähnlich wie im Straßengüterverkehr wird die Entwicklung wesentlich mitbestimmt durch die Deregulierungspolitik der EU, die für die Luftverkehrsmärkte besonders weit fortgeschritten ist mit der Folge sinkender Flugpreise im verschärften Wettbewerb der internationalen Fluggesellschaften und der dadurch ausgelösten Nachfragesteigerungen im Passagier- und Frachtaufkommen.

Aus Zeitgründen wird im folgenden nur auf den Landverkehr in Europa eingegangen (Zahlenangaben nach BMV 1991, 1992).

Ungesteuertes Verkehrswachstum und die Folgen

Mit der fortschreitenden privaten Motorisierung breiter Bevölkerungskreise einerseits und der zunehmenden arbeitsteiligen Verflechtung der Wirtschaft andererseits hat sich das Verkehrsaufkommen in der Bundesrepublik Deutschland seit 1960 im Personenverkehr wie auch im binnenländischen Güterverkehr nahezu verdoppelt. Bezieht man die Reichweite der jeweiligen Beförderungsleistung in die Betrachtung ein (Personen- bzw. Tonnenkilometer), so hat sich die Verkehrsnachfrage im Zeitraum 1960–1991 in der Personenbeförderung sogar fast verdreifacht, während sie im Gütertransport (ohne Straßengüternahverkehr) auf mehr als das Doppelte angestiegen ist.

Überlagert und verstärkt werden die Wachstumseffekte durch den Strukturwandel, der sich auf den Verkehrsmärkten in den letzten 30 Jahren vollzogen hat. So ist im Personenverkehr der Anteil des motorisierten Individualverkehrs von 63,8 (1960) auf 81,8 Prozent (1991) angestiegen, während der öffentliche Personennahverkehr von 22,6 auf 8,0 Prozent der gesamten Verkehrsleistung absank (allein die Bahn verlor in dieser Zeit 10 Prozentpunkte ihres Marktanteils an der Personenbeförderung, der 1991 nur noch 6,2 Prozent betrug).

Beim Gütertransport hat sich die Konkurrenz des Straßenverkehrs noch deutlicher niedergeschlagen: Der Anteil der Straße an der gesamten binnenländischen Güterverkehrsleistung nahm von 32,0 (1960) auf 58,8 Prozent (1991) zu; das entspricht einem Zuwachs auf das 3,7fache. Die Eisenbahnen konnten im gleichen Zeitraum ihre Verkehrsleistung nur geringfügig steigern (um 16 Prozent) und verloren nahezu 18 Prozentpunkte ihres Marktanteils (1991: 19,8 Prozent). Die Güterverkehrsleistung in der Binnenschiffahrt ist seit 1960 zwar um ein Drittel gestiegen, doch sank der Marktanteil dieser umweltfreundlichen Transportart von 28,5 (1960) auf 18,2 Prozent (1991) ab.

Die geradezu dramatischen Einbrüche bei Bahn und Binnenschiff beruhen im wesentlichen auf einem Wandel in den Produktionsbedingungen und der Lagerhaltung mit der Folge, daß der Versand hochwertiger Güter in zumeist relativ kleinen Sendungsgrößen bei häufigerer, zeitgenauer Anlieferung (z.B. bei der „just-in-time"-Produktion, aber auch beim Handel) mehr und mehr an die Stelle des Massenguttransports getreten ist (Güterstruktureffekt). Auch staatliche Reglementierungen zum Schutz der Bahn vor der Konkurrenz des Straßengüterverkehrs (z.B. durch Erteilung von Fernverkehrskonzessionen, Genehmigung von Frachttarifen) konnten in Deutschland ebenso wenig wie in anderen europäischen Ländern diesen Prozeß aufhalten. Doch schaffen Maßnahmen zur Auflockerung nationaler Verkehrsmarktordnungen (Liberalisierung) ohne EG-weite Angleichung der Wettbewerbsbedingungen (Harmonisierung) neue Wettbewerbsverzerrungen, von denen die Kraftverkehrswirtschaft in Ländern mit vergleichsweise hohen Kfz-Steuern, rigideren Anforderungen an die Fahrzeugsicherheit und strengeren Sozialvorschriften (z.B. hinsichtlich Lenk- und Ruhezeiten) besonders betroffen ist.

Die Lage der Bundesrepublik Deutschland in der Mitte des europäischen Wirtschaftsraumes äußert sich vor allem im sprunghaft ansteigenden Gütertransitverkehr – in nur zehn Jahren (1980-1990) hat sich der Lkw-Durchgangsverkehr verdoppelt – und im Anwachsen des grenzüberschreitenden Straßengüterverkehrs, der sich nach Versand und Empfang um zwei Drittel auf 180 Mill. t erhöhte. Als Folge des europäischen Binnenmarktes wird eine EU-weite Zunahme des Güterkraftverkehrs um über 40 Prozent erwartet (REH 1993).

Die deutsche Vereinigung und die Öffnung Osteuropas verschärfen noch die Problemlage: die dem ersten gesamtdeutschen Bundesverkehrswegeplan (BVWP

92) zugrunde gelegte Prognose geht davon aus, daß sich das Güterverkehrsaufkommen in Deutschland bis 2010 um 29 Prozent erhöhen wird, wobei allein drei Viertel des Zuwachses dem „Grenzöffnungseffekt" zuzurechnen sei. Entgegen umweltpolitischen Einsichten und Erfordernissen wird die Hauptlast des künftigen Gütertransports in Europa beim Straßenfernverkehr liegen, der bis 2010 um 95 Prozent zunehmen wird (Basisjahr 1988). Im Ost-West-Verkehr zwischen den alten und neuen Bundesländern sowie im Güteraustausch mit Osteuropa wird sogar eine Verzehnfachung der über die Straßen rollenden Gütermengen für möglich gehalten (SCHRÖDER 1994)

Hält man sich vor Augen, daß der gleichen BVWP-Prognose zufolge der motorisierte Individualverkehr in Deutschland bis 2010 um 30 Prozent (gegenüber 1988) ansteigen wird, so stehen dem ohnehin schon staugeplagten Autofahrer schwere Zeiten bevor. Denn die Straßen und sonstigen Verkehrsflächen können auf keinen Fall in diesem Ausmaß mitwachsen, obwohl die Fernstraßenplanungen des Bundes eine solche Entwicklung nahelegen. Die Umweltbelastungen des Verkehrs zwingen vielmehr zu einer durchgreifenden Änderung der Verkehrspolitik, auf nationaler wie auf europäischer Ebene.

So fehlt es durchaus nicht an entsprechenden Grundsatzbeschlüssen: laut Kabinettsbeschluß der Bundesregierung vom 7.11.1990 sollen die Emissionen des Treibhausgases Kohlendioxid (CO_2) bis 2005 um 25 bis 30 Prozent gesenkt werden; der Verkehr trägt mit 23 Prozent zum CO_2-Ausstoß bei, wobei der Löwenanteil (rd. 80 Prozent) auf den Straßenverkehr entfällt. Die CO_2-Emissionen des motorisierten Verkehrs werden im Bundesgebiet jedoch weiter zunehmen, nach neueren Abschätzungen bis zum Jahr 2005 um 40 Prozent. Für größere umweltpolitische Entschiedenheit einer europäischen Verkehrsmarktordnung gibt es ebenso wenig Anhaltspunkte: Die EU-Kommission mochte sich auf dem Rio-Gipfel im Juni 1992 noch nicht einmal darauf einlassen, ihr – klimapolitisch unzulängliches – Ziel einer bloßen Stabilisierung des CO_2-Ausstoßes bis 2000 auf dem Niveau von 1990 in die dort verhandelte Klimakonvention einzubringen.

Wende in der Verkehrspolitik ist notwendig

Um die ökologischen Belastungswirkungen des ungezügelten (Straßen-)Verkehrswachstums nicht noch größer werden zu lassen, ist eine Neuorientierung der Verkehrspolitik auf nationaler und europäischer Ebene dringend erforderlich. Wichtige Ziele einer umweltgerechten Gesamtverkehrsstrategie sind die Vermeidung unnötiger Mobilität und die Verlagerung des Güterverkehrs von der Straße auf die Schiene (teilweise auch auf Wasserwege) bzw. vom motorisierten Individualverkehr auf den öffentlichen Personenverkehr (innerstädtisch auch auf das Fahrrad). Anzeichen einer Verkehrswende sind jedoch allenfalls auf kommunaler oder regionaler Ebene zu erkennen (DEITERS 1992).

Auf *Bundesebene* findet Verkehrspolitik im Sinne einer zielorientierten Steuerung des Verkehrsgeschehens seit der deutschen Vereinigung und unter dem Druck leerer öffentlicher Kassen im Grunde nicht mehr statt; bewährte verkehrspolitische Instrumente wie Steuern und Abgaben werden statt dessen fiskalpolitisch „mißbraucht". Als Beispiele seien die Mineralöl- und Kraftfahrzeugsteuer genannt, die lediglich als zusätzliche Einnahmequelle für den Bundeshaushalt genutzt werden, sowie die geplante Autobahngebühr, die nur mühsam mit dem EU-Recht in Einklang gebracht werden konnte. Nicht einmal der Umweltschutz wird als Rechtfertigungsgrund für eine staatliche Ordnungspolitik im Verkehrsbereich ins Feld geführt (die zunächst am EU-Einspruch gescheiterte Straßenbenutzungsgebühr für den Schwerlastverkehr hätte leicht damit begründet werden können; vgl. REH 1993, S. 38). Der Einführung eines Tempolimits auf deutschen Autobahnen durch die EU-Kommission auf der Basis der Maastrichter Verträge – im Hinblick auf eine Minderung der verkehrsbedingten Schadstoffemissionen und die Verlagerung des Straßenverkehrs auf umweltverträglichere Verkehrsträger höchst wünschenswert – hat die Bundesregierung den Kampf angesagt.

Auf *europäischer Ebene* wird zwar die Forderung nach einer durchgreifenden Neuorientierung der Verkehrspolitik – neuerdings auch von der EU-Kommission selbst – erhoben, doch ist zweifelhaft, ob diese als bloß wirtschaftlich denkende Gemeinschaftsinstitution dazu überhaupt fähig ist. Hinsichtlich der Umweltfolgen des Verkehrs ist sie relativ unsensibel. Zudem ist der EU-Ministerrat gerade in diesem Handlungsbereich außerordentlich schwerfällig, da Steuer- und Abgabenfragen Einstimmigkeit erfordern. Im Widerstreit heterogener nationaler und lobbyistischer Interessen sitzt die EU-Kommission in einer „Politikverflechtungsfalle" (REH 1993, S. 35). Die zur Voraussetzung oder Flankierung der Liberalisierungs- bzw. Deregulierungsmaßnahmen notwendigen Harmonisierungsentscheidungen sind daher ausgeblieben. Betroffen sind vor allem Länder mit hohen sozial- und umweltpolitischen Standards, die sich in einer bloß ökonomischen Betrachtungsweise als Wettbewerbsnachteile erweisen. „Verkehrsvermeidung" – umweltpolitisch geboten und gesamtwirtschaftlich wie auch gesellschaftlich verträglich – kommt im Brüsseler Wortschatz gar nicht vor.

Denn wo liegt die ökonomische Rationalität etwa für den Lkw-Transport deutscher Kartoffeln über die Alpen nach Italien, um sie dort zu waschen und zu schnitzeln und anschließend wieder in Deutschland zu Pommes frites zu verarbeiten? Oder man denke an die vielzitierte „Transportkette" eines in Stuttgart abgepackten Fruchtjoghurts (BÖGE 1993), für den polnische, in Aachen verarbeitete Erdbeeren verwendet werden, die in Gläser aus Neuburg (Bayern) – der Rohstoff dafür kam aus Frechen bei Köln – gefüllt und mit Etiketten aus Kulmbach beklebt werden; das Papier wurde zuvor aus Norddeutschland geliefert. Wenn der Joghurt schließlich das Stuttgarter Werk verläßt, hat eine Lkw-Ladung des Fertigprodukts bereits eine Strecke von 1005 km an vorgelagerten Transporten hinter sich. Wie wir wissen, kann dem Produkt dann noch eine lange Reise bis zum Verbraucher bevorstehen. Das Joghurtbeispiel ist keinesfalls ein transporttechnischer Extremfall, sondern vielmehr typisch für die gegenwärtige, hochgradig arbeitsteilig organisierte Produktion bei geringer Fertigungstiefe und dementsprechend intensiven Transportverflechtungen.

Das ist nur so lange „wirtschaftlich", wie die wahren Transportkosten durch beabsichtigte oder unbeabsichtigte Externalisierung von Wege- und Umweltkosten verschleiert werden. Bei der „Just-in-time"-Philosophie handelt es sich im Grunde um eine staatlich hochsubventionierte „Lagerhaltung auf der Straße", die alsbald der Vergangenheit angehören sollte. Sie fördert unnötig räumliche Prozesse der Konzentration und Zentralisierung der Produktion. In dem Maße, wie die Autobahnen durch häufige Staubildung zur Zeit- und damit zur Kostenfalle werden, dürfte dieses Organisationsprinzip der Anlieferung von Vorprodukten „just in time" immer zweifelhafter werden.

Wie auch im Personenverkehr im Hinblick auf die einkommens- und preisabhängigen Verkehrsmittelwahlentscheidungen der Individuen können *Transportpreise* für den Güterverkehr, die die Wegekosten (z.B. durch elektronische, streckenbezogene Gebührenerhebung auf Autobahnen) wie auch die Umweltfolgen des Verkehrs (z.B. CO_2-Abgabe, Ökopunktesystem im Alpentransit) berücksichtigen, also nach dem Prinzip der Kostenwahrheit festgelegt sind, zum zentralen regulativen Instrument bei der Verwirklichung der Deregulierung der Verkehrsmärkte in Europa werden. Für eine gemeinsame Verkehrspolitik der EU steht im Grunde ein breit gefächertes Instrumentarium ordnungs- und preispolitischer Maßnahmen (insb. Steuern und Abgaben), auf dem Gebiet der Verkehrsinfrastruktur (transeuropäische Netze) und beim Erlaß von Rechtsnormen (Ge- und Verbote, Grenzwerte) zur Verfügung. Es fehlt jedoch der gemeinsame politische Wille zu einer umweltverträglichen Verkehrspolitik in Europa; darüber hinaus verhindert schon der erwähnte hohe Konsensbedarf bei den europäischen Institutionen bei divergierenden nationalen Interessen (REH 1993, S. 43f.) eine Gesamtverkehrsstrategie.

Die zweite zentrale Steuergröße im Verkehrsbereich ist der *Zeitfaktor*. Reisezeiten im Personenverkehr entscheiden häufig über das gewählte Verkehrsmittel. Im Gütertransport wird die Verlagerung von der Straße auf die Schiene im hohen Maße von den jeweiligen Zeitentfernungen zwischen Ausgangs- und Bestimmungsort und der zeitlichen Flexibilität des Fahrzeugeinsatzes abhängig sein. Im Langstreckenbereich ist die Bahn systembedingt an sich dem Lkw überlegen. Durch den Aufbau integrierter Transportketten im kombinierten Ladungsverkehr (KLV) mit kurzen Terminalzeiten und fahrplangebundenem Güterzugverkehr (z.B. zwischen Güterverkehrszentren mit KLV-Anlage) könnte die Bahn auch ohne wesentliche Korrekturen des gegenwärtigen Tarifgefüges einen Teil der an den Straßengüterverkehr verloren gegangenen Martanteile zurückgewinnen. Zwar fördert die EU dieses relativ umweltfreundliche Konzept bereits seit 1975, als diese Verkehrsart von der Kontingentierungspflicht, später auch von Steuern befreit wurde, gibt Zuschüsse für die Errichtung von Güterverkehrszentren und gewährt unter bestimmten Bedingungen sogar Beihilfen für deren Betrieb. Doch besteht noch ein beträchtlicher Harmonisierungsbedarf angesichts der Unterschiede ihrer räumlichen Verteilung, Ausstattung und Funktion in den Mitgliedsländern der EU (vgl. Daniel Höltgen in diesem Band).

Literatur

BMV (Bundesmin. f. Verkehr, Hrsg.) 1991: Verkehr in Zahlen 1991. Bonn
ders. (Hrsg.) 1992: Verkehr in Zahlen 1992. Bonn
BÖGE, S. 1993: Die Auswirkungen des Straßengüterverkehrs auf den Raum. Eine produktbezogene Transportkettenanalyse. In: Inform. z. Raumentwickl. 5/6, S. 351–362
DEITERS, J. 1992: Auto-Mobilität und die Folgen. Bestimmungsgründe des Verkehrswachstums und die Notwendigkeit einer neuen Verkehrspolitik. In: Geographie heute 102, S. 4–11
REH, W. 1993: Die Verkehrspolitik der Europäischen Gemeinschaft. Chance oder Risiko für eine umweltgerechte Mobilität? In: Aus Politik und Zeitgeschichte, B 5/93, S. 34–44
SCHRÖDER, E.-J. 1994: Öffnung des Ostens und Vollendung des Europäischen Binnenmarktes: Droht Deutschland der Verkehrsinfarkt? In: Internationales Verkehrswesen 4, S. 181–191
van SUNTUM, U. 1993: Verkehrspolitik in der Marktwirtschaft. In: Aus Politik und Zeitgeschichte, B 5/93, S. 3–13

GÜTERVERKEHRSZENTREN UND KOMBINIERTER VERKEHR – RAUMWIRKSAMKEIT EUROPÄISCHER NETZE

Daniel Höltgen, Cambridge

1. Güterverkehrszentren: Funktion und Entwicklung

Ein Güterverkehrszentrum (GVZ) ist eine Verkehrsgewerbefläche (i.d.R. zwischen 15 und 200 ha), auf der sich selbständige Transport- und Logistikunternehmen ansiedeln und die sowohl an das Straßen- als auch an das Schienennetz angebunden ist. Die ansässigen Betriebe sollen von Agglomerationsvorteilen, vor allem bei der gemeinsamen Nutzung der GVZ-Infrastruktur (z.B. Lagerhallen, Umschlaganlagen) profitieren. Je nach seiner verkehrsgeographischen Lage integriert ein GVZ auch Wasserstraßen- und Luftfrachtverkehre. Dem GVZ kommt daher potentiell die Funktion eines *intermodalen* Verkehrsknotenpunktes zu. Während die ersten intermodalen Transportgewerbegebiete bereits in den 60er und 70er Jahren im Umkreis von Paris und in Norditalien entstanden, hat das GVZ-Konzept in den letzten Jahren europaweit große Beachtung gefunden. Das 1986 auf einer Fläche von 150 ha errichtete GVZ Bremen ist dafür ein bekanntes Beispiel. In den meisten EU-Ländern werden heute einzelne GVZ bzw. nationale GVZ-Netze geplant.

Die gegenwärtige GVZ-Entwicklung läßt sich anhand zweier unterschiedlicher Trends in der Transportlogistik erklären (HÖLTGEN 1993). Erstens führen Rationalisierung und Auslagerung (*out-sourcing*) von Transport- und Lageraktivitäten immer häufiger zur Bildung von großflächigen Distributionszentren, von wo aus die jeweiligen Marktgebiete versorgt werden (COOPER et al. 1991). Zweitens erhöht sich angesichts zunehmender ökologischer und infrastruktureller Engpässe die Notwendigkeit einer gesamtwirtschaftlich effizienteren Nutzung aller Verkehrsmittel. Im Wortlaut des Bundesverkehrswegeplans 1992-2010 (BVWP '92) sollen daher „die umweltfreundlicheren Verkehrsträger Schiene und Wasserstraße stärkeren Anteil am Verkehrswachstum haben".

GVZ haben also sowohl betriebs- als auch volkswirtschaftliche Zielsetzungen. Mit dem wachsenden Interesse privater Investoren werden GVZ immer häufiger auch zu Objekten der Gewerbeflächen- und Immobilienspekulation. Zusammenfassend lassen sich GVZ als Ergebnis einer steigenden Nachfrage nach neuen Gewerbe- und Distributionsstandorten deuten, die über mehrere Transportalternativen verfügen (HÖLTGEN 1992b).

Detaillierte Gutachten über GVZ wurden bisher überwiegend mit lokalem oder regionalem Bezug von Planungs- und Beratungsunternehmen erstellt, denen naturgemäß an der Realisierung der GVZ-Planung gelegen ist. In jüngster Zeit häufen sich jedoch u.a. in der Transportwirtschaft kritische Stimmen, die in der Errichtung von GVZ längst nicht mehr die Lösung aller Verkehrsprobleme erkennen (BOCKELMANN 1993, HESSE 1992).

Im Gegensatz zu früheren Studien wird mit dem hier vorgestellten Forschungsprojekt der Versuch einer europaweiten Analyse aus verkehrsgeographischer Sicht unternommen. Ziel ist es, die unterschiedlichen GVZ-Konzepte in den EU-Ländern zu vergleichen und ihre raumwirtschaftlichen Auswirkungen auf der lokalen, regionalen, nationalen und europäischen Ebene zu bewerten. Im Vordergrund steht die Frage, ob die Einrichtung von GVZ gegenüber herkömmlichen Terminals zu einer größeren Verlagerung von der Straße auf die Schiene führen kann. Die Arbeit steht damit im engen Zusammenhang mit dem Ziel der EU-Kommision, den Kombinierten Verkehr als „transnationales Netz" auszubauen und geeignete Kriterien für seine Förderung festzulegen (COM 1992). Der vorliegende Beitrag beschränkt sich auf die Länder Deutschland und Großbritannien.

2. GVZ in Deutschland: Wunderwaffe gegen den Verkehrsinfarkt?

In keinem anderen EU-Land wird der Entwicklung von GVZ eine größere verkehrs- und kommunalpolitische Bedeutung beigemessen wie in Deutschland. Dies zeigt sich z.B. in der Nennung von 42 potentiellen GVZ-Standorträumen im BVWP '92 sowie in der staatlichen Förderung von GVZ-Projekten durch das Gemeindeverkehrsfinanzierungsgesetz. Über 50 Kommunen haben sich in den letzten Jahren mit dem Thema GVZ befaßt, was im Rahmen von Bund-Länder-Gesprächen bereits als „Wildwuchs" interpretiert wurde (HÖLTGEN 1992a).

Die mit GVZ verbundenen verkehrs- und strukturpolitischen Hoffnungen gründen sich größtenteils auf theoretische Konzepte, da bislang nur das GVZ Bremen in Betrieb ist und die weniger ehrgeizigen Projekte im Ausland mit der deutschen GVZ-Philosophie nicht ohne weiteres vergleichbar sind. Der Modellcharakter des auf der „grünen Wiese" geplanten GVZ Bremen gilt zudem als umstritten, da selten so umfassende Flächenreserven und Güterströme (vor allem im Containerverkehr) vorliegen wie in der Hansestadt (HÖLTGEN 1992a). Bundesweit sind etwa 25 Projekte geplant, wobei gegenwärtig allerdings nur in sieben Fällen GVZ-Entwicklungsgesellschaften existieren (DEUTSCHE VERKEHRS-BANK 1993). Für die deutsche GVZ-Planung sind drei Zielbereiche besonders charakteristisch: Mittelstandsförderung, Stadtplanung und City-Logistik.

Mittelstandsförderung: Von der Möglichkeit GVZ-interner Kooperationen sollen insbesondere kleine und mittlere Betriebe profitieren und damit eine „Überlebenschance" im liberalisierten EU-Verkehrsmarkt erhalten. Das bisher streng reglementierte deutsche Speditionsgewerbe sieht sich durch die Freigabe der Kabotage (Inlandstransporte durch ausländische Spediteure) und Expansion internationaler Transportunternehmen von einem „ruinösem" Wettbewerb bedroht. Zwar kommt es bei großen Transportunternehmen in letzter Zeit häufiger zur Zusammenarbeit, doch treffen Kooperationsmodelle im Mittelstand auf erhebliche Vorbehalte. Bei Interviews des Verfassers mit Spediteuren in Emmerich, wo ein „Logistisches Dienstleistungszentrum" (LDZ) geplant wird, wollte sich nur einer von acht ortsansässigen Transportbetrieben am „LDZ" beteiligen. Die Filiale einer Großspedition hat sich dagegen mit der Anmietung einer Lagerhalle lediglich für eine unverbindliche Beteiligung entschieden. Inwieweit sich GVZ für die Mittelstandsförderung eignen, hängt also in erster Linie von der Kooperationsbereitschaft der ortsansässigen Spediteure ab, die nicht überall gegeben zu sein scheint.

Stadtplanung: Der hohe Platzbedarf von GVZ wird u.a. damit gerechtfertigt, daß Transportbetriebe aus innerstädtischen Bereichen in GVZ umsiedeln, wodurch städtebauliche Freiräume geschaffen werden sollen. Durch die Konzentration der Betriebe sollen sich sogar insgesamt Flächeneinsparungen ergeben (ECKSTEIN 1991). Nach eigenen Einschätzungen handelt es sich bei der Mehrzahl der GVZ-Betriebe jedoch überwiegend um Neuansiedlungen ohne die Aufgabe eines alten Standortes. Die Einsparung von Flächen ist deshalb fraglich, nicht zuletzt, weil Logistik-Unternehmen Funktionen übernehmen, die vormals in Produktionsstätten integriert waren (HÖLTGEN 1992b). Der Mangel an großen Gewerbeflächen führt in jüngster Zeit zu sog. „dezentralen Lösungen", wobei räumlich getrennte GVZ-Teilflächen (z.B. Speditionsbereich, Umschlagfläche) eine funktionelle Einheit bilden sollen (z.B. GVZ Regensburg). Zunehmend werden auch „flächensparende" oder „Kompakt – GVZ" geplant (z.B. GVZ Köln). Im Ergebnis unterscheiden sich solche GVZ-Planungen nur nominell von gewöhnlichen Gewerbeflächen und stehen außerdem im Widerspruch zu den erwarteten Agglomerationseffekten.

City-Logistik: Die meisten GVZ-Projekte sollen durch eine bessere Koordination des Lieferverkehrs zur Entlastung der Innenstädte beitragen. Dies geschieht theoretisch durch den Umschlag von Fern- auf Nahtransporte, die mit umweltfreundlicheren Stadt-Lkw durchgeführt werden können. Viele Logistiker sehen jedoch in der branchenspezifischen Kooperation durch vorhandene Speditionsbetriebe eine effizientere Distributionslösung (BOCKELMANN 1993). Ferner können die durch GVZ induzierten Nah- und Regionalverkehre auch zu Mehrbelastungen führen, wodurch positive Verlagerungseffekte im Straße/Schiene-Verkehr relativiert werden (HESSE 1992). Abgasemissionen und Lärmbelastung nehmen insbesondere am unmittelbaren Standort des GVZ zu, was im Fall von Bremen zu Konflikten mit Anwohnern geführt hat.

Schließlich ist die Bedeutung von GVZ für den Kombinierten Ladungsverkehr (KLV) zu bewerten. Für den KLV sind im BVWP '92 Gesamtinvestitionen von 4,1 Mrd. DM vorgesehen. Damit verbindet sich das Ziel, den Anteil des KLV am Straßengüterverkehr von derzeit rund 6% bis zum Jahre 2010 in etwa zu verdoppeln. Unter Berücksichtigung des gesamten Verkehrswachstums entspricht dies einer fünffachen Steigerung im KLV! Im Hinblick auf das mit 44 Standorten bereits gut ausgebaute Terminal-Netz lassen sich zusätzliche Kapazitäten eher durch eine Effizienzsteigerung der Gleis- und Umschlaganlagen erzielen (Stichwort: Computer-Integrated Railroading) als durch die Entwicklung neuer Transportgewerbeflächen. Zwar ist die Einbindung der GVZ-Planungen in das KLV-Netz grundsätzlich positiv zu bewerten, doch ist in diesem Zusammenhang fraglich, ob gerade kleindimensionierte oder „dezentrale" GVZ im Vergleich zu herkömmlichen Terminals überhaupt zu nennenswerten Mehrverkehren im KLV führen können.

Insgesamt scheinen sowohl im Bereich der City-Logistik wie auch beim KLV technische und organisatorische Innovationen an Bedeutung zu gewinnen, während flächenexpansive Konzepte – zumindest in dicht besiedelten Wirtschaftsräumen – zunehmend in Frage gestellt werden.

3. Paradigma Privatisierung:
Der Eurotunnel und *Freight Villages* in Großbritannien

Mit der Inbetriebnahme des *Channel Tunnel* gegen Mitte des Jahres 1994 wird es erstmals direkte Bahnverbindungen zwischen Großbritannien und dem Kontinent geben. Darauf beruhen letztlich alle Hoffnungen, den auf einen Anteil von etwa 6 % (t) bzw. 9% (tkm) des *modal splits* geschrumpften Schienengüterverkehr zu sanieren. Etwa drei Viertel der durchgehenden Transporte (d.h. ohne den *Shuttle*-Transitverkehr zwischen Calais und Folkestone) sollen im KLV abgewickelt werden (RfD 1992). Die Entwicklung des KLV wird allerdings durch infrastrukturelle, wirtschaftspolitische und planungsbedingte Faktoren eingeschränkt.

Infrastrukturelle Engpässe: Ein erster limitierender Faktor besteht im Lichtraumprofil des britischen Schienennetzes. Im Gegensatz zu den meisten europäischen Netzen sind Lkw-Sattelanhänger (sowie Lastzüge mit der „Rollenden Landstraße") darin aufgrund ihrer höheren Lademaße vom Huckepacktransport ausgeschlossen. Diese Einschränkung ist besonders einschneidend, da Sattelanhänger im England-Fährverkehr etwa 80 % der Lkw ausmachen. Der KLV bleibt somit zunächst auf Container und Wechselbehälter beschränkt, wobei letztere unter britischen Spediteuren kaum verbreitet sind. Während die Regierung eine Erweiterung des Lichtraumprofils aus Kostengründen ablehnt, halten EU-Kommission und Eurotunnel-Gesellschaft eine Lösung für möglich. Ein weiteres, vom Tunnel unabhängiges Problem besteht darin, daß die für den Containerverkehr wichtigen Häfen an der Ostküste Englands im Süd-Nord ausgerichteten Schienennetz eine geringe Akzessibilität aufweisen.

Privatisierung: Ein entscheidender Hemmfaktor beim Aufbau des KLV ist in der ungelösten Privatisierung der *British Rail* bzw. ihrer verschiedenen Unternehmensbereiche zu sehen. Zwar hat die Regierung im Bereich des Massengutverkehrs eine Aufteilung in drei Regionalgesellschaften beschlossen, doch für die Privatisierung des für den KLV zuständigen Unternehmensbereiches *Railfreight Distribution* (RfD) gibt es bisher kein Konzept. In der Transportwirtschaft hat dies zu Unsicherheiten hinsichtlich der weiteren Existenz der RfD und des zukünftigen KLV-Angebotes geführt.

Netzplanung: Angesichts der wirtschaftspolitischen und infrastrukturellen Einschränkungen spielt der Aufbau eines effizienten Terminal-Netzes für den KLV eine umso wichtigere Rolle. Seit 1990 plant die RfD für den Tunnel-Verkehr ein Netz von neun regionalen „Euroterminals", wovon vier als *Freight Villages* (GVZ) konzipiert sind. Dabei handelt es sich jedoch nur bei zwei Projekten, dem „Wakefield Europort" in Nordostengland und dem „Eurocentral" östlich von Glasgow, um neu ausgewiesene GVZ-Flächen (je etwa 150 ha). Bei den Freight Villages in Manchester und Liverpool wurden neue KLV-Terminals in bereits existierende Gewerbegebiete eingebunden. Die übrigen vier „Euroterminals" basieren auf bestehenden Umschlaganlagen (Cardiff, Middlesborough, London-Stratford, London-Willesden). Aus Sicht der Regierung gehören die Euroterminals zur Infrastruktur des Kanaltunnels; sie erhalten deshalb nach dem französisch-britischen Tunnel-Vertrag von 1987 keine staatlichen Investitionszuschüsse.

Der Aufbau neuer Standorte für den KLV war damit von Anfang an auf Joint-Ventures mit privaten Investoren angewiesen. Im wesentlichen sollten private Bauträger durch die Vermarktung von Gewerbeflächen einen Großteil der Investitionen für Terminals übernehmen. Für die Standortwahl war daher die Verkehrsanbindung oft weniger entscheidend als die Verfügbarkeit lukrativer Bauflächen auf der „grünen Wiese". Inzwischen haben allerdings Finanzierungsprobleme und Planungsauflagen im Fall des „Eurocentral" in Schottland zu erheblichen Verzögerungen und im Fall von „Wakefield Europort" sogar zum Abbruch des Projektes geführt. Aus Rentabilitätsgründen wurde ferner das zweite Londoner Terminal in Stratford aus dem Netz gestrichen, womit die Anzahl der RfD-Euroterminals gegenwärtig auf sieben Standorte beschränkt ist.

In jüngster Zeit sind unabhängig vom geplanten KLV-Netz eine Reihe spekulativer GVZ-Projekte entstanden, die sich z.T. in geringer Entfernung – und damit in räumlicher Konkurrenz – zu den Euroterminals befinden. Mit der Überschneidung der potentiellen Terminal-Marktgebiete muß allerdings damit gerechnet werden, daß nicht alle geplanten Freight Villages eine KLV-Anbindung erhalten. Insgesamt zeigt die räumliche Verteilung der Terminal-Standorte ein Überangebot in den alten industriellen Kernregionen (North West und Yorkshire & Humberside); in der von der Transportwirtschaft wegen ihrer zentralen Lage bevorzugten East Midlands-Region herrscht dagegen ein Angebotsdefizit (HÖLTGEN 1993). Die Terminals machen sich also gegenseitig mehr Konkurrenz als dem Straßengüterverkehr. Das bisher geplante Netz kann daher kaum als als optimal bezeichnet werden.

Abschließend ist anzumerken, daß selbst die optimistischen Prognosen für den durchgehenden Tunnel-Verkehr weniger als 1 % des gesamten Straßengüterverkehrs darstellen. Um auch nur eine geringe Verlagerung im *modal split* zu erreichen, müßte der KLV daher auf weiteren Relationen (z.B. über die Containerhäfen) ausgebaut werden.

4. Resümee

Der Vergleich intermodaler Netze in Deutschland und Großbritannien zeigt eine erhebliche Varianz in der geographischen Verbreitung von GVZ, ihren Zielsetzungen und der planerischen Umsetzung. Wieder andere Strukturen liegen in den anderen EU-Ländern vor. So läßt sich z.B. in Frankreich eine Koexistenz von rund 50 KLV-Terminals und einer etwa gleichen Anzahl von Transportgewerbegebieten (*Plates-Formes de Fret*) feststellen. Dabei ist bisher in keinem Fall eine Integration beider Anlagen verwirklicht worden. In Italien existieren bereits fünf *Interporti* mit Flächen von jeweils etwa 200 ha; weitere vier Interporti sind in der Planung.

Die Vielzahl der verschiedenen Planungen erschwert theoretisch die Realisierung eines europaweiten GVZ-Netzes, wie es u.a. von der Interessengruppe EUROPLATFORMS gefordert wird. Da aber das Terminal die eigentliche Schnittstelle zwischen den Verkehrssystemen bildet, spielt die Ausprägung einiger Terminals als GVZ, Freight Villages, Plates-Formes etc. für die europäische Integration des Kombinierten Verkehrs eine weitaus geringere Rolle, als oftmals angenommen oder behauptet wird. Die ersten Ergebnisse der vom Verfasser in Deutschland, Frankreich und England durchgeführten Fallstudien deuten darauf hin, daß viele als „multimodal" bezeichneten Transportzentren sich de facto kaum von straßengebundenen Gewerbegebieten unterscheiden. Dies gilt insbesondere im Hinblick auf den hohen Flächenbedarf und auf die problematischen Verkehrswirkungen vor Ort. EU-Mittel und nationale Maßnahmen zur Förderung des Kombierten Verkehrs sind daher in erster Linie auf Umschlaganlagen und Informationssysteme zu richten anstatt auf unterschiedliche Formen der begleitenden Gewerbeansiedlung, deren regionalwirtschaftliche Effekte nur schwer nachweisbar sind. Anders stellt sich die Lage in den infrastrukturell gering erschlossenen Peripherräumen Europas dar. Hier können GVZ theoretisch als Wachstumspole wirken, indem sie die Ansiedlung neuer Betriebstätten fördern und die regionale Wirtschaft mit wichtigen Logistikfunktionen versorgen. In diesem Fall sind öffentliche Investitionen (z.B. im Rahmen der EU-Strukturförderung) durchaus vertretbar.

Im allgemeinen scheint bei der Entwicklung von GVZ die Einbeziehung vorhandener Infrastruktur ein aussichtsreicheres Konzept zu sein als der Neubau von Großanlagen auf der „grünen Wiese". Durch detaillierte Standortplanung und mit Hilfe verbesserter, evtl. auch platzsparender Umschlagtechnik lassen sich GVZ und Terminals dort einrichten, wo sie aus verkehrstechnischer Sicht notwendig sind, nämlich an überregionalen Knotenpunkten der Verkehrsträger.

Letztlich wird eine teilweise Verlagerung des Straßengüterverkehrs zugunsten der Schiene nur dann erfolgen, wenn die Wege- und Umweltkosten der Verkehrsträger und ihrer Infrastruktur in der Preisbildung deutlich stärker als bisher berücksichtigt werden. Die Mittel für eine solche Anlastung liegen nach heutigem Diskussionsstand in der Kombination von Benutzunggebühren (*road pricing*) und der Erhebung von CO_2- oder Energieabgaben. Offen bleibt in diesem Zusammenhang, ob anstelle der oft hypothetischen Ermittlung von Folgekosten (z.B. Kosten des „Treibhauseffektes") der Vermeidungskostenansatz, d.h. die Anlastung der tatsächlichen Kosten für den Einsatz schadensbegrenzender Maßnahmen (z.B. Verkehrsleitsysteme, Lärmschutz), eine Alternative darstellen kann. In jedem Fall ist in Anbetracht des stetigen Wachstums der grenzüberschreitenden Verkehre eine EU-weite Lösung erstrebenswert.

Langfristig ist anzunehmen, daß die Transportkosten infolge einer teilweisen Internalisierung externer Kosten nicht nur bei der Verkehrsmittelwahl, sondern auch bei Standortüberlegungen der Unternehmen wieder mehr ins Gewicht fallen. Terminals und GVZ erhielten damit als Knotenpunkte eines multimodalen Verkehrnetzes gleichsam die Qualität von „Transportkostenminimalpunkten" im Sinne der klassischen Standorttheorie Alfred Webers (1909).

Literatur

BVWP '92, Bundesverkehrswegeplan 1992. Bonn
BOCKELMANN, K. 1993: City-Logistik mit regionalem Bezug. In: Distribution 1993, S. 17–18
COOPER, J/M. BROWNE/M. PETERS 1991: European Logistics. Oxford
DEUTSCHE VERKEHRS-BANK 1993: Die Finanzierung von integrierten Verkehrsanlagen am Beispiel der Güterverkehrszentren (im Auftrag des Deutsches Verkehrsforums). Bonn
ECKSTEIN, W. 1991: Güterverkehrszentren – Mode oder regionale Notwendigkeit. In: Internationales Verkehrswesen 43, 3, S. 104–107
EG, KOMMISSION DER EUROPÄISCHEN GEMEINSCHAFTEN 1992: Mitteilung der Kommission über die Einrichtung eines Europäischen Kombinierten Verkehrsnetzes und dessen Betriebsbedingungen (Com 92/230). Brüssel
HESSE, M. 1992: Probleme und Chancen von Güterverkehrszentren. In: DGB-Landesbezirk NRW (Hrsg.): Güterverkehr in Nordrhein-Westfalen. Düsseldorf
HÖLTGEN,D. 1992a: Stichwort: Güterverkehrszentren. In: Frankfurter Allgemeine Zeitung, 6. Oktober 1992
HÖLTGEN, D. 1992b: Güterverkehrszentren. Knotenpunkte des kombinierten Verkehrs im europäischen Binnenmarkt. In: Geographische Rundschau 44, S. 708–715
HÖLTGEN, D. 1993: Combined Transport and Freight Centres: The Spatial Impact of European Networks. Paper presented at the Regional Science Association International (British Section), 24th Annual Conference, University of Nottingham, September 1–3, 1993
WEBER,A. 1922 (2. Auflage): Über den Standort der Industrie. I. Teil: Reine Theorie des Standorts. Tübingen (1. Aufl. 1909)

TELEKOMMUNIKATIVE VERNETZUNG EUROPÄISCHER VERKEHRSLEITSYSTEME UND IHRE REGIONALEN EINFLÜSSE

Peter Gräf, Aachen

1. Verkehrsleitsysteme – Zielstellungen

Raumbeanspruchung durch Verkehrsinfrastrukturen und ihre saisonal wie tageszeitlich schwankende Auslastung stellen zumindest in den dichter besiedelten Ländern Europas wachsende Probleme dar. Kontinuierliche Informationsverarbeitung und Telekommunikation (nachfolgend „TK") könnten durch verbesserte Koordination der Verkehrsflüsse Staueffekte bzw. unökonomische Leerfahrten verhindern helfen.

TK-bedingte Einflüsse können als raumbezogene Effekte einen Beitrag zu Umweltverträglichkeit und Ressourcenersparnis im Sinne von „sustainable development" der Verkehrspolitik leisten. Der vorliegende Beitrag versucht als raumbezogene Sektoralprognostik aus wirtschafts- und kommunikationsgeographischem Blickwinkel die Wirkungschancen telekommunikativer Vernetzung zu analysieren. Europäische Verkehrsmärkte haben heute eine wesentlich größere technische Reichweite als die raumordnerischen Verantwortlichkeiten einzelner Länder. In der Praxis bedeutet eine Vernetzung der Steuerbarkeit einzelner Verkehrsströme, daß eine grenzüberschreitende Kompatibilität der Logistik und eine verkehrspolitische Akzeptanz logistischer Systeme vorhanden sein müssen.

Grundlage zur Lösung aktueller Verkehrsleitaufgaben ist der verstärkte Einsatz von Telematik, d.h. „intelligenter TK". Die Vorlage eines Strategiepapiers „Telematik im Verkehr" des BMV (1993) belegt die Hinwendung der Verkehrspolitik zu einem ganzheitlichen telematischen Lösungsansatz im Verkehr, der bislang über einzelne Forschungs- oder Pilotprojekte nicht hinausgekommen war. Die geforderte Effizienzsteigerung hängt von einem geänderten *modal split* im Verbund mit TK-Verkehrsmanagement bzw. Verkehrsleitsystemen ab.

Die aktuelle Erprobungsphase führt zu einer verwirrenden Begriffsfülle: u.a. „Verkehrsträgerübergreifendes Verkehrsmanagement", „Kooperatives Verkehrsmanagement", „Kollektive Verkehrsleitsysteme", „Anschlußinformationssysteme" und „Logistische Verkehrsleitsysteme". Der gemeinsame Nenner liegt im Ziel, logistische Einzelsysteme der Verkehrsträger zu untereinander kompatiblen Informations- bzw. Steuerungssystemen zu vernetzen. Dabei geht der Begriff 'Logistik' über den von IHDE (1991) vorwiegend auf den Gütertransport bezogenen Dispositionscharakter hinaus und erlangt als z.T. interaktives Informations- und Steuerungssystem Bedeutung für den gesamten Verkehrsablauf. Für solche neuen Strukturen beginnt sich der Begriff „Verkehrsleitsysteme" durchzusetzen.

2. Geographische Bezugsebenen und Grundlagen der Innovationsprozesse

Aus geographischem Blickwinkel sind drei wesentliche Bezugsfelder bei Verkehrsleitsystemen zu unterscheiden:
a) Politisch-geographische Aspekte, wie die grundlegenden Entscheidungen zur Marktstruktur von TK-Diensten, zu staatlich geförderten Pilotprojekten sowie zum Fortgang der europäischen Normung technischer Standards.
b) Wirtschaftsgeographische Aspekte der Umgestaltung einzelner Verkehrsmärkte zu logistischen Systemen.
c) Kommunikationsgeographische Bezüge durch den Aufbau internationaler Raummuster von Informationsnetzwerken und Logistikreichweiten.

Länder- bzw. Fallstudien, die bislang zu dem Themenaspekt bearbeitet wurden, sind überwiegend bei der IGU-Kommission „Geographie der Telekommunikation und Telematik" veröffentlicht worden, u.a. von DUONG (1992), LORENTZON/SJÖBERG (1992), MAUGERI (1991) und NIJKAMP (1992). In der Regel bilden entscheidungstheoretische Ansätze die Grundlage, die auf unterschiedliche geographische Ebenen Bezug nehmen. Hierzu zählt der politische Willen einer Öffnung traditionell national abgeschotteter Märkte – wie sie immer noch für Teile der Telekomgesellschaften einzelner europäischer Länder zu beobachten sind. Ferner hat die Bereitschaft verkehrsabhängiger Unternehmen, sich standardisierten Logistiksystemen zu öffnen, d.h. eigene Lösungen einem kompatiblen System anzupassen, Einfluß auf den Diffusionsprozeß. Herausragende Bedeutung kommt der Schaffung einer Akzeptanzbasis bei jenen zu, die mit vernetzten Logistiksystemen bzw. Verkehrsleitsystemen umgehen müssen.

Die vorliegende Analyse geht von wirtschaftsorientierten Dienstleistungen im Sinne von STAUDACHER (1991) oder de LANGE (1993) aus. Im Gegensatz zu den produktionsorientierten, industriegeographischen Logistikansätzen bezieht sich die Einrichtung von Verkehrsinformations- und -leitungssystemen auf die Qualität einer Dienstleistung, die über die Transportfunktion hinaus im Verbund mit Telematik eine regionale Wettbewerbsfunktion erhält. Der Ansatz steht also eher in der Nähe der von DANIELZYK und OSSENBRÜGGE (1993, S. 211f.) als Übersicht beschriebenen „Locality Studies", wenngleich hier noch keine Annäherung an einen regulationstheoretischen Ansatz im Bereich Logistik und Telematik zu erkennen ist, da politische Unwägbarkeiten der Umsetzung einen ökonomischen Selbststeuerungsprozeß noch nicht zulassen.

3. Faktoren der Diffusionsdynamik

Die Diffusionsdynamik und der unternehmensbezogene Wettbewerbsdruck stehen vor zwei stark voneinander abweichenden Wirtschaftssituationen. Einerseits stehen die marktwirtschaftlich organisierten Systeme im Bereich der privatwirtschaftlichen Verkehrsträger mit ihren Großkunden im wachsenden, z.T. europäischen, Wettbewerb. Andererseits sehen sich öffentlich-wirtschaftliche Verkehrsträger mit staatlichen Garantien ihrer Existenzfähigkeit derzeit nur in geringem Maße einem diffusionsfördernden Wettbewerbsdruck ausgesetzt.

4. Strategien der Vernetzung

Die Vernetzung von Verkehrsleitsystemen ist eng an die Entwicklung der technischen Leistungsfähigkeit von Telekommunikationssystemen gebunden. Logistische Leistungsfähigkeit bedeutet heute eine zeitgleiche Erfassung, Verarbeitung und Weiterleitung von Verkehrsdaten im weitesten Sinne, eine mobile Erreichbarkeit der Fahrzeuge sowie ein Zurückdrängen der Leitungsgebundenheit durch Satellitentechnik. Die logistische Leistungsfähigkeit hat also auf Infrastrukturstandorte nur noch dort unmittelbar Auswirkungen, wo z.B. zentrale Vermittlungseinrichtungen, Computerrechenzentren oder Verkehrsleitzentralen zu errichten sind.

Zu Beginn der zweiten Diffusionsphase Anfang der 90er Jahre (nach der Einführung der allgemeinen Basis an Netzen und Diensten der Telematik in den 80er Jahren) kann bislang nur von verkehrsträgerspezifischen Leitsystemen ausgegangen werden. Ihre Umsetzung ist vielfältig: Logistikinseln in Häfen (z.B. INTIS), Teilnetze im europäischen Schienenverkehr (z.B. HERMES), unternehmensinterne Netze z.B. bei Speditionen mit stark differierenden Reichweiten (MODACOM, Cityruf, GPS-Flottenmanagement) oder globale Systeme bei Luftverkehrsgesellschaften (z.B. AMADEUS).

Die überwiegend nur interne Vernetzung einzelner Verkehrsträger wird gerade der wachsenden Bedeutung kombinierter Verkehre in Europa nicht gerecht. Ferner ist bislang nur in Ausnahmefällen über sogenannte „Gateways" Verkehrskunden der direkte Informationszugriff auf die genannten logistischen Systeme möglich. Eine Netzwerkbeziehung im Sinne von STRAMBACH (1993, S. 35f) für unternehmensorientierte Dienstleistungen existiert also bestenfalls in geschlossenen Netzen einzelner Unternehmensgruppen.

Die anstehende dritte Diffusionsphase, die einer externen Vernetzung, ist entscheidend für die Effizienz europäischer Verkehrsleitsysteme. Es ist der Schritt vom betrieblichen Kontrollsystem zum raumbezogenen, funktionalen Logistiksystem. Als vierte Phase könnte sich eine horizontale und vertikale Vernetzung von Verkehrsleit- und Logistiksystemen anschließen.

5. Regionale Einflüsse

Die häufig gewählte räumliche Differenzierung von Effekten nach Verdichtungsräumen und ländlichen Räumen macht im Zusammenhang mit Verkehrsleitsystemen bestenfalls vordergründig Sinn, repräsentiert jedoch keine Kausalitäten. BRAKE und BREMM (1993, S. 55) unterstreichen die sehr breit gestreute unternehmerische Orientierung bei der Suche nach externen Dienstleistungen der Technologie, wozu im weiten Sinne auch die Nutzung externer logistischer Systeme zu rechnen ist. Ein elementarer Einflußfaktor liegt im regional differenzierten Angebot an TK-Infrastruktur generell. Eine telekommunikative Benachteiligung von Räumen, wie sie 1993 in Südeuropa, in den neuen Bundesländern oder in den ehemaligen RGW-Staaten in unterschiedlich starkem

Maße noch gegeben war, wirkt nur solange als entwicklungshemmendes Element, wie ausschließlich eine Abhängigkeit von terrestrischen Leitungsnetzen besteht. Sobald Mobilformen der Telekommunikation und Satellitentechnik zum Einsatz kommen, sind nicht „Raum" oder „Standort" selbsterklärende Faktoren, sondern die Struktur potentieller Anwender, d.h. die der Verkehrsträger, Verkehrsmittler oder Kunden und ihr spezifisches Akzeptanzverhalten.

Versucht man die Ergebnisse geographischer und verkehrswirtschaftlicher Untersuchungen zu einer Synthese zusammenzuführen, dann lassen sich hieraus Grundzüge eines regionalen Wirkungsmodells von Verkehrsleitsystemen aufbauen. Die Reduktion der beobachtbaren Realität mit Hilfe eines Wirkungsmodells muß von drei separierten Ebenen ausgehen:

Ebene 1 stellt die Wirkungen eines Systems dar, ohne a priori konkrete Standorte des Wirksamwerdens zu lokalisieren, wenn man in diesem Zusammenhang als Standorte Mikroräume („localities") versteht. Auf dieser Ebene liegt die Wirkungsdimension für politisch-administrative Räume; Entscheidungsträger sind hier jene Unternehmen, die eine Dienstleistung als Vorstufe bereithalten, um sie als ein logistisch vernetztes System für den eigentlichen Nutzer bzw. Kunden anzubieten. Hierzu zählen die Telekomgesellschaften ebenso wie große Verkehrsträger, die grundsätzlich über die Einführung von telematischen Systemen im Verkehr zu befinden haben. Letztere ist die wirtschafts- oder unternehmenspolitische Grundsatzentscheidung, die die verkehrslogistische Qualität eines Gesamtsystems steuert. Empirisch nachvollziehbare regionale Wirkungen gibt es z. B. im Bereich der Systeme von „Computer Integrated Railroading" der Eisenbahngesellschaften europäischer Länder.

Ebene 2 umfaßt regionale Folgen, die sich aus der unmittelbaren Umsetzung des logistischen Angebots ergeben. Sie können sich einerseits auf bestehende Standorte oder Institutionen (u.a. Speditionen, Bahnhöfe, Reisebüros, Containerterminals, Zwischenläger) beziehen, die durch Beteiligung an einem Logistiksystem regional einen neuen Qualitätsstatus erhalten. Andererseits können durch die Beteiligung neue Standorte erst ökonomisch sinnvoll begründet werden, z.B. die von Güterverteilzentren.

Ebene 3 beinhaltet multiplikative regionale Folgen, die sich im unternehmerischen Bereich z.B. in Konzentrations- oder Zentralisationserscheinungen, in Insolvenzen nicht mehr wettbewerbsfähiger Verkehrsunternehmen und in neuen Dienstleistungsformen im kombinierten Verkehr zeigen. Gleichzeitig kommen hier die regionalwirtschaftlichen Effekte von Zeitersparnissen durch Verkehrsflußoptimierung, sicheren Disposition und Lageoptimierung von Verteilzentren zum tragen. Darüberhinaus sind hier ebenfalls Effekte einer umweltverträglicheren Nutzung der Verkehrsinfrastrukturen sowie die Vermeidung weiterer Flächeninanspruchnahme für Verkehr ohne Leittechnik zuzuordnen.

Die empirische Überprüfung des Modells steht vor dem Dilemma, daß nur die standortspezifische Existenz, Diffusion bzw. Standortplanung einzelner Einrichtungen, z.B. neuer Güterverteilzentren, beobachtbar ist. Die regionalwirtschaftliche Bewertung der unmittelbaren Effekte, u.a. die der Reichweitenvergrößerung, der Insolvenzen, der Arbeitsmarkteffekte oder der Stabilisierung von

Standorten im europäischen Wettbewerb, ist sowohl von ihrer statistischen Erfassung als auch ihrer sektoralen, verkehrsträgerspezifischen Zuordenbarkeit nach wie vor ungelöst.

Die Grenzen einer prognostischen Anwendung des hier dargelegten Modells einer telekommunikativen Integration liegen vor allem in der räumlichen Diskrepanz zwischen zentraler Entscheidung und breiter Dispersion von Einsatzorten. Nur in Ausnahmefällen ist das Angebot logistischer Dienste unmittelbar Folge einer regionalspezifischen Nachfrage, z.B. im Bereich der Citylogistik. Zwar ist dort auch – quasi als Mikromodell – verkehrsträgerübergreifende Kompatibilität erforderlich, sie betrifft – grenznahe Standorte ausgenommen – jedoch nicht den hier zu betrachtenden europäischen Kontext. Bei den transnationalen Wirkungen auf regionale Raummuster lassen sich drei Folgen unterscheiden: a) Wettbewerbsfolgen bestehender Systeme und ihrer Reichweiten, b) Schaffung neuer Logistikstandorte bzw. -infrastrukturen, c) qualitativer Wertwandel bestimmter Raumtypen.

Die Diffusion von Verkehrsleitsystemen der europäischen Eisenbahnen war vor und nach der politischen Wende in den ehemaligen RGW-Staaten nur bruchstückhaft (GRÄF 1993). Nicht globale oder europäische Vernetzung, sondern oligopolistische Marktbeherrschung, wie sie von den Luftverkehrsgesellschaften bei ihrer Buchungslogistik praktiziert wird, ist das unternehmerische Ziel. Hier wäre ein Einstieg zu einem regulationstheoretischen Ansatz der Verkehrsleitsysteme gegeben. Von einer Wettbewerbsstärkung im Binnenmarkt und höherer Markttransparenz durch Telekommunikation kann in der Praxis bis heute kaum die Rede sein.

Verkehrsleitsysteme und durch sie ermöglichte Einrichtungen wie Güterverteilzentren haben meist keinen Bezug zum lokalen Wirtschaftspotential. Sie sind Teil einer logistischen Suprastruktur, die ihre Standorte nach verkehrsoptimierenden Kriterien innerhalb einzelner Verkehrsmärkte wählt. Die heute projektierten europäischen Magistralen des Personen- und Güterverkehrs sind ohne Schaffung einer grenzüberschreitenden telematischen Logistik nicht realisierbar.

Der qualitative Wertwandel für Räume außerhalb der Wirtschaftszentren wird davon abhängen, ob jene nur zu „Duldungsräumen" neuer Logistikstandorte werden. Darüberhinaus ist offen, ob der Erfahrungsvorsprung der Nutzung von Verkehrsleitsystemen durch Großunternehmen des Verkehrsmarkts vom nationalen zu einem europäischen Verdrängungswettbewerb führen wird. Die Verwirklichung politischer und regionalplanerischer Vorstellungen, daß die telekommunikative Integration für kleinere Anbieter, beispielsweise mittelständische Speditionen, Chancen zur wirtschaftlichen Existenzsicherung in solchen Räumen bieten könnten, die nicht im Zentrum wirtschaftlicher Dynamik stehen, wird davon abhängen, ob es gelingt, Anwendung und wirtschaftlichen Nutzen telematikgestützer Systeme verständlich zu machen.

Damit tritt im Bereich der Verkehrsleitsysteme erneut die Problematik zutage, die schon Mitte der 80er Jahre Anlaß zu intensiver Beschäftigung mit regionalwirtschaftlichen Fragen von Telematik gab. BARFIELD et al. (1991, S.

71f.) haben in ihrer Studien in Seattle Ende der 80er Jahre belegt, wie schmal die Wirkungen von Verkehrsleitsystemen im Berufspendlerverkehr sind, wenn die Akzeptanz telekommunikativer Verkehrsinformationen zu schwach ist – selbst in den USA, wo mit sehr viel weniger institutionellen Problemen der Kompatibilität als in Europa zu rechnen ist.

Die Diskrepanz zwischen vorhandenen Systemkomponenten der Verkehrsleittechnik und zögerlicher Akzeptanz oder fehlender Diffusionspolitik für breite Nutzerkreise wird die Unternehmensselektion zugunsten der Großbetriebe in Verkehrsmärkten weiter beschleunigen. Es ist nicht die Unüberwindbarkeit der Benachteiligung wirtschaftsschwacher Regionen, die Verkehrsleitsysteme konzentrationsverstärkend wirken läßt, sondern die bislang zu konstatierende Unfähigkeit, einem möglichst umfangreichen Nutzerkreis den funktionalen Charakter intelligenter Telekommunikation begreifbar zu machen.

Insofern könnte Marketing von Verkehrsleitsystemen und die Vermittlung ihrer Anwendung ein Beitrag zu einer effizienten Regionalpolitik in Europa sein. Deren Reichweiten enden heute nicht mehr an den Grenzen eines EU-Binnenmarkts oder eines Europäischen Wirtschaftsraumes, sondern ihre europäische Dimension baut bereits heute auf logistischen Systemen einer globalen telekommunikativen Vernetzung auf.

Literatur

BARFIELD, W. et al 1991: Integrating Commuter Information Needs in the Design of a Motorist Information System. In: Transportation Reserach, Part A: General, 2/3, S. 71–78

BRAKE, K./H.J. BREMM 1993: Unternehmensbezogene Dienstleistungen und regionale Entwicklung. In: Geographische Zeitschrift 81, S. 51–68

BUNDESMINISTERIUM FÜR VERKEHR (Hrsg.) 1993: Strategiepapier Telematik im Verkehr zur Einführung und Nutzung von neuen Informationstechniken. Bonn (Xerokopie 49 S.)

DANIELZYK, R./J. OSSENBRÜGGE 1993: Perspektiven geographischer Regionalforschung. In: Geographische Rundschau 45, S. 210–216

DUONG, P. 1992: Mondialisation logistique et circulation de l'information. Le cas de l'industrie cimentière et du Groupe Lafarge Coppée. In: NETCOM 2, Paris, S. 502–522

GRÄF, P. 1993: Zur Induktion neuer Standortqualitäten durch IuK-Techniken. In: Mitteilungen der Geographischen Gesellschaft in München 78, S. 39–54

ders. 1994: Strukturen und Funktionen der Telekommunikation im Europäischen Binnenmarkt. In: Geographische Rundschau 5, S. 304–310

IHDE, G. 1991: Transport, Verkehr, Logistik. München

de LANGE, N. 1993: Standorte unternehmensbezogener Dienstleistungsfunktionen in Deutschland. In: Geographische Zeitschrift 45, S. 18–34

LORENTZON, S./E. SJOBERG 1992: The use of ICT within the Volvo Group – a geographical perspective. In: NETCOM 2, Paris 1992, S. 440–454

MAUGERI, S. 1991: Marché du transport et besoins téléinformatique: le cas italien. In: NETCOM 1, Paris S. 205–266

NIJKAMP, P./R. MAGGI/I. MASSER (Hrsg.) 1992:
Missing networks in Europe. In: NETCOM 1, Paris, S. 2–94

STAUDACHER, C. 1992: Wirtschaftsdienste. Wien (= Wiener Geographische Arbeiten 62/63)

STRAMBACH, S. 1993: Die Bedeutung von Netzwerkbeziehungen für wissensintensive unternehmensorientierte Dienstleistungen. In: Geographische Zeitschrift 81, S. 35–50

SATELLITENGESTÜTZTE NAVIGATION UND KOMMUNIKATION ALS STRATEGIE ZUM VERKEHRSMANAGEMENT IN EUROPA

Frank-W. Strathmann, München

1. Einführung

Mit dem Aufbau von *Global Navigation Satellite Systems (GNSS)* und dem Start von zahlreichen Kommunikationssatelliten ergeben sich neue Potentiale und Perspektiven für die Führung und Überwachung des Land-, See- und Luftverkehrs. In Europa können satellitengestützte Ortungs-, Navigations- und Kommunikationssysteme terrestrische Zellularsysteme komplementieren oder ersetzen. Im folgenden Beitrag werden einige Systeme vorgestellt und deren Auswirkungen auf das Verkehrsgeschehen beleuchtet.

2. Systeme zur Satellitennavigation *(SatNav)*

GPS

Das us-amerikanische *Global Positioning System (GPS)* hat 1993 seinen Vollausbau (21 Satelliten und drei weitere Reservesatelliten, vgl. Tab. 1) erreicht. Bei der Technologie werden die Entfernungen zwischen Satellit und GPS-Empfänger durch exakte Laufzeitmessungen des Satellitensignals bestimmt. Hierdurch können unter Verwendung von drei Satelliten *weltweit*, *schnell* und *präzise* die Koordinaten des Empfängerstandortes festgelegt werden. Mit Hilfe eines vierten Satelliten lassen sich zusätzlich noch Höhenbestimmungen durchführen. Da die Genauigkeit des Systems vom amerikanischen Verteidigungsministerium mit Hilfe der *Selective Availability (S/A)* künstlich verschlechtert wird, können im globalen Positions- und Zeitreferenzdienst *(Standard Positioning Service – SPS)* Genauigkeiten von 30–100 m erreicht werden. Die *differentielle* Anwendung des Systems (DGPS, vgl. Kap. 4) ermöglicht zudem hochgenaue Ortungen im *m*-Bereich.

GLONASS

Das russische *Global Navigation Satellite System (GLONASS)* ist noch nicht voll operationell (vgl. Tab. 1) ausgebaut. Während die GPS-Empfänger bereits im Westentaschenformat und mit einem Gewicht von unter 500 g vertrieben werden, sind die GLONASS-Empfänger noch groß, schwer und unhandlich. Aber auch hier ist eine Tendenz zur Verkleinerung der Geräte erkennbar. Zu erwarten sind kombinierte GPS/GLONASS-Empfänger (LECHNER 1992), die in Fahrzeugen integriert werden können und die Abhängigkeit von nur einem System reduzieren.

Tab. 1: Vergleich GPS – GLONASS

System	GPS	GLONASS
Flughöhe	20 145 km	18 840–19 940 km
Anzahl der Orbits	6	3
Anzahl der geplanten Satelliten	21 + 3	21 + 3
Umlaufzeit im Orbit	11 h 58 m	11 h 16 m
Inklination	55 °	64.8 °
Volle Operationalität	1993	1996
Mindestverfügbarkeit	10 Jahre	15 Jahre

3. Systeme zur Satellitenkommunikation (SatKom)

Inmarsat
Das System besteht aus vier Satelliten, die in geostationären Positionen über dem Äquator stehen und deren Ausleuchtbereiche den größten Teil der Erde abdecken (vgl. MARTIN 1992, WERNER/KANTOREK 1993). Der Datendienst *Inmarsat-C* ermöglicht u.a. die Datenfernübertragung im X-25- und X-400-Modus, die Abfrage von Daten aus *Mobilen Satellitenanlagen (MobSatAnl)* sowie die Datenaussendung von *MobSatAnl* durch voreingestellte Intervalle, bei Grenzwertüberschreitung oder durch manuelle Eingabe am Terminal. Zudem können GPS-Positionsdaten übertragen werden, so zum Beispiel mittels Abfrage der Fahrzeugpositionen durch die Zentrale oder mittels voreingestellter Aussendung durch die *MobSatAnl*. Auch die Bildung von „Geschlossenen Nutzergruppen" oder die Inanspruchnahme von „Mehrwertdiensten" (z.B. *SafetyNET* oder *FleetNET*) ist möglich.

Euteltracs
Mit dem Fahrzeug-Ortungs- und Kommunikationssystem *Euteltracs* (vgl. u.a. STEINHÄUSER/BLANCHARD) steht seit 1991 ein Zweiweg-Kommunikations- und Positionierungssystem für europäische Spediteure zur Verfügung. Die Standortermittlung mit 500 m Genauigkeit und die Datenübertragung erfolgen über zwei geostationäre *Eutelsat*-Satelliten in 36 000 km Höhe. Das System wird in Deutschland zur Zeit von 130 Speditionen mit etwa 2000 LKW-Installationen genutzt.

Iridium
Im Rahmen des ehrgeizigen Satellitentelefon-Projektes sollen 350 *Low-Orbit*-Leichtsatelliten (Höhe: ~ 700 km) zur Verfügung gestellt werden. Für 1994 ist der Start von drei Testsatelliten geplant. 1997 soll das System operationell arbeiten, im Jahre 2001 werden 1,8 Mio Teilnehmer erwartet. Bei dem Vorhaben (vgl. Abb. 1) sollen bestehende (terrestrische) Zellularnetze ergänzt sowie nationale Fernmeldegesellschaften und *Inmarsat*-Dienste integriert werden. Fahrzeugversionen (z.B. mit Mailbox und Rufumleitung) werden die weltweite Erreichbarkeit in jeder Situation ermöglichen.

Abb. 1: Iridium-Projekt (Quelle: Motorola)

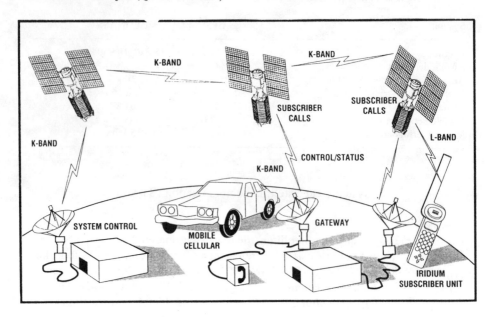

4. Anwendungstechniken

Aufgrund differenzierter Erfordernisse in der Genauigkeit der Positionsermittlung und notwendiger Sicherheitsstandards ergeben sich unterschiedliche Anforderungen an die Ortungsgenauigkeit von Fahrzeugen (vgl. Tab. 2). Während bei sensiblen Gefahrengut- oder Geldtransporten eine kontinuierliche und hochgenaue Fahrzeug-Verfolgung notwendig ist oder Präzisionslandungen von Flugzeugen im Dezimeterbereich (MÖHLENKAMP 1992) erfaßt werden müssen, sind beim globalen Schiffsflotten-Management oder bei Interkontinentalflügen Positionserfassungen im Kilometerbereich ausreichend.

DGPS

Für viele GPS-Anwendungen ist die *Standard*-Genauigkeit (25-100 m), die mit kleinen *Hand-Held*-Empfängern oder mit im Fahrgastraum / Cockpit integrierten Geräten (BACHMANN 1993) erreicht werden kann, zufriedenstellend. Eine Verbesserung der Positionsgenauigkeiten eines beweglichen Datennutzers (vgl. u.a. SCHÄNZER 1992) ist mit Hilfe des *Differentiellen GPS (DGPS)* möglich. Für diese Methode sind zwei GPS-Empfänger notwendig, wobei ein Empfänger auf einer festen (genau vermessenen) Referenzstation stationiert wird. Durch einen Soll-Ist-Vergleich der *wahren* Positionsdaten und der *gemessenen* GPS-Daten werden Korrekturwerte der Positionskoordinaten über eine geeignete Datenübertragung an den zweiten (beweglichen) Empfänger weitergegeben. Beim VELOC-System (vgl. HOSSFELD 1992a) zum Beispiel erfolgt die Positionskorrektur mittels Referenzempfänger in der Einsatzzentrale. Für die Küsten-

Tab 2: Notwendige Ortungsgenauigkeiten im Verkehr

Anwendungen	Ortungsgenauigkeiten [m]
– Landverkehr	
Sicherheitstransporte	1 – 2
Gefahrenguttransporte	3 – 5
Stadtverkehr	3 – 5
Einsatzfahrzeuge (Polizei, Feuerwehr)	10 – 30
Öffentlicher Personennahverkehr	30 – 50
Überregionale Ferntransporte	500 – 1000
– Schiffsverkehr	
Hafeneinfahrten	1 – 2
Enge Küstenreviere	3 – 5
Binnengewässer	3 – 5
Globales Flottenmanagement	1000 – 5000
– Luftverkehr	
Präzisionslandung (Cat III)	0.3 – 0.5
Landeanflugsteuerung	1 – 2
Inlandsflüge	100 – 200
Interkontinentalflüge	10 000 – 20 000

schiffahrt wurden in Europa bereits Referenzstationen mit DGPS-Service (z.B. von Sercel oder Veripos) eingerichtet. In Norddeutschland sind mehrere GPS-Referenzstationen in Betrieb oder in der Planung (BICHTEMANN/HANKEMEIER 1993). So steht ein Referenzempfänger auf dem Dach des Vermessungshochhauses in Hamburg. Die Korrekturdaten werden über eine Standleitung zu der Sendeanlage des Fernsehturms übermittelt und von dort *in Echtzeit* den mobilen GPS-Stationen zugeleitet.

Datenverknüpfung
Durch die Kombination von GPS-Daten mit Sensoren und Kommunikationskomponenten ergeben sich vielerlei Anwendungsmöglichkeiten in der Fahrzeugnavigation, -verfolgung und -überwachung. So können zum Beispiel durch die gleichzeitige Erfassung und (semi-)automatische Abspeicherung und Analyse von Positionen und Attributen Fahrzeuge und deren Zuladungen überwacht und gesteuert werden. Hierdurch können Routen optimiert und Fahrzeuge im Rahmen von Flottenmanagement-Systemen besser disponiert werden. Durch die Kombination von GPS-Positionsdaten und anderen Fahrzeug-Bord-Daten werden integrative Lösungen für individuelle Verkehrsentscheidungen (Beispiel: MUFIB – *Multifunktionale Interface Board* bei *Globos*-Empfängern) angeboten. Bei den navigatorischen GPS-Empfängern sind vielfältige Funktionen zur Positionsbestimmung, Routenfestlegung und Kurssteuerung oder zur Geschwindigkeitsmessung und Zielzeitschätzung vorhanden. So kann zum Beispiel eine Schnellspeicherung von Wegpunkten erfolgen, und ein akustischer Alarm informiert über die Annäherung an gespeicherte Wegpunkte. Bei der Abschattung von

Satellitensignalen (z.B. durch Bäume oder Bauwerke) entstehen Genauigkeitsverluste, die durch die Kopplung des GPS-Empfängers mit Radsensoren und elektronischen Barometern sowie durch Informationsabgleich mit dem digitalisierten Straßennetz (Beispiel: Bosch-Travelpilot) überbrückt werden können.

5. Fallbeispiele

Im folgenden sollen beispielhaft Projekte und Systeme mit *SatNav-* und/oder *SatKom*-Komponenten, die den *Status Quo* des Technologieeinsatzes verdeutlichen, vorgestellt werden.

Helicopter Service of Norway
Das Unternehmen unterhält von Bergen aus einen regelmäßigen Flugdienst zu den *Offshore*-Plattformen in der Nordsee. Hierbei wurden früher die Positionsdaten der *Sikorsky S 61* durch einen mündlichen Bericht (alle 15 Minuten) über VHF-Radio an die Einsatzzentrale gemeldet. Durch ein neues Verfahren erfolgt nun automatisch eine permanente GPS-Ortung des Hubschraubers. Die Positionsdaten werden unter Inanspruchnahme von *Inmarsat*-Satelliten an die Einsatzzentrale weitergegeben.

FANS – Future Air Navigation System
Das System soll die vollständige Flugkommunikation, -navigation und -überwachung übernehmen. Bodengestützte Navigationssysteme sollen durch Satellitennavigation ersetzt oder komplementiert werden und hierbei zur Verbesserung der Navigationsgenauigkeit und der Verkehrssicherheit beitragen. Jedes Flugzeug übermittelt im System Positionsdaten, Geschwindigkeiten und meteorologische Daten via Satellit an die Luftverkehrsüberwachung. Dort entsteht ein radarähnliches Synthesebild der Verkehrslage. Im Rahmen des Luftverkehrsmanagements soll in absehbarer Zeit vor allem eine verbesserte Luftraumüberwachung in Gebieten ohne Bodenradar sowie eine verbesserte Kommunikation mit der Flugzeugbesatzung möglich sein. Außerdem werden Kommunikationsdienste für Passagiere (Telefon, Telefax u.a.m.) angeboten.

ISAN – Integrity with Satellite Navigation
In einer gemeinsamen Studie von deutschen Forschungsinstituten und Firmen soll der Nachweis der Funktionszuverlässigkeit von *SatNav* für die Luftfahrt erbracht werden. Auf der Basis von DGNSS, d. h. vor allem der *differentiellen* Anwendung von GPS und GLONASS, und von Inertial-Systemen (INS) soll ein *Integriertes Navigations- und Landesystem (INLS)* entwickelt werden. Mit diesem integrierten Konzept könnten Luftstraßen verlassen und Flächennavigationsverfahren angewendet werden. Im Regionalflugverkehr könnte dieses auch zu einer verbesserten Auslastung von Flughäfen ohne ILS- oder MLS-Landungssystemen führen.

ISETEC – Innovative Seehafentechnologie
Im Rahmen eines BMFT-Projektes werden Möglichkeiten zur Leistungssteigerung des Hamburger Container-Terminals erprobt. Hierbei sollen u.a. Container und *Van-Carrier* automatisch, aktuell, wetterunabhängig und fehlerfrei mit einer Genauigkeit von ± 1 m geortet werden. Die gewünschten Positionsdaten werden über ein internes Datenfunksystem an das zentrale Container-Steuerungssystem (vgl. ANDREE/WÜBBENA 1992) weitergeleitet. Dieses *Online*-DGPS soll das vorhandene *Modulare Optronische Ortungssystem* mit Laser-Radar, Rundum-Reflektoren und Tripel-Prismen ergänzen bzw. ersetzen.

Transport-Management mit GPS und GIS
Bei dem italienischen Projekt (vgl. DIN 1992) wurden Landschaftsinformationen (Straßennetz, Landnutzung, Vegetationsklassen, Gewässer u.a.m.) digitalisiert und in das *Geographical Information Management System (GIMS)* eingegeben. Mit Hilfe von digitalisierten Service-Einrichtungen wie Werkstätten, Polizeistationen oder Krankenhäusern wurde das GIS-Modul „Notdienste-Manager" hinzugefügt. Die Abrufung von GPS-Positionsdaten ermöglicht in dem Flottenmanagement-System die Echtzeit-Verfolgung der LKWs. Satellitenkommunikationsdienste über *Inmarsat-C* helfen u.a. beim Notfall-Management.

VELOC – Vehicle Location
Das automatische Fahrzeugfernortungs- und Dispositionssystem wird zum Beispiel bei verschiedenen Rettungsdiensten, bei der Polizei und bei Feuerwehren in Deutschland eingesetzt. So werden bei der Berufsfeuerwehr Hamm (vgl. HOSSFELD 1992 b) vor dem Hintergrund einer digitalen Karte jeweils Fahrzeugstandort und -status angezeigt. In einer späteren Ausbaustufe soll diese Bereitschafts*kennung* mit Verkehrslage-Informationen und die Übermittlung von Patientendaten zur Vorbereitung von Operationen verknüpft werden.

6. Perspektiven der Anwendung

Zur Zeit findet bereits eine vielfältige, jedoch mehr individuelle bzw. branchen-/aufgabenspezifische Nutzung von *SatNav* und *SatKom* statt. In der Schiffahrt sind es vor allem die Sportschiffer (vgl. KUMM 1993), in der Luftfahrt die Piloten von Kleinflugzeugen (vgl. BACHMANN 1993) und im Landverkehr die Einsatzzentralen von LKW-Speditionen und Rettungsdiensten (vgl. HOSSFELD 1992b), die diese Technologien, hierbei besonders das GPS, nutzen. In der gewerblichen Luft- und Schiffahrt ist das GPS als primäres Navigationsinstrument noch nicht offiziell zugelassen. Zulassungen – und damit der Ersatz bisheriger Navigationsverfahren – sind jedoch zu erwarten. Bei Flugzeugen, Schiffen, Gefahrengut-Transporten und Einsatzfahrzeugen gibt es bereits heute erste Integrationslösungen der neuen GPS-Technologie in bestehende Bordsysteme. Innovative Entwicklungen, vor allem auch in der Kombination mit GLONASS-Empfängern werden vorangetrieben. Im Schnittstellenbereich zwischen Satellitennavigation und Satellitenkommunikation gibt es bereits zielgruppengerechte Dienstleistungen wie *Inmarsat-C*, *Euteltracs* oder *Veripos*. Die operationelle *SatNav*-Nutzung im Straßenverkehr wird vor allem von der Öffnung der Autoindustrie für *SatNav*-Komponenten abhängen. Wichtige Voraussetzungen für einen Massenmarkt – wie hohe Genauigkeit und Zuverlässigkeit der Positionsbestimmung in Echtzeit und Miniaturisierung der Empfänger – sind bereits erfüllt. Bei der GPS-Technologie ist bereits die volle Operationalität gegeben. Und andere (wünschenswerte) Rahmenbedingungen – wie Reduzierung der Empfängerpreise oder Integrationsfähigkeit im Fahrraum und in terrestrischen Verkehrsleitsystemen – sind in Sicht.

7. Verkehrsgeographische Auswirkungen

In der Zukunft kann die *SatNav*-Komponente in Verbindung mit der im Aufbau befindlichen *Digitalen Straßenkarte* die individuelle Wahl von Routen erleichtern. Die Weitergabe der *SatNav*-Daten an terrestrische Verkehrsleitsysteme und deren Verknüpfung mit Verkehrslage-Informationen kann das Flotten- und Verkehrsmanagement, insbesondere in der Kombination mit *Geographischen Informationssystemen (GIS)* und *Expertensystemen,* verbessern. Bei einem verstärkten Einsatz der neuen Technologien sind folgende verkehrsgeographische Auswirkungen in Europa zu erwarten:

1. Der Verkehr wird zunehmen
   - Die Kapazitäten auf *Haupttrassen* (*Beispiel:* Luftverkehrsstraßen) werden sich erhöhen.
   - Die Möglichkeiten der *Flächennavigation* (*Beispiel:* Stauumfahrung mit Leitsystemen) werden sich erweitern.

2. Die Verkehrssicherheit wird erhöht
   - Es wird *redundante Systeme*, insbesondere DGPS in Verbindung mit satellitenunabhängigen Systemen und *Backup*-Mechanismen, geben.
   - Ein kontinuierliches (zentrales) *Gefahren-Management* kann durch die Vernetzung von Informationen (*Beispiel:* GPS/GIS-*Link*) erreicht werden.

3. Der Verkehr wird *wirtschaftlicher*
   - Eine Perfektionierung des *Just-in-Time*-Konzeptes durch exakte Ortung und reibungslose Kommunikation kann zur Vermeidung von Verkehrsengpässen führen.
   - Durch Expertensysteme können *Routenoptimierungen* (*Beispiel:* Flottenmanagementsysteme) erreicht werden.

Literatur

ANDREE, P./G. WÜBBENA 1992: Van-Carrier-Ortung mittels GPS. In: Zeitschrift für Satellitengestützte Positionierung, Navigation und Kommunikation 1, S. 137–138

BACHMANN, P. 1993: Handbuch der Satellitennavigation. GPS-Technik, Geräte, Anwendung. Stuttgart

BICHTEMANN, G./P. HANKEMEIER 1993: DGPS-Dienste in Norddeutschland. SPN 2 (1), S. 27–31

DIN, A. 1992: Italian GIS Projects Modernize Transportation Systems Management. In: GIS Europe, S. 42–45

HASSFELD, B. 1992a: VELOC – Ein automatisches Fahrzeugfernortungs- und Dispositionssystem. – Anwendungen des Global Positioning Systems, Stuttgart (= Schriftenreihe des DVW 2), S. 168–173

HASSFELD, B. 1992 b: Satellitengestützte Ortung und Kommunikation in Flottenmanagementsystemen. SPN 1 (4), S. 116–119

KUMM, W. 1993: GPS – Global Positioning System. – Bielefeld (= Yacht-Bücherei 102)

LECHNER, W. 1992: Navstar GPS and GLONASS – Competitors or Initial Elements of a Future Global Satellite Navigation System? – SPN 1 (1), S. 8–14

MARTIN, W. 1992: Satelliten-Mobilfunk im Inmarsat-System. – SPN 1 (2), S. 65–68

MÖHLENKAMP K. 1992: Rollfeldführung mittels GPS. – SPN 1 (2), S. 73

SCHÄNZER, G. 1992: The Use of Satellite Navigation Systems for Precise Applications in Land, Air and Space Environments – Status, Problems and Trends. – SPN 1 (3), S. 94–100

STEINHÄUSER, R./W. F. BLANCHARD 1992: Fleetmanagement by EUTELTRACS. – SPN 1 (4), S. 119–123

WERNER, A./W. Kantorek 1993: Satelliten-Mobilfunkdienste. Möglichkeiten und praktische Anwendungen des mobilen Satellitenfunks. München

VERNETZTES UND GANZHEITLICHES DENKEN ALS CHANCE FÜR DIE VERKEHRSPLANUNG?

Andreas M. Walker, Basel

1. Einleitung

„Vernetztes" und „ganzheitliches" Denken sind weitverbreitete Schlagworte in wissenschaftlichen Arbeiten, Gutachten, politischen Stellungnahmen und Presseartikeln. Weite Kreisen beanspruchen, vernetztes oder ganzheitliches Denken selbstverständlich zu praktizieren. Aufgrund der zunehmenden Popularität dieses Ansatzes drängt sich die Frage auf, ob vernetztes und ganzheitliches Denken auch eine Chance für die Verkehrsplanung ist.

2. Ziel des Referates

Das Referat bzw. dieser Aufsatz möchte
1) über den entsprechenden Forschungsauftrag des Eidgenössischen Verkehrs- und Energiewirtschaftsdepartementes informieren,
2) Einblick in die Sichtweise und die Randbedingungen der „Ingenieure" als „Praktiker" vermitteln,
3) ein Feedback an die Universitäten geben, da die meisten Ansätze und Modelle aus dem universitären Bereich stammen. Zur Unterstützung der „Angewandten Geographie" soll so eine Brücke zwischen Forschung und Anwendungspraxis geschlagen werden.

3. Forschungsauftrag

Das Eidgenössische Verkehrs- und Energiewirtschaftsdepartement beauftragte die Basler Ingenieurbüros Jauslin + Stebler Ingenieure AG und Rudolf Keller AG Verkehrsingenieure, kritisch zu untersuchen, ob und wie die Methoden des vernetzten und ganzheitlichen Denkens im Zusammenhang mit konkreten Verkehrsprojekten in der täglichen Praxis des Verkehrsingenieurs angewendet werden können.

Ein interdisziplinäres Projektteam – ein Kulturingenieur, ein Verkehrsplaner/Bauingenieur und ein Geograph als Projektleiter und Sachbearbeiter in Verkehrs- und Umweltplanungsprojekten – bearbeitete die Fragestellung. Das Team wurde dabei von der Kommission „Umwelt und Verkehr" der Vereinigung Schweizerischer Verkehrsingenieure begleitet. Diese bestand aus Vertretern von Bundes- und Kantonsämtern (Umweltschutz- wie Bauämter), der Eidgenössischen Technischen Hochschule und privaten Ingenieurbüros.

4. Theorie

Gespräche im Berufsumfeld sowie eine umfangreiche Literaturanalyse zeigten, daß noch keine einheitliche, allgemein akzeptierte Theorie existiert und zahlreiche Unklarheiten über Bedeutung und Ziele der verschiedenen Ansätze besteht. Als Gemeinsamkeit lassen sich meistens noch die Aspekte Ganzheit und Teil, Vernetztheit, Offenheit und Komplexität finden. Zur Klärung wurde deshalb ein breiter Überblick über verschiedene theoretische Strömungen erarbeitet, der sich von drei Seiten an das Thema annähert:

4.1 Definition der zentralen Begriffe

In der Literatur, bei den „Praktikern" und bei den Politikern finden sich zahlreiche Begriffe wie vernetztes, ganzheitliches, systemisches, systemtheoretisches, integrales, integratives, kybernetisches, laterales u.a. Denken mit unterschiedlichen Hintergründen. Deren Bedeutung ist meistens nicht eindeutig und in der Verwendung finden zahlreiche Überschneidungen statt. Deshalb sollen an dieser Stelle die Definition der beiden zentralen Begriffe zitiert werden:

„Vernetztes Denken" ist ein „naturwissenschaftlich" geprägter Ansatz. Dieser versucht den vielfältigen Beziehungen innerhalb eines komplizierten Systems gerecht zu werden, indem er die Wirklichkeit nicht in linearen Ursache-Wirkungs-Ketten, sondern in mehrdimensionalen Wirkungs-Netzen abbildet. Hierzu sind interdisziplinäre Projektteams nötig. Die Probleme, wie der Mensch mit der Komplexität dieser Systeme umgeht und wie ein Projektteam ein untersuchtes System subjektiv wahrnimmt und beeinflußt, stehen beim vernetzten Denken aber im Hintergrund.

„Ganzheitliches Denken" versucht zusätzlich zur rationalen Ebene der Wirkungsnetze der „Ganzheit" eines Problems auf weiteren Ebenen gerecht zu werden. Dazu zählen:
- die soziologischen und gruppendynamischen Aspekte der Projektbeteiligten und -betroffenen und ihre unterschiedlichen Wahrnehmungen,
- die psychologische und arbeitstechnische Ebene des Bearbeiters und sein Umgang mit Komplexität,
- die Wertfrage und das Weltbild.

4.2 Schulen und Disziplinen

Zahlreiche Fachrichtungen beschäftigen sich mit der Theoriebildung und Methodenentwicklung des vernetzten und ganzheitlichen Denkens:
1) Naturwissenschaft und Ökologie (z. B. Vester, Meadows und Forrester)
2) Wirtschaftswissenschaften (z. B. Gomez, Probst und Ulrich)
3) Psychologie und Arbeitstechnik (z.B. Abt, Dörner, de Bono)

4.3 Methoden und Instrumente

Im Zentrum des Interesses der Studie stehen die konkreten Methoden und Instrumente, die der sachbearbeitende Ingenieur in seiner täglichen Praxis anwenden

kann. Die in der Studie vorgestellten Methoden versuchen der Ganzheit der Probleme auf unterschiedlichen Ebenen gerecht zu werden:
1) auf der rationalen Ebene des Projektes mit Hilfe systemtheoretischer Ansätze und der Arbeit mit Wirkungsnetzen, um die fachliche Problembearbeitung zu optimieren.
2) auf der soziologisch-gruppendynamischen Ebene der Projektbeteiligten und -betroffenen, um die unterschiedliche Wahrnehmung der Problematik, die erkenntnisbildenden Prozesse und die zahlreichen Kommunikationsbedürfnisse einzubeziehen.
3) auf der psychologischen Ebene, die den Einbezug der rechten Gehirnhälfte vorsieht, um den Umgang mit Komplexität, Flexibilität und Kreativität zu erleichtern.

Bei der Recherche fanden sich zahlreiche interessante und wertvolle Aspekte und Ansätze zu neuen Denkkulturen, Problemlösungsstrategien und zur politischen Argumentation. Obwohl diese Aspekte als positiv und sehr wichtig beurteilt werden, bleibt im Sinne der Ingenieure eine Ernüchterung übrig. Ein „Ingenieur" ist kein Politiker, kein Politologe oder Soziologe, kein Hochschulforscher und kein Trainer oder Dozent. Insbesondere ist er kein Entscheidungsträger und er definiert keine (politischen) Ziele. Somit entsprechen die übergeordneten Ebenen der „Denkkulturen" und der politischen Argumentation nicht seiner alltäglichen Arbeit. Konkrete, für den Ingenieur direkt umsetzbare Instrumente sind leider nur wenige bekannt.

5. Praktische Anwendung von typischen Instrumenten

Aufbauend auf den theoretischen Ausführungen werden in der Studie zentrale Merkmale des vernetzten und ganzheitlichen Denkens (im folgenden „V/G"-Denken genannt) näher beleuchtet:
– Erkennen und Berücksichtigen der relevanten Elemente.
– Erkennen und Berücksichtigen der Wirkungszusammenhänge zwischen den Elementen, d.h. der Vernetzung.
– Wahrnehmung des Systems als „Ganzes".

Unter Berücksichtigung der besonderen Bedeutung des „Menschen" beim „V/G"-Denken ist aber unbedingt auch
– der Einbezug der Beteiligten und Betroffenen im Prozeß der Problembearbeitung und Lösungsfindung unter Anwendung geeigneter Kommunikationsmethoden, didaktischer Hilfen und persönlicher Arbeitstechniken zu berücksichtigen.

Es sollen nun drei typische Instrumente des „V/G"-Denkens kommentiert werden.

5.1 Wirkungsnetze, Mind Maps etc.

Das Arbeiten mit Wirkungsnetzen, Mind Maps etc. führt (besonders im Team) zu einer wertvollen Horizonterweiterung und einer Sensibilisierung für die interdisziplinären Zusammenhänge. Visualisierende Hilfsmittel unterstützen dabei das Verständnis für komplexe Zusammenhänge und erleichtern den Überblick. Die Prozeßerfahrung des Teams, die Kommunikation und die Gruppendynamik etc. werden dabei maßgeblich gefördert.

Das Ergebnis ist jedoch stark vom Moderator und der Zusammensetzung des Teams abhängig. Diese Darstellungsarten setzen zudem eine besondere Bereitschaft voraus, um solche „Netze" und „Maps" zu lesen. Sobald solche Abbildungen über offensichtliche Zusammenhänge mit einigen wenigen Elementen hinausgehen, sind sie nicht mehr selbstredend. Meistens braucht es eine umfangreiche verbale Erläuterung. Dazu ist eine Beobachtungs- und Interpretationsfähigkeit wie beim Kartenlesen gefragt. Dies kann nicht bei jedem Leser vorausgesetzt werden.

5.2 Papiercomputer nach Vester

Die Erarbeitung eines Papiercomputers erfordert eine systematische Auseinandersetzung mit den Variablen und Beziehungen eines Systems. Dies führt zu einer vertieften Systemkenntnis. Die Wahl der Variablen sowie die gemeinsame Schätzung ihrer Beziehungen stellen einen intensiven Kommunikationsprozeß für das Projektteam dar. Der Prozeß und die Einigung auf ein gemeinsames Systemverständnis sind schließlich wichtiger als das Resultat, d.h. „der Weg ist das Ziel".

Kritisch zu bemerken ist, daß die Quantifizierung der Beziehungen durch unzählige Schätzungen geprägt ist. Deren Akzeptanz durch Außenstehende ist unsicher, da die Wirklichkeit (zu) stark vereinfacht wird. Ebenso ist die technische und naturwissenschaftliche „Korrektheit" dieser Schätzungen fragwürdig, da sie gruppendynamisch und politisch motivierte „Kompromisse" darstellen .

5.3 Sensitivitätsmodell nach Vester

Die Stärken des vernetzten Denkens – und somit auch des Sensitivitätsmodells – liegen im Bereich der übergeordneten Problemerkennung. Mögliche Einsatzbereiche finden sich somit auf den Stufen der Politik, der Strategien und der Konzeptionen. Die Unterstützung des Prozeßbewußtseins und der Kommunikation, die System-Modellierung, die zu einer vertieften Systemkenntnis führt, und die Operationalisierung und Quantifizierung der Beziehungen können positiv bewertet werden.

Die Anschaffungskosten der entsprechenden PC-Software betragen für das Planungsbüro über Fr. 60 000.– (exkl. Ausbildungskosten). Bei der Projektanwendung ist mit Honoraren von über Fr. 100 000.– zu rechnen. Hierbei sind die typischen technischen und naturwissenschaftlichen Spezialistenarbeiten noch nicht enthalten. Aufgrund dieser Kosten fällt dieses Instrument für die üblichen Klein- und Mittelaufträge, die den Alltag des Verkehrsingenieurs ausmachen, außer Betracht.

Kritisch zu hinterfragen ist auch die Qualität der quantifizierten Beziehungen; die Frage ist, ob überhaupt schon genügend wissenschaftliches Detailwissen für derartige interdisziplinäre Verknüpfungen besteht und die Herkunft und Qualität der konkret benötigten Projektdaten.

Abschließend ist zu betonen, daß die Arbeit mit derartigen Modellen dem Prozeßbewußtsein, der Kommunikation und Partizipation dienen soll. Die „Versuchung" ist groß, solche Modelle in technokratischem Sinne als Computer-Expertenmodell zu „mißbrauchen", die den Entscheidungsprozeß abnehmen sollen.

6. Vernetztes und ganzheitliches Denken als Chance für die Verkehrsplanung?

Die Frage, ob vernetztes und ganzheitliches Denken als Chance für die Verkehrsplanung taugt, soll schließlich mit einem diplomatischen „Ja, aber ..." beantwortet werden.

Positive Aspekte, die weiter gefördert werden sollen sind:
1) Die Denkkultur liefert viele wichtige Impulse für die Entscheidungsvorbereitung, die Kommunikation, die persönliche Arbeitstechnik und die Ausbildung.
2) Die „V/G"-Methoden können besonders auf den übergeordneten Stufen der Raumordnungs-, Verkehrs- und Umweltpolitik eingesetzt werden und sind bei der Problemerkennung wichtig.

Kritisch und einschränkend muß aber bemerkt werden:
1) Es sind erst wenig konkrete Arbeitsinstrumente zum „V/G"-Denken bekannt. Diese sind bei „einfachen" Verkehrsfragen für den Ingenieur nur punktuell einsetzbar.
2) Weitere konkrete Methoden müßten den Bedürfnissen und den Randbedingungen der Praxis entsprechend entwickelt werden. Dies erfordert eine enge Zusammenarbeit mit „Praktikern".
3) Aufgrund des politischen Interesses an technischen und umweltwissenschaftlichen Planungen und der damit verbundenen zunehmenden Bedeutung von Kommunikation und Partizipation müßten auch die technischen und naturwissenschaftlichen Experten vermehrt eine Moderatoren-Rolle übernehmen.
4) Ein „V/G"-Entscheid setzt eine aktive Teilnahme der Entscheidungsträger am Prozeß voraus.

Literatur:

FLURY, A./M. STÖCKLIN/A.M. Walker 1993: Vernetztes bzw. ganzheitliches Denken bei Verkehrsvorhaben – Möglichkeiten für die praktische Anwendung von Methoden des vernetzten bzw. ganzheitlichen Denkens bei Verkehrsvorhaben Bern (= Eidgenössisches Verkehrs- und Energiewirtschaftsdepartement (Hrsg.) Forschungsauftrag Nr. 43/92 auf Antrag der Vereinigung Schweizerischer Verkehrsingenieure SVI) – Bezugsadresse: SVI Vereinigung Schweizerischer Verkehrsingenieure, Frau E. Ganz, Postfach 155, CH – 8034 Zürich, Tel 0041-1-984-18-84

FACHSITZUNG 5:
DIE ZUKUNFT DER STADT IN EUROPA

EINLEITUNG

Elisabeth Lichtenberger, Wien

1. Neue räumliche Sichtweisen

Die nahezu synchrone Schaffung der EU und Beendigung des großen „politisch-geographischen Experiments der Teilung Europas" haben neue räumliche Voraussetzungen für Städte und Stadtsysteme in Europa geschaffen. Die bisher übliche räumliche Sichtweise einer N-S-Differenzierung des Kontinents ist durch eine W-E-Differenzierung zu erweitern.

Zwei Beiträge übernehmen die Aufgabe der großräumigen Standortbestimmung. *Peter Hall* legt eine technologisch-ökonomische Schiene in die Zukunft der Städte in Westeuropa. *György Enyedi* kennzeichnet die Vorgänge der politischen Transition und der Transformation innerhalb der städtischen Gesellschaft sowie die Privatisierung von Boden- und Immobilienmarkt und die Kommerzialisierung der öffentlichen Dienstleistungen.

Nun zählt es zu den faszinierenden Verzögerungseffekten in der „Wahrnehmung" geänderter politischer Verhältnisse, daß die im Jahr 1989, knapp vor dem Fall des Eisernen Vorhangs, von *R. Brunet* veröffentlichte funktionelle Analyse von 165 Agglomerationen der EU mit dem Titel „Les Villes Européennes" noch immer die internationale geographische Literatur bestimmt und inzwischen auch in die Sozialwissenschaften diffundiert ist. Dies verdankt sie dem werbewirksamen Geo-Design mit den aus Nordamerika entlehnten griffigen räumlichen Großkategorien „Megalopolis" und „Sunbelt". Mit dieser Popularisierung neuer Raumbegriffe in Europa auf der Grundlage von Stadtklassifikationen erfolgt das Comeback eines „geopolitischen" Determinismus, dessen Bedeutung für die Standortentscheidungen von internationalen Konzernen gerade in einer Zeit verschärften Wettbewerbs zwischen den Städten um neue Investoren nicht unterschätzt werden sollte.

Diese EU-zentrierte Perspektive des *Brunet*-DATAR-Modells bedarf nach dem politischen Systemwechsel einer Revision. Es sei daran erinnert, daß im Spätherbst 1991 die Assoziationsverträge der EU mit der ČSFR (heute Tschechien und Slowakei), Ungarn und Polen unterschrieben wurden. Im April 1992 tagte der erste „Eurailspeed"-Kongreß der europäischen Verkehrsminister in Brüssel, seine Vereinbarungen tragen bereits der Ostöffnung Rechnung. Ein Gitter von Hochgeschwindigkeitsstrecken vernetzt das System von Eurometropolen und regionalen Metropolen (vgl. Abb. 1). Zwei Verbundsysteme flankieren die Megalopolis und distanzieren sich zugleich von ihr, ein westliches ist auf den Kanaltunnel und den neuen Großknoten von Paris ausgerichtet, von dem ein

Abb. 1

Paneuropäisches Metropolen - und Hochgeschwindigkeitsnetz

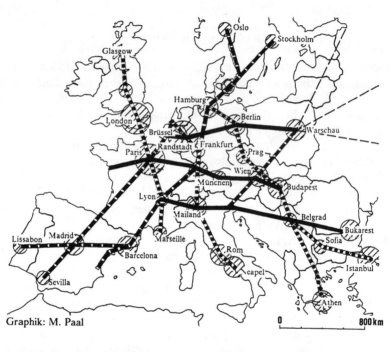

Graphik: M. Paal

High-Speed-Fächer ausgeht, der Frankreich und die Iberische Halbinsel umfaßt. Wesentlich wichtiger ist jedoch der östliche High-Speed-Ast einer mitteleuropäischen Metropolentrasse, welche Hamburg, Berlin, Prag, Wien, Preßburg und Budapest verbindet. Die südosteuropäische Fortsetzung nach Belgrad und Istanbul ist derzeit ungewiß.

Assoziationsverträge mit den EU und Eurailspeed-Planung sondern somit deutlich die innere westliche Zone der exkommunistischen Staaten von der äußeren Zone, der Rumänien, Bulgarien, Rest-Jugoslawien, die Ukraine und Weißrußland angehören. Nur auf die innere Zone eines östlichen Mitteleuropas beziehen sich die Ausführungen von *György Enyedi und Elisabeth Lichtenberger*.

2. Defizite der Forschung

Ein umfassendes Thema bedarf der Offenlegung von Defiziten der Forschung. Die wichtigsten seien im folgenden aufgelistet:
- Die politischen Entwicklungen überstürzen sich und bewirken eine Destabilisierung der Forschung. Enorme Datendefizite bei gleichzeitigem „Produktionszwang" für Darstellungen aufgrund der großen Nachfrage begünstigen bei nur rudimentären wissenschaftlichen Netzwerken einen z. T. pseudowissenschaftlichen Forschungsstil.
- Die nationalstaatliche Periode der Stadtforschung ist noch keineswegs zu Ende. Im Gegenteil, vielfach wird die gesamteuropäische Szene aus der jeweiligen regionalen oder nationalen Perspektive „verkürzt" anvisiert.
- Es fehlen vergleichende empirische Forschungen über die europäischen Städte, und sei es auch nur über bestimmte Sektoren von Wirtschaft und Gesellschaft. Die Auswahl von Fallbeispielen ist vielfach dem Zufall des Bekanntheitsgrades von Einzelpersonen in einem informellen Informationsverbund überlassen.
- Zwar bestehen bereits europäische Datenbanken über Staaten und Regionen, doch fehlt ein entsprechendes Datenbanksystem über Städte und damit auch eine Stadtstatistik im Rahmen von EUROSTAT.
- Der Zusammenbruch des „realen Sozialismus" und die weltweiten Liberalisierungsbestrebungen haben neue Formen einer wissenschaftlichen Kolonisierung aus der angelsächsischen Welt zur Folge. Nichtdestoweniger bestehen echte Theoriedefizite für den Umbau vom Plan zum Markt, nicht nur in der Nationalökonomie, sondern auch in der Stadtforschung.
- Fassen wir zusammen: Es ist insgesamt ein Quantensprung notwendig, um von der nationalen Ebene auf eine gesamteuropäische Ebene der Forschung zu gelangen; dieser ist bisher nicht erfolgt.

3. Neue Fragestellungen und Forschungstrends

Folgende Effekte werden in ihren Konsequenzen für das interurbane und intraurbane Stadtsystem und die Zukunft der Städte diskutiert:
- Demissionierung des Nationalstaates zugunsten der supranationalen und der regionalen politischen Ebene,
- Informationswirtschaft und technologischer Wandel im Transport- und Kommunikationssektor,
- Globalisierung des privaten Sektors der Ökonomie,
- Abkoppelung der Sozial- von der Wirtschaftspolitik,
- internationale Wanderbewegungen,
- Desorganisationserscheinungen der postindustriellen Gesellschaft.

Folgende Forschungstrends sind hervorzuheben:
- Stadtforschung ist weitgehend Metropolenforschung geworden, d. h. dem Konzentrationsprozeß der Wirtschaft entsprechend bleiben nur mehr die Metropolen auf dem Interessenfeld der Forschung übrig.
- Gleichzeitig erfolgt eine Renaissance der Analyse zwischenstädtischer Systeme.
- Sozialwissenschaftliche Fragen dominieren, wobei die Perspektiven vom Fordismus über den Postfordismus bis zum Neofordismus reichen.
- Städte werden mit Individuen gleichgesetzt und statistisch analysiert. Sichtweisen der Biographieforschung, des Lebenslaufkonzepts, von Entwicklungspfaden und Karrieremustern werden übernommen.
- In diesem Kontext sind Theorien über das Wachstum und den Niedergang von Städten angesiedelt (J. *Friedrichs*). Die Vielfalt der Strategien zur Revitalisierung erschwert systematische wissenschaftliche Aussagen.
- Auf dem politischen Hintergrund des Neoliberalismus wird das „neue Paradigma" der Städtekonkurrenz unter Einbringung politökonomischer Fragestellungen zum Modell der unternehmerischen Stadt hin thematisiert (H. *Leitner*) und die Public-Private-Partnership diskutiert.
- Die intrametropolitane Forschung ist in jüngster Zeit auf der Polarisierungsthese verharrt, welche für die Erklärung des sozialräumlichen Musters von großen Städten als gleichsam nicht mehr hinterfragtes Paradigma zu einem lehrbuchmäßigen Design gefunden hat. Die Polarisierungsthese ist ein Produkt des kapitalistischen Gesellschafts- und Wirtschaftssystems. Die anders gelagerten Verhältnisse von großen Metropolen in den sozialen Wohlfahrtsstaaten können damit nicht befriedigend erklärt und auch keine Lösungsstrategien für die Beseitigung der Konflikte angeboten werden. Eine Revision erscheint angebracht.

THE FUTURE OF THE CITIES IN WESTERN EUROPE

Peter Hall, Berkeley

1. The Urban System: Six Major Factors

The future of the urban system in Western Europe will be fundamentally affected by six major factors.
(1) *The shift from the goods-handling to the informational economy*, which will have a strong differential effect on cities according to their previous roles (CASTELLS 1989; DANIELS 1985; 1973; GILLESPIE/GREEN 1987; MARSHALL 1988). The informational economy extends far wider than the complex of financial services and specialized producer services (advertising, marketing, public relations, accountancy, legal services), including also education, culture, entertainment and sport, including the electronic and print media, which have been some of the fastest-growing industries of the 1980s and are likely to accelerate ahead of financial services in the 1990s (London Planning Advisory Committee 1991).
(2) *The locational requirements* of the different elements in the evolving informational economy. *Manufacturing* is likely to move to lower-cost locations worldwide, first to medium-cost, newly-industrializing countries in Eastern Europe, South East Asia and Latin America; however, the development of trade blocs may compel multinational companies to locate in countries and regions within each bloc which demonstrate the best trade-off between labour skills and labour costs (cf. the Japanese car and electronics manufacturers which have located in Britain). Specialized high-technology manufacturing may remain in so-called innovative milieux locations within advanced countries (AYDALOT 1988), generally in corridors adjacent to major metropolitan areas (the M4 Corridor west of London, the Cité Scientifique Ile-de-France Sud, the E4 Corridor north of Stockholm) (HALL et al 1987; HALL/PRESTON 1988; CASTELLS and HALL 1994). *Control and command functions*, in contrast, concentrate in selected core cities, but may spin off more routine functions to suburban locations in search of lower rents and a supply of the right kind of clerical labour.
(3) *Technological change*, above all in transport and communications technologies. Transport technologies have not shown many notable advances in the 20th century. The most important are:
   - the evolution of the jet passenger aircraft, not in speed but in passenger capacity and flight range (the 747–400, which by making possible flights of up to 10,000 miles begins to concentrate air travel on an increasingly narrow range of key international hubs);
   - the development of high-speed train systems, which are increasingly competing with air for the short-distance inter-city business passenger market over distances in the 200–500 kilometre range. These will offer

service to a wider range of cities than inter-continental air, and may indeed act as feeder-distributors to it, but only in relatively high-density urban environments where a large concentration of major cities occurs within the critical distance ranges (HALL 1991). The most significant of these is in the „Golden Rectangle" bounded approximately by Birmingham, Amsterdam, Frankfurt, and Paris, containing the route of the high-speed „European new trunk line" and its feeder-distributors. But important regional links are developing also in other parts of Europe (Newcastle-Leeds-London, Stockholm-Göteborg, Milano-Firenze-Roma, Barcelona-Madrid-Sevilla).

- the development of very high-quality telecommunications networks (teleports, cellular radio telephones including digital versions, broadband networks) in certain locations; critically important here is the development of broadband fibre-optic systems permitting the convergence of television, telecommunications and computing into new multimedia systems. It appears clear that these „21st Century Highways" are being provided much more rapidly in urban areas, especially innovative, information-oriented cities, than in other areas; the overall effect is likely to be concentration of advantages in a relatively few locations, though these may spread progressively from the centre to the edge of such regions.

(4) *Super-national forces*, including globalization of the private sector and the development of regional groupings, especially EC, NORDEN and the EC associated states; these are likely to cause a further concentration not only of super-governmental agencies (within the EC, the Commission, the Parliament, the Court, the future Monetary Institute) but also a host of specialized business services and also private-sector command and control functions in a few select „Eurocities", commanding wide areas of global economic space. And there is increasing pressure for convergence of these functions on one or two cities, as illustrated by the current argument over location of the Parliament. The likely prospect is convergence in the Brussels-Luxembourg axis, plus the Monetary Institute/Central Bank which will go to either Bonn or Frankfurt: the core of the EC, already well connected by motorways, trains and high-quality telecommunications. This core will be increasingly attractive for outside business, including multinational businesses seeking a location for their European headquarters operations. National capital cities within, or close to, the „Golden Rectangle" will be preferred for international headquarters functions. Those outside it – cities such as Madrid, Milano, Copenhagen or Berlin – may achieve a significant role as regional cities, effectively controlling an area of peripheral territory; they will be connected to the triangle by air, and so will be the seats of major hub airports; they may also be connecting points for regional high-speed train systems (Milano, Madrid).

(5) A factor still difficult to gauge, in 1993, is *the political and economic evolution of East Central Europe*, which is likely to favour a few top-level cities (especially national capitals) as service centres attractive to multinational

capital. The most favoured among these are the capitals of the group of states adjacent to the EC and likely to be incorporated in it during the next decade: Praha, Warszawa, Budapest, possibly Brno and Ljubljana. As compared with their western counterparts, these small capital cities are very underdeveloped in terms of high-level financial and producer service functions, though they are currently experiencing very rapid expansion. The likelihood therefore is that multinational capital will flow in from the developed countries of western Europe, as well as from North America and from the international agencies, while labour flows in from the surrounding countryside; at least initially, the development gap between cities and countryside, already evident, is likely to widen. This will parallel the development of major western European cities in the period 1950–70, and effectively represents a gigantic catch-up process.

It poses the question: will some of these capitals develop as major regional cities? Because population densities in these countries tend to be low and distances relatively great (typically 500 kilometres or more between them), and because nationalist sentiment is so strong, they may each retain some degree of independence as national capitals. Nevertheless the natural nodality of Berlin for the northern group, and of Vienna for the southern group, may reassert itself in a replay of history. Vienna, with its traditional ties and relatively short distances, may more easily achieve this in relation to Praha, Brno, Budapest and Ljubljana, than Berlin in relation to either Warszawa or Praha. More likely is that Berlin will naturally develop trade and tourism relations with its pre-1914 territories extending as far as Posnan and Wroclaw.

(6) *International migration*, in particular from the poorer, less-developed countries and regions to the south and east of western and west central Europe (the Balkans; North Africa; the Middle East); here there is both a very sharp demographic gradient, with a sudden transition to areas of high natural increase and correspondingly large numbers of young adults, and an economic gradient in terms of GDP per capita. This is likely to prove a potent force, bringing large flows of people (including illegal immigrants) into cities at the same time as older-established populations are moving out in search of more space and better housing quality in the suburbs. As already seen in the discussions of Fortress Europe this summer, there will be increasing pressure to regulate in-migration at the EC level, through the Schengen accord and the development of a common external border; but, as long American experience shows, external frontiers prove porous in practice, so that this move is unlikely to be completely successful.

One likely result, already seen in many of the larger European cities (London, Paris, Amsterdam, Berlin), is the development of cultural and linguistic enclaves in the hearts of the cities. American urban experience provides a salutary warning here, with the development of virtually permanent ghettos exhibiting low income and high unemployment, segregated in low-cost social housing (WILSON 1987; JENCKS/PETERSON 1991). This may be unique; so far, there appear to be no real European equivalents of the south Bronx, the south side of Chicago or inner Detroit. But some similar features appear, on a minor scale, in such areas as Manchester's Moss Side, London's Stonebridge Park and Amsterdam's Bijlemer.

2. Internal Shifts: Four Major Factors

Other forces will impact upon the changing *internal* form and functioning of individual city regions:

(1) *Changing locational considerations* for firms. In general, these tend to favour deconcentration from urban cores to peripheries. For manufacturing and goods-handling, especially, a major factor is the access to national and European highway systems for distribution, and (an emerging factor for some firms, especially in high technology) access to air freight for both rapid distribution and for servicing. For high-technology manufacturing, key factors appear to be close access to the intellectual and cultural milieu of the major metropolitan area, coupled with high-quality semi-rural environment and airport access. For a wide range of financial and producer service industries, there is the increasing attraction of suburban „Edge City" locations close to ample supplies of middle-level clerical and executive workers, and with rents at half or less the levels found in major metropolitan centres (for the American phenomenon, see GARREAU 1991). As a result, these larger areas assume over time a polycentric form, with decentralized homes and jobs (BUCK et al 1986), which in extreme cases can lead to the progressive development of long-distance corridors of development along major motorway and train routes: London-Bristol, Paris-Chartres, Stuttgart-Munich, Stockholm-Uppsala.

(2) This process is assisted by *social changes and preferences*, especially as between urban/suburban/rural lifestyles. The overwhelming trend has been toward *deconcentration* of urban areas: people, and following them jobs, have moved from central cities to suburbs (HALL/HAY 1980; VAN DEN BERG et al 1982; CHESHIRE/HAY 1989). Older-industrialized cities, in particular, may acquire a negative image because of the concentration of lower-income groups in social housing, unable to make the transition to suburbia. They may however continue to attract „cosmopolitans" – students in higher education and gentrifying young professionals, who share the cities with new arrivals – and, though some of these may later join the suburban exodus, others may stay to provide the basis for urban regeneration.

(3) *Transport and communication technologies* are relevant here: during the 1970s and 1980s, large-scale investment in new, generally rail-based public transport has been deliberately promoted in order to preserve and enhance the traditional role of city centres, first in German, Swiss and Dutch cities, now generally throughout western Europe (HALL/HASS-KLAU 1985) ; traffic restraint in the form of pedestrianization and traffic calming has similarly been promoted as a foundation for civilized urban life, and is now being followed by the first large-scale road pricing schemes, with Scandinavian cities in the lead. High-quality telecommunications systems, provided at ever

lower cost, have made possible the relocation of major office operations to distant suburban locations and even sophisticated systems of telecommuting. The new broadband communications systems, because of the high fixed cost of cabling, are likely to be confined to the denser urban areas.

(4) *Environmental factors*, especially affecting transport, are playing an increasing role, especially through EC Directives. The effects may be complex: general mobility taxes are likely to make the use of motorized transport more expensive in real terms, though this effect might well be cancelled out by the development of more fuel-efficient vehicles. However, differential charges (such as road pricing) might well have the effect of shifting some groups of activities (and of people) outside the cordon lines, so promoting deconcentration and thus working in an opposite direction in terms of policy. The Dutch Physical Planning Service, which has taken a European lead in trying to integrate land use planning, urban transport planning and environmental planning, have proposed that activities attracting large numbers of people – such as labour-intensive offices and entertainment – should be located at points of maximum accessibility by public transport; activities of medium attractiveness, such as lower density offices and retailing, should be at points of access from both public transport and roads, and only activities attracting relatively small personal flows (such as R&D, or warehousing) should be at nodes on the motorway system (Netherlands 1991).

3. Impacts on the Urban Hierarchy

These forces are likely to impinge differentially at the main levels of the urban hierarchy. It is useful to distinguish the following cases:

(1) First, the so-called *global cities*, of which there are very few examples in Europe (London; possibly also Paris, Frankfurt, Amsterdam, Milan; and Brussels, which is a special case); these are centres with exceptional concentrations of international command/control functions including foreign banks and other financial institutions, international consultancies and major multinational headquarters or regional offices; they also tend to have exceptionally high indices of interconnection in the form of major international airports and/or high-speed train systems (SASSEN 1991).

(2) *Regional-level cities*; somewhat more difficult to define, these include virtually all the smaller European capital cities (Stockholm, Oslo, Copenhagen, Rome, Madrid), as well as major provincial cities in larger countries (Hamburg, Stuttgart, Munich, Lyon, Marseille, Manchester, Glasgow); these cities typically have well-developed service sectors serving national or major regional markets, including some headquarters; the capitals, and some of the provincial cities, tend to have extensive international airport connections, and are comparable with the regional cities identified by Noyelle and Stanback in the United States (NOYELLE/STANBACK 1984; STANBACK 1985). This category overlaps with the first, with a number of ambiguous cases

(Brussels, Amsterdam, Frankfurt, Milan, Madrid) where competition between cities for „Eurocity" status may become very marked.
(3) There is the special case of *older industrial cities*, especially those in locations that are peripheral either nationally or continentally; they are heavily concentrated in a fairly narrow industrial belt from Belfast to Milan, though there are also some in east central Europe (Plzen, Lodz, Katowice). The position and the prospects of these cities varies according to their precise position in the urban hierarchy: some (Glasgow, Manchester, Lille, Dortmund) also perform important regional roles, while others are more purely industrial towns and are so more vulnerable to restructuring.
(4) Finally, Europe has hundreds of medium-sized *county-level cities* in predominantly rural regions. Many of them serve areas which have been the beneficiaries of the out-movement from the cities. Especially if they lie in growth corridors, they have expanded as centres for both private and public consumer services (including local government, higher education and health services) and have also attracted some deconcentrated producer services as well as manufacturing and warehousing.

The most likely scenario is a continuation of the trends of the last forty years. The „Golden Rectangle", linked by high-speed trains and containing most of the candidate „global cities" as well as a number of smaller national capitals and regional cities, will continue to show great dynamism and the greatest pressures, in consequence, for outward dispersal of people and jobs from the biggest metropolitan centres, particularly at key points (county-level towns) along the growth corridors following the motorways and the new high-speed train lines. Thus, mega-metropolitan areas with a distinct polycentric structure will develop. The peripheral sub-centres will form attractive centres for decentralizing activities, including R&D, high-technology manufacturing and servicing, and back office functions. In some cases planning may consciously assist this process, as with Britain's East Thames Corridor alongside the new high-speed line from London to the Channel Tunnel.

The fate of the regional cities will very much depend on their location in relation to the core. A few will actually benefit from distance from it, forming the cores of semi-independent zones of influence at the European periphery: the Scandinavian capitals, Madrid and Barcelona, Rome and Naples, Berlin and Vienna. A larger number will benefit from location on growth corridors connecting the Eurocore and major provincial centres (Manchester-Birmingham-London; Paris-Lyon-Marseille; Köln-Bonn-Frankfurt-Mannheim-Stuttgart-München). Some will continue to experience problems from their peripheral location, their poor image and/or their imbalanced industrial base. Conversely, regional cities serving exceptionally attractive rural hinterlands with good tourist potential (Edinburgh, Bristol, Toulouse, Grenoble, Milan, Firenze, München, Basel) are likely to continue to prove very attractive to inward investment, especially if they enjoy good transport infrastructure. But they will experience increasing competition from similar cities in east central Europe (Praha, Kraków) as they become more accessible (which will require enhanced motorway, airport and high-speed train links) and better known to investors not only in western Europe but worldwide.

References

AYDALOT, P. 1988: Technological Trajectories and Regional Innovation in Europe. In: AYDALOT, P./D. KEEBLE (ed.): High Technology Industry and Innovative Environments: The European Experience, London, S. 22–47
BUCK, N./I. GORDON/K. YOUNG 1986: The London Employment Problem. Oxford
CASTELLS, M. 1989: The Informational City: Information Technology, Economic Restructuring and the Urban-Regional Process. Oxford
CASTELLS, M./P. HALL 1993: Technopoles of the World: The Making of 21st-Century Industrial Complexes. London
CHESHIRE, P.C./D.G. Hay 1989: Urban Problems in Western Europe: An Economic Analysis. London
DANIELS, P.W. 1985: Service Industries: A Geographical Appraisal. London
GARREAU, J. 1991: Edge City: Life on the New Frontier. New York
GILLESPIE A.E./A.E. GREEN 1987: The Changing Geography of Producer Services Employment in Britain. In: Regional Studies 21, S. 397–412
HALL, P. 1987: The Anatomy of Job Creation: Nations, Regions and Cities in the 1960s and 1970s. In: Regional Studies 21, S. 95–106
HALL, P. 1991: Moving Information: A Tale of Four Technologies. In: BROTCHIE, J./M. BATTY/P. HALL/P. NEWTON, P. (ed.): Cities of the 21st Century: New Technologies and Spatial Systems. Melbourne, S. 1–21
HALL, P./M. BREHENY/R McQUAID/D. HART 1987: Western Sunrise: The Genesis and Growth of Britain's Major High Technology Corridor. London
HALL, P./C. HASS-KLAU 1985: Can Rail save the City? The Impacts of Rail Rapid Transit and Pedestrianisation on British and German Cities. Aldershot
HALL, P./D. HAY 1980: Growth Centres in the European Urban System. London
HALL, P./P. PRESTON 1988: The Carrier Wave: New Information Technology and the Geography of Innovation, 1846-2003. London
JENCKS, C./P.E. PETERSON, P.E. (ed.) 1991: The Urban Underclass. Washington, DC
London Planning Advisory Committee et al 1991: London: World City Moving into the 21st Century. A Research Project. Written by Richard Kennedy. London
MARSHALL, J.N. et al 1988: Services and Uneven Development. Oxford
Netherlands, Ministry of Housing, Physical Planning and the Environment 1991: Fourth Report (EXTRA) on Physical Planning in the Netherlands: Comprehensive Summary: On the Road to 2015. The Hague: Ministry of Housing, Physical Planning and the Environment, Department for Information and International Relations.
SASSEN, S. 1991 The Global City: London, New York, Tokyo. Princeton
van den BERG, L./R. DREWETT/L.H. KLAASSEN/A. ROSSI/C.H.T. VIJVERBERG 1982: Urban Europe: A Study of Growth and Decline (= Urban Europe, Volume 1). Oxford
WILSON, W.J. 1987: The Truly Disadvantaged: The Inner City, the Underclass, and Public Policy. Chicago

DIE ZUKUNFT DER STÄDTE IN ALTINDUSTRIALISIERTEN GEBIETEN

Jürgen Friedrichs, Köln

1. Einleitung

Seit Ende der 60er haben in allen hochindustrialisierten Ländern zahlreiche Großstädte in altindustrialisierten Regionen ökonomische, fiskalische und demographische Verluste erlitten. Wie inzwischen u.a. durch Shift-Share-Analysen empirisch belegt wurde, handelt es sich bei der Stagnation oder dem Niedergang keineswegs nur um Struktureffekte, sondern in mindestens ebenso starkem Maße auch um spezifische Effekte in den jeweiligen Städten. Allerdings weisen die Städte in der Phase des Niedergangs eine ganze Reihe von Gemeinsamkeiten auf (vgl. ausführlich: FRIEDRICHS 1993; RUST 1975).

Während sich Niedergang und Wachstum relativ gut erklären lassen, fehlen uns Theorien der Revitalisierung bzw. eines neuerlichen Aufschwungs. Die Revitalisierung von Städten in altindustrialisierten Regionen ist aber dem Ausmaß der Planung und der enormen Investitionen nach ein historisch einmaliger Prozeß des Strukturwandels von Städten. Ziel des Vortrags ist es, vorhandene Evidenz über die Revitalisierung, die in der Literatur auf wenigen Fallstudien beruht, daraufhin zu untersuchen, ob sich systematische Aussagen über die Bedingungen eines neuen Aufschwungs formulieren lassen. Hierzu werden vor allem drei Großstädte im Ruhrgebiet herangezogen: Bochum, Dortmund und Duisburg.

2. Traditionelles Modell städtischen Wachstums und Revitalisierung

Das Problem der Städte, die Phase des Niedergangs zu überwinden, besteht vor allem darin, über kein angemessenes ökonomisches Modell der Revitalisierung zu verfügen. Daher greifen die Städte häufig auf Vorstellungen über das Wachstum im 19. und frühen 20. Jahrhundert zurück, die sich als *traditionelles Wachstumsmodell* bezeichnen lassen.

Dieses Modell (ausführlich: THOMPSON 1965) geht von der Expansion der Arbeitsplätze im sekundären Sektor aus, die ihrerseits durch wenige Unternehmen der gleichen Branche (in seinem Fall: Fleischverpackung) ausgelöst wird. Auf die Diversifikation der Branchen und Arbeitsplätze im sekundären Sektor folgt eine Zunahme der Arbeitsplätze im tertiären Sektor. Eine Implikation ist die steigende Zuwanderung in die Stadt, eine zunehmende Heterogenität der Bevölkerung, sowie ein hoher Anteil jüngerer Einwohner. Das ökonomisch induzierte Wachstum der Stadt erfolgt demnach in drei Stadien: 1. Wachstum der ursprünglichen Unternehmen des sekundären Sektors; 2. Ansiedlung und Wachstum komplementärer Unternehmen; 3. Wachstum durch Expansion der Märkte von der lokalen zur regionalen bis zur nationalen oder internationalen Ebene.

Seit den 60er Jahren des 20. Jahrhunderts ist in den hochindustrialisierten Ländern ein Strukturwandel von der güterproduzierenden zu einer Dienstleistungen und Informationen produzierenden und verteilenden Gesellschaft eingetreten. Wenngleich das produzierende Gewerbe noch immer von beträchtlicher Bedeutung ist, so kann es doch nicht mehr als primärer Motor des Wachstums angesehen werden. Offenkundig gilt unter diesen komplexen Bedingungen nicht mehr das oben dargestellte traditionelle Wachstumsmodell. Es ist jedoch unklar, welches in einer Phase hoher Tertiärisierung die dominanten Branchen bzw. Unternehmen sind, die als Motor des Wachstums oder der Revitalisierung von Städten dienen können. Das traditionelle Modell – ungeachtet seiner Anziehungskraft bei Planern und Politikern – ist nicht mehr geeignet, um in einer wesentlich anderen Phase der Stadtentwicklung neues Wachstum zu schaffen.

Der Revitalisierung geht eine Phase voraus, die sich als *„Anpassungsphase"* bezeichnen läßt. Es vergehen oft Jahre, bis die Indikatoren des Niedergangs als Strukturkrise und nicht als kurzfristige Rezession interpretiert werden. Ausmaß und Verlauf des Niedergangs und ebenso die Bedingungen der Revitalisierung werden in dieser Phase entscheidend durch korporative Akteure beeinflußt, vor allem der dominanten Unternehmen, der Gewerkschaften und der jeweils regierenden Partei bzw. der lokalen Politiker. Dies zeigen u.a. Studien über Pittsburgh und Städte im Ruhrgebiet (u.a. BLOTEVOGEL u.a. 1988; HAMM und WIENERT 1990; HOERR 1988; KUNZMANN 1988).

Der wohl wichtigste Befund aus diesen Arbeiten ist, daß korporative Akteure durch ihr Beharrungsvermögen eher dazu beitragen, die Phase des Niedergangs zu verlängern und damit die des Aufschwungs zu verzögern. Aufgrund dieser Verflechtung bewahrender Interessen dauert es meist Jahre, bis aus der Anpassung eine aktive Strategie bzw. ein Bündel von Maßnahmen wird. Hierbei nun geraten die Kommunen in oben dargestellte „theoretische Lücke": Sie müssen Maßnahmen formulieren, ohne über eine gesicherte theoretische und empirische Basis zu verfügen, ob diese Maßnahmen auch dazu führen werden, das Ziel einer Revitalisierung zu erreichen.

3. Strategien der Revitalisierung

Die unterschiedlichen Maßnahmen lassen sich vereinfacht zu drei Strategien zusammenfassen, je nachdem, welche Maßnahme als wichtigste interpretiert werden kann: 1. Strategie der externen Diversifizierung, 2. Zugpferd-Strategie, 3. Strategie der internen Diversifizierung.

Die Strategie der externen Diversifizierung.
Sie beruht darauf, neue Unternehmen aus „neuen" Branchen anzusiedeln. Häufig soll die Stadt nun als Unternehmen begriffen werden. Es wird eine neue Institution zur Wirtschaftsförderung gegründet, die quer zu Stadtplanung, Liegenschaftsamt und Wirtschaftsamt selbständig um ansiedlungswillige Unternehmen wirbt und mit ihnen verhandelt, so in Bochum, Dortmund, Duisburg und Hamburg.

Die Zugpferd-Strategie.
Hier wird im wesentlichen auf *eine* Maßnahme gesetzt: Glasgow als Kulturhauptstadt Europas, das Musical „Starlight Express" in Bochum, Industriemesse und „Cebit" in Hannover, die „Documenta" in Kassel oder das in seiner ursprünglichen Form gescheiterte „Superdome"-Projekt in Oberhausen. Es wird eine Einrichtung oder Veranstaltung gewählt, die für die Stadt kennzeichnend werden soll. Die Vorteile dieser Strategie sind ihre Einfachheit, Klarheit und abschätzbare Außenwirkung. Ihre Nachteile sind, daß die hierfür vorhandenen Nischen inzwischen rar sind, daß sie erheblicher Anstrengungen bedarf, um sich gegen Wettbewerber durchzusetzen. Zudem hat eine solche Ansiedlung dadurch, daß sie keine der vorhandenen Traditionen der Stadt aufnimmt, oft nur geringe Effekte in der Stadt zur Folge; die Mobilisierung vorhandener lokaler Ressourcen bleibt aus. Was diese Strategie dennoch leistet, ist, das (bislang negative oder unbedeutende) Image der Stadt ins Positive zu kehren und so zumindest Signale für potentielle Investoren zu senden. Das ist in allen drei Städten der Fall.

Die Strategie der internen Diversifizierung.
Diese Strategie richtet sich darauf, die endogenen Möglichkeiten der Stadt zu ermitteln und auszubauen. Ziel ist es, in der Kommune vorhandene Ressourcen zu mobilisieren, zu fördern und auszubauen, um so eine kritische Masse für einen eigendynamischen Prozeß weiterer Ansiedlungen auszulösen. Ihre Vorteile sind, auf vorhandene Ressourcen und Spezialisierungen aufzubauen, geringere Anfangs-Investitionen zu erfordern, unter Umständen einen größeren Rückhalt in der Bevölkerung zu finden. Ihre Nachteile sind, daß sie erst langsam Effekte *in* der Stadt und noch viel später *für* die Stadt zeitigt, einen im Vergleich zu den beiden anderen Strategien höheren und kontinuierlichen Aufwand an Koordination erfordert, sowie ein Umdenken und eine stärkere Beteiligung unterschiedlicher Gruppen, eben jener korporativen Akteure, verlangt. Diese Strategie ist von zahlreichen Städten gewählt worden, oft in Kombination mit der Strategie der externen Diversifikation.

4. Diskussion und Folgerungen

Alle drei Strategien enthalten Maßnahmen zu einer Public-Private-Partnership (vgl. COLEMAN 1988); als Modell dient dabei vielfach das wissenschaftlich und planerisch oft bemühte Beispiel der Revitalisierung von Pittsburgh.

Offenkundig kommt den Universitäten im Prozeß der Revitalisierung eine hohe Bedeutung zu. Zum einen sind sie der Ansatzpunkt für neue Technologien und einen Forschungstransfer, zum zweiten bilden sie jene Arbeitskräfte aus, die für Unternehmen mit hochwertigen Dienstleistungen gefordert werden.

Die Vielfalt der Maßnahmen wiederum erschwert es, zu wissenschaftlichen Aussagen über a) den Erfolg oder Mißerfolg der Strategien und ihrer Maßnahmen, sowie b) den Verlauf einer erfolgreichen Revitalisierungsphase zu gelangen. Am ehesten dürfte die Strategie der internen Diversifizierung langfristig erfolgreich sein. Sie wird in wenigen Städten, z.B. Bochum, mit der Zugpferd-Strategie verbunden. Unter den Bedingungen eines nationalen und europäischen Wettbewerbs der Städte ist dies vermutlich die angemessene Strategie, weil die Stadt auch auf vorhandene Ressourcen zurückgreift.

Erstaunlich ist, wie ähnlich die Maßnahmen in den drei Städten (Bochum, Dortmund und Duisburg) sind. Es handelt sich stets darum, Technologieparks und als Kern ein Technologiezentrum zu errichten: Ferner werden in hohen Maße neue Gewerbeflächen in Gewerbeparks erschlossen, deren Gebäude fast immer in Parks oder Grünzonen eingebettet sind. Vielfach handelt es sich dabei um Flächen stillgelegter Produktionsstätten, oft ehemalige Zechen. Ob sich die Hoffnungen erfüllen, auch diese Gebäude zu vermieten, steht dahin. Es ist nicht einmal sicher, daß ein so hohes Angebot an Gewerbeflächen erforderlich ist.

Da der Niedergang der Städte durch eine Krise ihrer ökonomischen Basis eingeleitet wurde, ist es gerechtfertigt, das Ausmaß der Revitalisierung ebenfalls mittels ökonomischer Indikatoren zu messen. Danach beurteilt, hat in allen drei Städten in der zweiten Hälfte der 80er Jahre ein Strukturwandel begonnen. Er ist aber keineswegs abgeschlossen; dies zeigen sowohl die Daten als auch die umfangreichen weiteren geplanten Maßnahmen (Projekte) in den drei Städten. Der Wandel zeigt sich in stagnierenden (Dortmund) bzw. sinkenden Arbeitslosenquoten (Bochum, Duisburg), der Zunahme der Beschäftigen im tertiären Sektor, steigenden Einnahmen aus der Gewerbesteuer, hohen Bauinvestitionen. (Bei den positiven Wanderungsbilanzen ist zu beachten, daß sie vor allem auf die Zuwanderung aus dem Ausland zurückzuführen sind.) Eine wesentliche Voraussetzung für die Revitalisierung ist erfüllt worden: eine stärkere Diversität der Branchenstruktur. Sie zeigt sich in einem Rückgang der im sekundären und einem gleichzeitigen Anstieg der im tertiären Sektor Beschäftigten. Letzterer wuchs von 1980-90 in Bochum um 56,2%, in Dortmund um 4,7% und in Duisburg um 33,5% (Bundesgebiet: 88,1%).

Vergleicht man die Entwicklungen in den drei Städten mit denen im Bundesland NRW und der BRD (alte Bundesländer), so lagen 1990 die Arbeitslosenquoten noch immer über denen des Landes NRW und der BRD (alte Bundesländer). Auch die Zahl der Sozialhilfeempfänger und die Ausgaben für Sozialhilfe pro Einwohner (nur Hilfe zum laufenden Lebensunterhalt) lagen über denen von NRW und des Bundesgebietes. Die Daten lassen ferner ein starkes Anwachsen der Verschuldung in Bochum und Duisburg erkennen. Insgesamt liegt die Entwicklung der drei Großstädte unter der Nordrhein-Westfalens und des Bundes. Am stärksten war der Wandel in Bochum, das 1990 auch die relativ günstigsten Bedingungen aufweist, relativ ungünstig schneidet Duisburg ab.

Die Revitalisierung hätte von den Städten aus eigener Kraft nicht erreicht werden können, vielmehr waren und sind ganz erhebliche Fördermittel des Landes, Bundes und der EU hierzu erforderlich (gewesen). Mit diesen Mitteln sind vor allem Vorleistungen der Städte finanziert worden, z.B. Technologiezentren und Gewerbeparks. Die so bereitgestellte Infrastruktur soll dazu dienen, zwei Ziele zu erreichen: eine Veränderung des Images der Stadt („positive signaling") und die Anziehung neuer Unternehmen. Die Städte verhalten sich wie „Als-ob-

Unternehmen": Sie haben auf eine Nachfrage, deren Ausmaß sie nicht schätzen können, Angebote erstellt, wobei allerdings die Risiken aufgrund der externen Finanzierung begrenzt wurden.

Der schwierigste Teil der Umstellung und Revitalisierung ist der Wandel der Sozialstruktur. Sie war und ist geprägt durch Facharbeiter spezifischer Branchen und Handwerker, die Städte haben ihre eigenen Milieus, darin wiederum keine hohe Heterogenität. Sollte die erwünschte Zuwanderung von Unternehmen eintreten, führt dies auch zu einer Zuwanderung von Arbeitskräften, die aus anderen Milieus, meist mit höherer Schulbildung, kommen. Deren Nachfrage wird auch die Infrastruktur der Städte verändern. Die Folgen einer ökonomisch erfolgreichen Revitalisierung werden zumindest eine größere Heterogenität der sozialen Milieus und eine steigende soziale Segregation sein, wenn nicht gar eine Polarisierung.

Angesichts des hohen – und ähnlichen – Angebots an Gewerbeparks, Technologiezentren und Dienstleistungsparks in den Städten des Ruhrgebiets stellt sich die Frage, ob damit die Chance verbunden ist, Betriebe aus der Region München oder Mittlerer Neckar abzuziehen, zumindest aber einen beträchtlichen Teil der Neugründungen anzuziehen. Die weitere Entwicklung der Revitalisierung in ehemals niedergehenden Städten ist daher sehr schwer zu beurteilen. Die Städte haben enorme Anstrengungen unternommen, ihre ökonomische Basis umzustrukturieren. Es ist fraglich, ob sie in den nächsten zwanzig Jahren mit der Revitalisierung gleich erfolgreich sein werden. Eine Prognose wird zudem durch die gegenwärtige Rezession in allen hochindustrialisierten Ländern erschwert.

Literatur

BLOTEVOGEL, H.H./B. BUTZIN/R. DANIELZYK 1988: Historische Entwicklung und Regionalbewußtsein im Ruhrgebiet. In: Geographische Rundschau 40, S. 8–13
COLEMAN, M. 1988: Public/Private Cooperative Response Patterns to Regional Structural Change in the Pittsburgh Region. In: J. J. Hesse (Hrsg): Die Erneuerung alter Industrieregionen. Baden-Baden, S. 123–15
FRIEDRICHS, J. 1993: A Theory of Urban Decline: Economy. Demography and Political Elites. In: Urban Studies 30, S. 907–917
HAMM, R./H. WIENERT 1990: Strukturelle Anpassung altindustrieller Regionen im internationalen Vergleich. Berlin (= Schriftenreihe des Rheinisch-Westfälischen Instituts für Wirtschaftsforschung 48)
HOERR, J.P. 1988: And the Wolf Finally Came. Pittsburgh
KUNZMANN, K.R. 1988: Pittsburgh – Ein Modell für das Ruhrgebiet? Dortmund (= Universität, Institut für Raumplanung, Arbeitspapier 60)
RUST, E. 1975: No Growth: Impacts on Metropolitan Areas. Toronto-London
THOMPSON, W. 1965: Urban Economic Growth and Development in a National System of Cities. In: Hauser, P./H.Hauser/L.F. Schnore (Hrsg.): The Study of Urbanization. New York, S. 431–490

STÄDTESYSTEME IM WANDEL.
URSACHEN UND KONSEQUENZEN ZWISCHENSTÄDTISCHEN WETTBEWERBS UND UNTERNEHMERISCHER STADTPOLITIK

Helga Leitner / Eric Sheppard, Minneapolis, USA

Die wirtschaftlichen Entwicklungschancen von Städten an sich und innerhalb des Städtesystems stehen in engem Zusammenhang mit ihren komparativen Standortvorteilen, die sich aufgrund des Umfangs, der Organisation und der sektoralen Struktur lokaler wirtschaftlicher Aktivitäten, sowie der Produktivität, Qualifikation und Kosten der Arbeitskräfte ergeben. Der Standortvorteil einer Stadt ist jedoch nicht festgeschrieben, sondern von langfristigen wirtschaftlichen, technologischen, politischen und demographischen Strukturveränderungen auf nationaler und internationaler Ebene abhängig, ebenso auch von der Fähigkeit von Städten, auf diese Veränderungen zu reagieren und diese zu nützen.

Der sich seit der Mitte der 70er Jahre in den entwickelten westlichen Industrieländern vollziehende wirtschaftliche und technologische Strukturwandel hat zur Herausbildung neuer Führungssektoren und Wachstumsbranchen, neuer branchenübergreifender Produktionskonzepte und Managementstrategien (z.B. Reorganisation der Produktion in Form flexibler Systeme) und zur Herausbildung von transnational organisierten und operierenden Industrieunternehmen und Unternehmen des Finanzkapitals geführt. Das gleichzeitige Auftreten dieser Veränderungen hatte gravierende Konsequenzen für die komparativen Standortvorteile von Städten und somit für ihre wirtschaftliche Dynamik. So führte der sektorale Strukturwandel in den USA zum wirtschaftlichen Niedergang ehemals bedeutender Zentren industrieller Produktion, wie z.B. Detroit, während die Expansion des Finanzsektors und der Produzentendienstleistungen für die überdurchschnittliche wirtschaftliche Wachstumsdynamik von Stadtregionen wie San Francisco verantwortlich zeichnete. Im Zusammenhang mit der Internationalisierung und Flexibilisierung von Produktion und Kapital kam es weiters zu einer gesteigerten räumlichen Mobilität von Kapital und Unternehmen. Die damit verbundene Flexibilisierung der Standortwahl von Unternehmen bedeutet eine Abnahme in der langfristigen Sicherung von Standortvorteilen, und damit in der Prognostizierbarkeit der wirtschaftlichen Wachstumsdynamik von Städten. Dies wird belegt durch eine Analyse der Veränderungen im Wirtschaftswachstum von 31 europäischen Stadtregionen zwischen den Zeitperioden 1975–85 und 1985–1991, gemessen an ihrer Wertschöpfung. Abb. 1 zeigt die Veränderungen des jährlichen Zuwachses der Wertschöpfung der Stadtregionen bezogen auf den jeweiligen Landesdurchschnitt. Ein Wert von 1 bedeutet ein dem Landesdurchschnitt äquivalentes Wachstum. Elf Stadtregionen wechselten von unterdurchschnittlichen zu überdurchschnittlichen und zwei Stadtregionen von überdurchschnittlichen zu unterdurchschnittlichen Wachstumsraten zwischen 1975–85 und 1985–91. Demgegenüber verzeichneten lediglich sieben Stadtregionen in beiden Perioden überdurchschnittliche Wachstumsraten, und weitere sieben blieben in bei-

Abb. 1: Veränderungen in den relativen jährlichen Wachstumsraten in der Wertschöpfung* für 31 europäische Stadtregionen zwischen 1975–1985 und 1985–1991

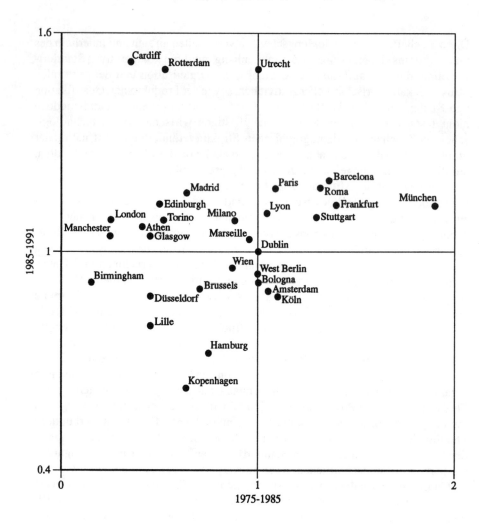

* bezogen auf den Landesdurchschnitt (Landesdurchschnitt = 1)
Quellen: EUROSTAT REGIO Database, EUROSTAT National Accounts und ERECO (European Economic Research and Advisory Consortium) Report 1993

den Perioden unter dem nationalen Durchschnitt. Die breite Streuung der Stadtregionen im Diagramm deutet weiters darauf hin, daß es nicht möglich ist, von der Wachstumsdynamik einer Stadtregion in der Zeitperiode 1975–85 auf die nächste Zeitperiode zu schließen. Insgesamt ist das Wachstum der Wirtschaftskraft einer Stadtregion schwer vorhersagbar.

Parallel zu wirtschaftlichen Restrukturierungsprozessen ist es zu grundlegenden Veränderungen in den Prioritäten, Verantwortlichkeiten und Interventionsformen von Nationalstaaten in Wirtschaft und Gesellschaft gekommen. Erstens sehen wir einen Rückzug der nationalen Ebene aus vielen sozial- und gesellschaftspolitischen Bereichen, bei gleichzeitiger Deregulierung und zunehmender Subventionierung privatwirtschaftlicher Aktivitäten zur Ankurbelung der Wirtschaftsdynamik. Zweitens zeichnet sich im Rahmen einer Dezentralisierungsreform ein Bedeutungsgewinn der lokalen Ebene als Ort der politischen Intervention in das Wirtschaftsgeschehen ab. So wurde z.B. durch den sich in den USA der 80er Jahre vollziehenden Wandel zum neoliberalen Entwicklungsmodell à la Reagan, Reagans „New Federalism", Städte quasi aufgefordert, ihre Abhängigkeit vom Bund aufzugeben und sich auf einen verschärften Wettbewerb um wirtschaftliche Aktivitäten einzurichten. Laut Präsident Reagans „National Urban Policy Report" von 1982: „States and local governments have prime responsibilities for making their urban areas attractive for private investors". Die Zunahme der Verantwortlichkeit in den Handlungsfeldern von Kommunen kann einerseits als Bedeutungsgewinn der lokalen Ebene als Ort der politischen Intervention in das Wirtschaftsgeschehen, andererseits als Entlastungsstrategie der zentralen Ebenen (Bund, Länder) interpretiert werden. Für letzteres spricht die Tatsache, daß die Denzentralisierungsreform mit einer Kürzung zentralstaatlicher Finanzzuweisungen an Kommunen verbunden war (LEITNER 1990).

Für europäische Städte haben weiters politische Entwicklungen auf internationaler Ebene, wie die Ostöffnung, die Vollendung des EG-Binnenmarktes und die Schaffung des Europäischen Wirtschaftsraumes, zu zusätzlicher Unsicherheit bezüglich der Beibehaltung ihrer Standortvorteile geführt. Einerseits verspricht der europäische Binnenmarkt durch den Abbau von nationalstaatlichen Regulierungen ein besseres Funktionieren der Marktmechanismen und damit erhöhtes Wirtschaftswachstum; andererseits sind vor allem bei multinationalen Großunternehmen gravierende Veränderungen der Standortorientierung zu erwarten. Ein Beispiel dafür ist die viel diskutierte Neuverteilung und Reduzierung der Anzahl von Produktionsstätten der europäischen Automobilfirmen auf die aus europaweiter Sicht effizientesten Standorte. Ähnlich verhält es sich mit der Ostöffnung. Einerseits erschließt diese für ausgewählte westeuropäische Städte neue Märkte, andererseits gefährden osteuropäische Städte, vor allem aufgrund ihres niedrigen Lohnniveaus, die komparativen Standortvorteile westeuropäischer Städte.

Die tatsächlichen und potentiellen Auswirkungen der eben beschriebenen Veränderungen in den politischen und ökonomischen Rahmenbedingungen auf die wirtschaftliche Entwicklungsdynamik von Städten haben diese zu einer *Unternehmerischen Stadtpolitik* veranlaßt. Sie wurde seit den späten 70er Jahren zuerst in den USA, und mit einiger zeitlicher Verzögerung auch in Europa, als

Allheilmittel im Konkurrenzkampf zwischen Städten um „hochwertige", zukunftsträchtige wirtschaftliche Aktivitäten und „gehobene" Konsumentenschichten propagiert.

Unternehmerische Stadtpolitik ist gekennzeichnet durch einen vergrößerten, wenn nicht dominanten Stellenwert wirtschaftspolitischer Zielsetzungen in der Kommunalpolitik. Um dies durchzusetzen, ist es notwendig, verstärkt Ressourcen und Verfügungsgewalt der Gemeinde zur Wirtschaftsförderung einzusetzen und verschiedenste Politikfelder, wie z.B. Kultur- und Stadtentwicklungspolitik, wirtschaftspolitischen Zielen zu verpflichten. Die Entscheidungsfindung und Durchsetzung dieser wachstumsorientierten Entwicklungspolitik erfolgt zunehmend über Verhandlungen und formelle Kooperation zwischen Vertretern des privaten und öffentlichen Sektors (sogenannte Public Private Partnerships), außerhalb der klassischen Strukturen der Kommunalverwaltung in quasi-öffentlichen Entwicklungsagenturen. Im Zentrum einer unternehmerischen Stadtpolitik stehen Strategien zur Herstellung eines wirtschaftsfreundlichen Klimas und der lokalen Imagepflege, öffentliche Investitionen in Kultur- und Freizeiteinrichtungen, und nicht zuletzt direkte und indirekte Subventionen an die Privatwirtschaft zur Förderung und Ansiedlung von Wachstumsbranchen.

Erwarteterweise bestehen zwischen verschiedenen Ländern und Städten Unterschiede in bezug auf die Art und Weise und das Ausmaß, in der das lokale politische System örtliche Entwicklungsprozesse stimuliert. Diese sind u.a. auf unterschiedliche institutionelle und politische Rahmenbedingungen und Unterschiede in der Standortgunst zurückzuführen. Unternehmerische Stadtpolitik in US-amerikanischen Städten mit einer niedergehenden oder stagnierenden Stadtökonomie war in den 80er Jahren vor allem durch die Bereitstellung von lokalen öffentlichen Mitteln an die Bau- und Immobilienwirtschaft zur Errichtung von Bürobauten, Einkaufszentren, Hotels und Wohnungen für den gehobenen Bedarf gekennzeichnet (LEITNER 1989). Diese Art der Förderungspolitik ging zu Lasten der Entwicklung von haushaltsnaher Infrastruktur und Humankapital. In europäischen Städten scheint dies nicht in gleichem Ausmaß der Fall zu sein. Hier sind die Entwicklung und Pflege von Humankapital in Form lokaler Arbeitsmarkt- und Beschäftigungspolitik vielfach integrierte Bestandteile einer unternehmerischen Stadtpolitik (HEINELT 1991).

Die territorialen und sozialen Auswirkungen einer unternehmerischen Stadtpolitik innerhalb von Städten wurden bis dato in einer Vielzahl von Fallstudien von US-amerikanischen und europäischen Städten angesprochen (STONE/SANDERS 1987; LEVINE 1987; LEITNER 1989; SQUIRES 1989; HEINELT/MAYER 1992). Demgegenüber gibt es unseres Wissens nach keine systematischen Untersuchungen über die Auswirkungen einer verstärkten Standortkonkurrenz und einer unternehmerischen Stadtpolitik auf das Städtesystem. Allerdings existieren eine Reihe von Annahmen. In der wissenschaftlichen und politischen Diskussion wird zumeist davon ausgegangen, daß verstärkter Wettbewerb und unternehmerische Stadtpolitik durch die Förderung von Wirtschaftswachstum zu einem wirtschaftlich effizienteren Städtesystem führen. Es wird zwar eingeräumt, daß eine verstärkte Standortkonkurrenz kurzfristig negative Konsequenzen für die Wachstumsdynamik mancher Städte mit sich bringen kann, diese sollen jedoch langfristig durch eine zunehmende Effizienz der räumlichen Wirtschaft kompensiert werden. Diese Einschätzung der Auswirkungen städtischen Wettbewerbs und unternehmerischer Stadtpolitik basiert auf einem neoklassischen regionalökonomischen Ansatz, der besagt, daß erhöhte Standortkonkurrenz nicht nur zu Wirtschaftswachstum, sondern auch zu einer Verringerung der Unterschiede in der Wachstumsdynamik zwischen Städten führt. Letzteres kann entweder durch den ungehinderten Fluß von Produktionsfaktoren wie Kapital und Arbeitskräften erreicht werden, oder durch die Nutzung von komparativen Vorteilen durch eine Strategie der Spezialisierung und des zwischenstädtischen Handels.

Diese Argumentation ist jedoch aufgrund logischer Inkonsistenzen in der neoklassischen regionalen Wachstumstheorie (SHEPPARD/BARNES 1990) und aufgrund empirischer Befunde aus den USA nicht haltbar. Wir möchten daher zwei alternative Hypothesen zu den Auswirkungen von verschärfter Standortkonkurrenz und unternehmerischer Stadtpolitik aufstellen.

1. Verschärfter Wettbewerb und unternehmerische Stadtpolitik führen zu einer räumlichen Umverteilung von Arbeitsplätzen und Investitionen, welche potentielles neues Wirtschaftswachstum innerhalb des Städtesystems unterminiert. Zunehmende Konkurrenz um Investitionen und Arbeitsplätze zwischen Städten resultiert in einem Verkäufermarkt, der von potentiellen privaten Investoren zur Erhöhung ihrer Profite ausgenützt wird. Die Heftigkeit des zwischenstädtischen Wettbewerbs erhöht die Verhandlungsstärke von Unternehmen, die versuchen, durch Androhung oder das Angebot einer Standortverlagerung ein Maximum an öffentlichen Subventionen zu erhalten. Weiters stehen Städte, die derzeit durch eine stagnierende oder gar niedergehende Wirtschaftsdynamik gekennzeichnet sind, unter besonderem Konkurrenzdruck und sind kontinuierlich auf der Suche nach neuen Strategien zur Verbesserung ihrer Wirtschaftsdynamik. Dies übt wiederum Druck auf derzeit prosperierende Städte aus, ebenfalls Maßnahmen zu ergreifen, die eine Beibehaltung ihrer Wirtschaftsdynamik ermöglichen. Erhöhter Konkurrenzdruck ist daher mit einem erhöhten Kostenaufwand für alle Städte verbunden. Die Bereitstellung von öffentlichen Ressourcen entwickelt sich daher potentiell zu einem Nullsummenspiel, welches eher zu einer räumlich selektiven Verlagerung wirtschaftlicher Aktivitäten als zu neuem Wirtschaftswachstum innerhalb des gesamten Städtesystems führt.

2. Mit verstärktem städtischen Wettbewerb und unternehmerischer Stadtpolitik nehmen die Unterschiede in der Wachstumsdynamik zwischen Städten nicht notwendigerweise ab. Wie Untersuchungen in den USA gezeigt haben, stellen wirtschaftlich stagnierende und niedergehende Städte trotz ihrer geringeren finanziellen Leistungskraft einen höheren Anteil ihrer öffentlichen Ressourcen zur Ankurbelung der lokalen Wirtschaft zur Verfügung (RUBIN/RUBIN 1987; LEITNER 1990). Dies ist zum einen darauf zurückzuführen, daß dies von seiten der Städte als erforderlich angesehen wird, um konkurrenzfähig zu bleiben, zum anderen verlangen Investoren und Unternehmer

von wirtschaftlich schwächeren Kommunen höhere Subventionen. Demgegenüber müssen wirtschaftlich prosperierende Städte aufgrund ihrer Standortvorteile und ihrer höheren Finanzkraft einen wesentlich geringeren Anteil an öffentlichen Ressourcen zur Förderung und Anziehung von Investitionen und Arbeitsplätzen aufwenden. Das Resultat in den USA war vielfach eine größere finanzielle Verschuldung wirtschaftsschwächerer Kommunen, ohne signifikante Ankurbelung der lokalen Wirtschaftsdynamik.

Diese eben diskutierten potentiellen Auswirkungen zwischenstädtischen Wettbewerbs und unternehmerischer Stadtpolitik auf die Raumwirtschaft und auf disparitäre Wirtschaftsverläufe innerhalb des Städtesystems wurden bis dato in der wissenschaftlichen Diskussion in unzureichendem Maße wahrgenommen und empirisch untersucht. Es scheint derzeit, daß Stadt- und Regionalforscher primär damit beschäftigt sind, aus dem Angebot an lokalen Entwicklungsstrategien diejenigen auszuwählen, welche die größten Chancen für eine Dynamisierung einer Stadtwirtschaft versprechen.

Unberücksichtigt bleiben dabei jedoch vielfach die Konsequenzen, wenn mehr und mehr Städte dieselben Strategien verfolgen; zum Beispiel, wenn, wie derzeit der Fall, die Mehrzahl der Städte auf die Förderung und Anziehung von ortsansässigen und/oder externen Wachstumssektoren und neuen Produktionsformen sowie gehobenen Konsumentenschichten setzt. Diese Tatsache erhöht einerseits potentiell die Kosten für alle Städte, andererseits verringert sie die Erfolgschancen dieser Strategien für alle Städte. So wurde z.B. der Erfolg, den die französische Stadt Rennes mit ihrer Entwicklungsstrategie in den 80er Jahren hatte, auf das Fehlen von dynamischen Entwicklungsstrategien in rivalisierenden Städten wie Nantes zurückgeführt (vgl. LE GALÈS 1992).

Weiters wird vielfach übersehen, daß interlokale Konkurrenz nicht allein von lokalen Standortvorteilen und städtischen Entwicklungsstrategien bestimmt wird, sondern ebenso von internen Entscheidungen in multiregionalen und transnationalen Firmen und Institutionen. Vor dem Hintergrund einer flexiblen Standortgeographie sind also die wirtschaftlichen Entwicklungschancen einer Stadt und deren Position innerhalb des Städtesystems auf der Grundlage globaler Ressourcenausnutzung und raumübergreifender Produktionsstrategien und Kapitalflüsse zu bewerten.

Basierend auf diesen Überlegungen ergeben sich folgende Vorschläge für die Politikgestaltung:

1. Ruinöser Wettbewerb zwischen Städten soll verhindert werden. An die Stelle verschärfter Konkurrenz soll interkommunale bzw. zwischenstädtische Kooperation treten. Wenngleich dafür bereits ein Bewußtsein in der akademischen und zum Teil in der politischen Diskussion besteht, so ist dies kein einfaches Unterfangen. Wie Versuche der Kooperation in Form von Regionalkonferenzen in Nordrhein-Westfalen gezeigt haben, besteht vielfach eine unzureichende Kooperationsbereitschaft zwischen den Kommunen, vermutlich nicht zuletzt deshalb, weil Kooperation im Vergleich zum Alleingang nicht notwendigerweise als die günstigste Form einer lokalen Interessenwahrnehmung angesehen wird. Weiters, wenn eine Kooperation in Form von

Informationsaustausch zustande kommt, wie es auch von der EU propagiert wird, so führt dies aufgrund der Gefahr der Imitation nicht notwendigerweise zum Abbau der Standortkonkurrenz, es sei denn, Entwicklungsstrategien werden aufeinander abgestimmt. Effizienz, Möglichkeiten und Grenzen von kooperativen Konzepten müssen daher noch näher ausgelotet werden (HEINZE/VOELZKOW 1991).

2. Wird innerhalb von Nationalstaaten bzw. innerhalb der Europäischen Gemeinschaft eine Reduzierung der Wachstumsdisparitäten zwischen Städten bzw. Stadtregionen angestrebt, so ist eine Verstärkung der Verantwortlichkeit und der Bereitstellung von Finanzmitteln von seiten der supralokalen staatlichen Ebenen (Länder, Bund, EU) erforderlich. Nur durch eine gemeinsame Verantwortung und Bereitstellung von Ressourcen der Kommunen, Ländern, Bund und EU ist es möglich, die anstehenden Entwicklungsprobleme, besonders in wirtschaftlich stagnierenden und niedergehenden Stadtregionen, anzugehen.

Literatur

EUROPEAN ECONOMIC RESEARCH AND ADVISORY CONSORTIUM (ERECO) 1993: European Regional Prospects. Cambridge

HEINELT, H. 1991: Die Beschäftigungskrise und arbeitsmarkt- und sozialpolitische Aktivitäten in Städten. In: Heinelt, H./H. Wollmann (Hrsg.): Brennpunkt Stadt. Basel, Boston, Berlin, S. 257–280

HEINELT, H./M. MAYER (Hrsg.) 1992: Politik in europäischen Städten. Basel, Boston, Berlin

HEINZE, R. G./H. VOELZKOW 1991: Kommunalpolitik und Verbände. Inszenierter Korporatismus auf lokaler und regionaler Ebene? In: Heinelt,H./H. Wollmann (Hrsg.): Brennpunkt Stadt. Basel, Boston, Berlin, S. 187–206

LE GALÈS, P. 1992: Rennes. Lokal gesteuerte Entwicklung in Frankreich. In: Heinelt, H./M. Mayer (Hrsg.): Politik in europäischen Städten. Basel, Boston, Berlin, S. 137–166

LEITNER, H. 1989: Urban Politics and Downtown Redevelopment: The Case of Six American Cities. In: J. S. Adams (Hrsg.): The Geographic Evolution of the United States Urban System. Moscow (Institute of Geography, Academy of Sciences of the USSR), S. 195–248

LEITNER, H. 1990: Cities in Pursuit of Economic Growth: The Local State as Entrepreneur. In: Political Geography Quarterly 9, S. 146–170

LEVINE, M. 1987: Downtown Redevelopment as an Urban Growth Strategy: A Critical Appraisal of the Baltimore Renaissance. In: Journal of Urban Affairs 9, S. 103–123

RUBIN, I.S./H.J. RUBIN 1987: Economic Development Incentives – The Poor (Cities) Pay More. In: Urban Affairs Quarterly 23, S. 37–62

SHEPPARD, E./T. BARNES T. 1990: The Capitalist Space Economy – Analytical Foundations after Ricardo, Marx and Sraffa. London

SQUIRES, G. (Hrsg.) 1989: Unequal Partnerships: The Political Economy of Urban Redevelopment in Postwar America. New Brunswick, N.J.

STONE, C. N./H.T. SANDERS (Hrsg.) 1987: The Politics of Urban Development. Lawrence, Kansas

DIE ZUKUNFT DER EUROPÄISCHEN STADT IN WEST UND OST

Elisabeth Lichtenberger, Wien

Der Beitrag hat drei Zielsetzungen:
(1) aktuelle Prozesse und zukünftige Trends sowie die Veränderung der Stadtsysteme und der intrametropolitanen Strukturen in West und Ost zu kennzeichnen,
(2) empirische Ergebnisse über die Effekte der Internationalisierung und Restratifizierung des Immobilienmarktes, des Arbeits- und Wohnungsmarktes mittels Vergleichsuntersuchungen von Wien, Budapest und Prag vorzuführen und,
(3) ausgehend von der Internationalisierung des Finanzmarktes und der Zuwanderung, die Funktion des geschützten Sektors zu definieren und das Polarisationsparadigma für das intrametropolitane System zu korrigieren.

1. Aktuelle Prozesse und zukünftige Trends

(1) Die „Demission des Nationalstaates" durch die Schaffung einer supranationalen und einer regionalen Ebene wird die Positionen von Primate Cities über Legistik und Budgets beeinflussen und eine Annäherung zwischen den nationalen Siedlungssystemen bewirken. Folgendes ist hierzu festzuhalten:
– Es gibt keine EG-Politik für Städte, sondern nur Raumordnungsprinzipien und regionalpolitische Maßnahmen. Die Politik der EG ist analog zur Politik der Nationalstaaten sektoral ausgerichtet. Die Integration diverser sektoraler Maßnahmen wird weder auf dem Niveau der Städte noch auf dem von Stadtregionen betrieben.
– In den exkommunistischen Staaten hat das Wegziehen der gemeinsamen Decke des kommunistischen Systems ältere persistente Strukturen von Gesellschaft und Städtesystem offengelegt. Nationale Strategien bestimmen die Privatisierung von Grund und Boden, Wohnungen und Betrieben.
(2) Die Globalisierung der Ökonomie führt zur Konkurrenz der großen Metropolen. Hierbei handelt es sich keineswegs um ein Nullsummenspiel, sondern um die Neuverteilung des wachsenden quartären Sektors. Für das neue ahierarchische Konkurrenzmuster bietet die Bundesrepublik Deutschland aufgrund des Verlusts der Hauptstadtfunktion durch Berlin und der föderalistischen Verfassung ein Modell (Frankfurt, Köln, Düsseldorf, München, Hamburg usf.), welches allerdings für strikte zentralistisch organisierte Staaten nicht als Vorbild dienen wird.
– Die Attraktivität von Metropolen für internationale Investoren ist besonders im Osten wichtig. Dort werden in mittelfristiger Zukunft freilich nur die Primate Cities von den Übersprungeffekten des internationalen Finanzmarktes profitieren.

(3) Die geplante Anbindung einer inneren Zone der exkommunistischen Staaten an Hochgeschwindigkeitsnetze und die im Aufbau begriffenen internationalen EDV-Netze werden das Verkehrs- und Kommunikationsprimat der betreffenden Hauptstädte wesentlich verstärken.
(4) Die weltweite Liberalisierung bewirkt eine Abkoppelung der Gesellschaftspolitik von der Wirtschaftspolitik und einen schrittweisen Rückbau der Institutionen des Sozialen Wohlfahrtsstaates.
– In den exkommunistischen Staaten erfolgt eine drastische Reduzierung und Privatisierung von sozialen Dienstleistungen.
(5) In Westeuropa führen internationale Wanderbewegungen zu einem neuen ethnischen Pluralismus in den Metropolen
(6) Desorganisationserscheinungen der postindustriellen städtischen Gesellschaft (Arbeitslosigkeit, underclass, Obdachlosigkeit, outcasts, outlaws) werden sich weiter ausbreiten und sehr rasch die Oststaaten ergreifen.

2. Veränderung der Stadtsysteme

(1) Das interkontinentale Metropolensystem, welches auf dem Wachstum des quartären Sektors beruht, separiert sich zunehmend von den konsumentenorientierten nationalen Zentralörtlichen Systemen. Hierbei akzentuieren sich Prozesse des Aufstiegs und Niedergangs von Metropolen, deren Rangpositionen kontinuierlichen Verschiebungen unterliegen, welche höhere Strata als bisher erreichen und auch die Primate Cities in die Instabilität einbeziehen.
– Die Sonderstellung der Primate Cities in den postkommunistischen Staaten wird umso länger bestehen bleiben, je später diese Staaten in den wirtschaftlichen Integrationsprozeß Europas einbezogen werden.
(2) Die regionalen zentralörtlichen Systeme treten ein in eine Phase der Destabilisierung, die Abstände zwischen den Hierarchiestufen vergrößern sich, einzelne Stufen werden eliminiert, Städte sinken in niedrigere Ränge ab.
– In den ehemals planwirtschaftlich organisierten Staaten ist die Eliminierung der unteren Ränge der Zentralen Orte zum Großteil bereits erfolgt.
(3) Kleinstädte geraten – in Abhängigkeit vom regionalen Entwicklungsniveau – an den Rand der Entwicklung; ihre Erhaltung ist langfristig nur über Eingliederung in metropolitane Regionen, und/oder öffentliche Investitionen bzw. Attraktivität für die Freizeitgesellschaft und postindustrielle Lebensstile möglich.
(4) Die Aufspaltung der Standorte der Arbeits- und Freizeitgesellschaft in Europa hat wichtige räumliche Effekte. Dazu zählen das Take-Off von Freizeit- und Kulturstädten, die Entstehung und Vergrößerung von Tourismusrevieren und Pensionopolissiedlungen in attraktiven Peripherien und die Delegierung von Freizeitwohnungen an Kleinstädte und ländliche Räume in erweiterten metropolitanen Regionen.

– Die Ausbildung von Zweitwohnungsregionen um Großstädte und vor allem um die nationalen Metropolen ist in den ehemals sozialistischen Staaten wesentlich stärker ausgeprägt als in den meisten Staaten Westeuropas und wird seine Bedeutung behalten.
(5) Das Take-off von Know-How-Industrien und Technopolis-Entwicklungen ist abhängig von Agglomerationsvorteilen, eine Verlagerung von EDV-Arbeitsplätzen an die Peripherien ist noch nicht absehbar.
– In den kommunistischen Staaten sind Industriereviere investitionspolitisch bevorzugt gewesen – das gilt in besonderem Maße für das Oberschlesische Industrierevier –, allerdings ist das Umstellungspotential durch ökologische Probleme schwer belastet.
(6) Längs des ehemaligen Eisernen Vorhangs kommt es zu transnationalen Verflechtungen der nationalen Stadtsysteme. In den angrenzenden postsozialistischen Staaten, vor allem in Ungarn, profitieren auch Regionalstädte von Overspilleffekten des internationalen Finanzkapitals, während im Westen gelegene Städte durch Währungs- und Lohndumping negative Rückkopplungen erfahren können.

3. Veränderung intrametropolitaner Strukturen

(1) Die neuen administrativen Reformen in den postsozialistischen Staaten haben mit der politisch-administrativen Fragmentierung der Metropolen in Distrikte (local states), vor allem in Budapest und Prag, Analogien zu den USA geschaffen.
Im Hinblick auf Ordnungsmaßnahmen, Budget und konkrete Eingriffsmöglichkeiten in die Stadtentwicklung besteht danach in Zukunft ein klarer Unterschied gegenüber dem Munizipalzentralismus, wie er den deutschen Sprachraum und in Westeuropa vor allem Frankreich kennzeichnet.
(2) Selektive Investitionen sind als Schaustücke der Grundstücksverwertung und Standortentwicklung in Form von Großbauvorhaben von der öffentlichen Hand im Verein mit dem internationalen Finanzkapital als Public-Private-Partnership getätigt und unter verschiedenen Etiketten vermarktet worden:
– Bei der Waterfront Development reichen die bekanntesten Beispiele von den Londoner Docklands über Rotterdam bis zur Entwicklung der Donauinsel und der Donaucity in Wien und bis zur EXPO in Budapest, welche im Süden der Stadt an der Donau in Planung war.
– Festivalisierung und Demonstration der Nutzung des öffentlichen Raums für Elemente einer Stadtpolitik und Stadtkultur besitzen in Kontinentaleuropa eine alte Tradition, die wieder neu aufgegriffen wird (Glasgow).
– Hinsichtlich der Separierung bzw. Integration von Wirtschaftscity und Freizeitcity stehen auf dem Kontinent zwei Modelle einander gegenüber: die Errichtung von Disney-Land außerhalb von Paris und die Integration der Donauinsel als riesiges öffentliches Freizeitareal in den Stadtkörper von Wien.

(3) Internationale Wanderungsbewegungen und eine neue ethnische Kastenbildung auf dem Arbeitsmarkt sowie ethnische Segregationsvorgänge auf dem Wohnungsmarkt führen zur Frage, ob ein Pluralismus der Kulturen und Ethnien langfristig auch die europäischen Metropolen kennzeichnen wird. Im interkontinentalen Vergleich ist zur Agglutinierung einer Vielzahl von ethnischen Gruppen in der Kernstadt von Chicago Paris als Gegenmodell zu nennen, wo die Gentrifizierung weitflächig soziale Unterschichten und arme Ethnien aus der Kernstadt in die Banlieue verdrängt hat.

(4) Die Desorganisationserscheinungen der postindustriellen Gesellschaft (underclass, homelessness, outcasts) greifen um sich, sie haben jedoch – wenn man die Zahlen vergleicht – in Europa nirgends solche Ausmaße wie in den USA erreicht.

Mit der Konzeption der quartered city (*Marcuse* 1989) – der Fragmentierung und Partialisierung der Stadtstruktur – wird dort das Ende des sozialen Konsenses szenarienmäßig für die kapitalistische Stadt vorweggenommen.

4. Effekte der Internationalisierung und Restratifizierung der Märkte: Immobilienmarkt – Arbeitsmarkt – Wohnungsmarkt

Für die Forschungsthematik bieten sich zwei Zugänge. Auf den Boden- und Immobilienmärkten geht es um die externen Effekte der Internationalisierung, eingeschränkt gilt dies auch für Arbeitsmärkte, dagegen sind Wohnungsmärkte immer noch an nationale und stadtspezifische politische Strategien gebunden. Explorative Vergleichsforschungen wurden in Wien, Budapest und Prag durchgeführt.

4.1 Die Internationalisierung des Immobilienmarktes in Europa

Sie beruht auf den Großbauvorhaben den erwähnten Public-Private-Partnerships und den „Portfolio-Investments" von Großunternehmen in Form von transnational gestreutem Immobilienbesitz. Sie führt zur Überschichtung der nationalen Immobilienmärkte, welche an die Finanzmittel der Hypothekenbanken der einzelnen Staaten gekoppelt sind, und erreichte die Primate Cities im östlichen Mitteleuropa und Osteuropa in extrem kurzer Zeit. Die erst kurzfristige Phase der Entstehung eines Grundstücks- und Immobilienmarktes ist hier durch überzogene Preisforderungen gekennzeichnet, wie sie einer risikobereiten Profitmaximierung entsprechen. So lassen sich Großunternehmen nicht von weit überhöhten Preisen für Büromieten abschrecken. Die Tabelle der Büromieten in west- und osteuropäischen Metropolen belegt dies eindrucksvoll (vgl. Tabelle 1).

Tabelle 1: Büromieten in Westeuropa und Osteuropa

	Westeuropa 30.9.1992		Osteuropa August 1993
	Büromieten in DM in bester Lage pro m² im Monat		Büromieten in DM einschl. Betriebskosten
London	100	Moskau	50–130
Paris	100		
Genf	100		
Frankfurt	90		
Berlin	85	Warschau	30–80
Mailand	75	Prag	20–75
Barcelona	75		
Madrid	70		
München	65		
Stockholm	60		
Düsseldorf	60	Budapest	8–60
Brüssel	40	Sofia	6–40
Wien	40	Laibach	15–35
		Preßburg	5–35

Quellen:
Jahresbericht 1991/92 CA Ostwirtschafts-Report
Immobilien Anlagen AG Economic Intelligence Unit
Wien 1993

Hingewiesen sei auf die unzureichende rechtliche Basis der Immobilienmärkte in den exkommunistischen Staaten, in denen die Dreiheit von Grundbuch mit Vertrauensgrundsatz, bürgerlichem Gesetzbuch und Handelsgesetzbuch nirgends vorhanden ist.

4.2 Vergleich des Büroimmobilienmarktes in Wien, Budapest und Prag

Die Frage nach der Konkurrenz zwischen den Eurometropolen Wien, Budapest und Prag läßt sich mittels der Analyse des Büroimmobilienmarktes beantworten.

Zunächst Wien. Hier dokumentiert die Entwicklung des Büroimmobilienmarktes den Wechsel aus der Grenz- in eine Transferlage. Der über Jahrzehnte hin völlig versteinerte Immobilienmarkt ist schlagartig aufgebrochen worden, der Boom an Büroneubauten übertrifft bereits Frankfurt. Seit 1987 sind drei Entwicklungen nahezu synchron abgelaufen:

(1) Das Angebot an Büros im Althausbestand hat zugenommen.
    Eine Printmedienanalyse ergab in der ersten Hälfte 1990 240.000 m² und 1991 bereits 305.000 m².
(2) Während bis 1987 Firmen im wesentlichen nur für den eigenen Bedarf Büros gebaut haben, hat 1989 schlagartig eine spekulative Bautätigkeit für den Fremdbedarf eingesetzt, welche 1991 bereits 80% betrug.

(3) Über die Medien zu verfolgen ist ferner die sehr rasche Ansiedlung von Zentralbüros internationaler Unternehmen in Wien, darunter nahezu aller Großkonzerne des Computersektors, wie IBM, Hewlett Packard, ABB, Epson, aber auch Firmen wie General Motors, die von hier aus Osteuropa betreuen.

Tabelle 2: Neubau und Planung von Büroflächen (m2)

	Wien	Budapest		Prag	
1987–91	550.000				
1992–95	1,650.000	1992	100.000 Altbau	1992	200.000 Planung
	(1 AP = 20 m²)		250.000 Neubau		
	= Frankfurt	EXPO	750.000 Planung		

(AP = Arbeitsplatz)
Quellen: Beiträge zur Stadtentwicklung, Bd.35, Redaktion: R. Eigler, Wien 1992.
Immobilen in Europa II. Wien 1992.

Tabelle 2 belegt Neubau und Planung von Büroflächen in Wien, Budapest und Prag. Danach hat Budapest 1992 mit einem Angebot von 100.000 m2 im Altbaubestand und 250.000 m2 Neubau auf dem Bürosektor Wien nahezu erreicht, wobei in der EXPO-Planung weitere 750.000 m2 vorgesehen sind. In Prag werden bisher in erster Linie Büros im Altbaubestand angeboten, zumeist von Firmen, die durch Verlagerung aus Prag bzw. Privatisierung ihre Bürogebäude aufgeben. Die Situation von Wien mit dem bestehenden Überangebot fügt sich in westeuropäische und US-amerikanische Erfahrungen, wo im Schnitt drei bis fünf Jahre benötigt werden, um im Zuge eines Bürobaubooms neu errichtete Großbüroobjekte zu vermieten. Anders ist die Situation im Osten, wo das Angebot nicht mit der überhitzten Nachfrage Schritt halten kann und die Bautätigkeit – von Budapest abgesehen – noch sehr gering ist. Es wird erwartet, daß diese Situation mittelfristig anhalten wird.

4.3 Internationalisierung und Tertiärisierung auf dem Arbeitsmarkt in Wien und Prag

Die Arbeitsmärkte der Metropolen in Ostmitteleuropa unterscheiden sich grundsätzlich von denen Westeuropas. Es fehlt nicht nur die hohe, vielfach sogar über dem nationalen Durchschnitt liegende Arbeitslosigkeit, sondern offene Stellen können vielfach nicht besetzt werden. So stand z.B. der Grundlast an Arbeitslosen in Wien von rund 68.000 im August 1993 in Prag im Juni 1993 ein Überangebot an offenen Stellen von rund 30.000 gegenüber.

In Prag wird damit der Rückbau des staatlichen Sektors und die Entindustrialisierung durch die Tertiärisierung und die Nachfrage von internationalen Firmen mehr als kompensiert. Ihre Nachfrage richtet sich zu zwei Dritteln auf den Bürosektor und zu einem Fünftel auf den Handel (vgl. Tabelle 3). Erstaunlich ähnlich und gleichzeitig niedrig ist in beiden Städten die Nachfrage nach Arbeitnehmern im Produktions- und Baugewerbe mit nur rund 20 %. Ebenso ist die Nachfrage auf dem Bürosektor mit rund 30 % nahezu identisch. Hierbei wurde die Entindustrialisierung und der Abbau der Arbeitskräfte im sekundären Sektor in Wien über die staatliche Arbeitsmarktverwaltung, in Prag über die Nachfrage regionaler Betriebe, welche auf dem Prager Arbeitsmarkt Fachkräfte suchen, aufgefangen. Im unteren Spektrum der Dienstleistungen kann die Nachfrage in Prag noch durch inländische Arbeitskräfte abgedeckt werden, während der Wiener Arbeitsmarkt auf Ausländer angewiesen ist.

Tabelle 3: Nachfragestrukturen auf dem Wiener und Prager Arbeitsmarkt

| | Wien 1988 | | Prag 1993 | | |
	Arbeitsmarktverw.	Kurier	Inland	Expresz Ausland	Regional
Produktion u. Bau	> 49.5	20.6	19.4	1.6	> 50.0
Technischer Bereich	4.2	6.6	11.0	8.9	4.2
Gastgewerbe	10.3	11.4	12.7	1.6	4.2
Lager, Transport			3.1	0.8	
Bürosektor insges.	5.4	30.8	29.6	> 61.3	16.9
Ein- und Verkauf	12.1	15.1	7.5	> 19.4	12.7
Reinigung, Wachdienste,			> 8.8	0.8	0.7
soziale Dienste, Hausp.	3.3	3.3	2.5		2.1
sonstige Dienste	2.4	6.6	5.5	5.6	7.7
Teilzeit		4.4			
Lehre	12.8	1.1			

Unter Verwendung von:
B. Stangl, Wien 1989 und M. Holzgreve, Wien 1993

Allerdings könnte mittelfristig, dem gelegentlich auftretenden Prinzip der Gleichzeitigkeit des Ungleichzeitigen folgend, noch vor der westeuropäischen Entwicklung in Prag wie in anderen Primate Cities Ostmitteleuropas ein Trend an Bedeutung gewinnen, der gegenwärtig den kapitalistischen Arbeitsmarkt in den USA kennzeichnet, nämlich die rasche Zunahme von Teilzeitjobs bei gleichzeitiger Akkumulation von solchen durch die Arbeitnehmer, womit die „zweite Wirtschaft" kommunistischer Systeme ein kapitalistisches Comeback erfahren würde.

4.4 Die Resegmentierung der Wohnungsmärkte in Wien, Budapest und Prag

Die Wohnungsmärkte von Wien, Budapest und Prag weisen mehrere Gemeinsamkeiten auf. In allen drei Städten dominieren Miethäuser, Einfamilienhäuser spielen keine Rolle. Der Anteil des geschützten Sektors beträgt selbst in Wien nahezu die Hälfte des Wohnungsbestandes (Kommunal-, Genossenschafts-, Dienstwohnungen u. dgl.). Für die Zeit vor 1990 ist ferner hervorzuheben:

- die Immobilisierung und das Pseudoeigentumsdenken der Mieter durch Mieterschutz in Wien und staatliches Zuteilungssystem in Budapest und Prag,
- die Niedrigmietenpolitik, welche indirekt zur Subventionierung von Zweitwohnungen beigetragen hat,
- die Finanzierung des sozialen Wohnungsbaus aus Steuermitteln,
- eine Familienwohnbaupolitik.

Tabelle 4 belegt die Eigentumsverhältnisse um 1990.

Tabelle 4: Eigentumsverhältnisse der Wohnungen in Wien - Budapest - Prag

	Wien 1991 Tausend	%	Budapest 1990 Tausend	%	Prag vor 1989	Tausend	%
Kommunal	203	27	424	53	Staat	290	58
Genossenschaften	94	13	79	10	Genoss.	110	22
					Betriebe	33	7
Private Mietwohng.	247	33	?				
Eigentumswohng.	86	12	136	17	Private		
Private Einfamilienh.	43	6	155	20	Einf.	66	13
Dienstwohng. u. s.	66	9					
Hauptwohnsitz	739		belegt 775			500	
Nebenwohnsitz	42						
leer	72		leer 18				
insgesamt	853		793				

Privatisierung 1990–1992   Budapest = 18%   Prag = 25%
                                    Verkauf an Mieter   Restituierung Hausbesitz

Quellen:
Prag: E. Lichtenberger, 1993; G. Th. Kingsley et al., 1993.
Wien: ÖSTZ: Häuser- und Wohnungszählung 1991; E. Lichtenberger, 1993.
Budapest: HCSO (Hungarian Central Statistical Office): 1990 Population Census, Budapest, 1993. J. Hegedus et al., 1993.

Seither ist es zu einer Resegmentierung gekommen. Zwei Änderungen sind bemerkenswert:

Erstens sind durch die politisch-administrative Reform in den ostmitteleuropäischen Metropolen die Bezirke zu local states (Budapest 22, Prag 56) geworden, während in Wien ein zentralistischer Munizipalsozialismus fortbesteht und die Bezirke geringe Entscheidungsfunktion und kein Budget besitzen.

Zweitens ist in den östlichen Metropolen der staatliche Miethausbau beendet, während Wien mit einem neuen Sozialen Wohnbauprogramm begonnen hat. 1992 wurden 6.000 Wohnungen erstellt, 1993 sind 8.000 Wohnungen im Bau, das bedeutet konkret, daß pro 100 Haushalte eine Sozialwohnung errichtet wird. Die Wohlfahrtsfunktion einer betont sozialdemokratischen Wohnungspolitik wird somit beibehalten, während andererseits in Budapest und Prag ebenso massiv die

Privatisierung der staatlichen Mietwohnungen vorangetrieben wird, die allerdings auf unterschiedlichen Modellen beruht.

In Budapest wird die Privatisierung über die Mieter durchgeführt (J. *Hegedüs* et al., 1993), während in Prag die Restitution des Hausbesitzes und damit eine Privatisierung des Miethausbestandes als erstes vorgenommen wurde (G. Th. *Kingsley* et al., 1993).

In Wien wird somit weiterhin mittels des Sozialen Mietwohnungsbaus eine Anti-Segregations-Strategie betrieben, während die Privatisierung in Budapest und Prag den besseren Wohnbestand erfaßt. Da dieser seinerzeit an Funktionäre u. dgl. vergeben wurde und heute diese selbst bzw. die Nachfolgegeneration die Möglichkeit nützen, über Kredite zu Eigentum zu kommen, wobei – in Budapest – der Staat rund 30% des an sich niedrigen Kaufpreises übernimmt, bedeutet dies eine „doppelte Subventionierung" von mittleren und oberen Gesellschaftsschichten. Räumlich erfolgt derart ein Comeback historischer sozialräumlicher Strukturen.

5. Internationalisierung und Stabilisierung von intrametropolitanen Systemen

Mobilisierende Effekte auf intrametropolitane Systeme resultieren
(1) aus der Internationalisierung von Finanzkapitals und
(2) aus der ausländischenn Zuwanderung.
(3) Die Erhaltung und Stabilisierung der Systeme erfolgt über den geschützten Sektor des Immobilien-, Wohnungs- und Arbeitsmarktes (vgl. Abb. 1).

ad (1)
Die ökonomische Konkurrenzfähigkeit von Metropolen in der Globalisierung der Ökonomie wird über internationales und extrametropolitanes Finanzkapital gesteuert. Hierbei kommt es über die Internationalisierung des Immobilienmarktes zu Mitnahmeeffekten auf dem Wohnungsmarkt, u. a. durch Vorgänge der Gentrifikation, Errichtung von Wohnparks u. dgl. Durch Betriebsinvestitionen und Schaffung hochrangiger Arbeitsplätze erfolgt z. T. eine Überschichtung der ortsständigen Arbeitsbevölkerung durch auswärtige – ausländische – Manager, die ihrerseits wieder gehobene Wohnansprüche stellen und ein Ansteigen der Mieten bewirken. In der Miethausstruktur von großen Städten mit hoher Standortqualität des Zentrums stratifizieren sich die Bewohner in der vertikalen Dimension. In Paris, ebenso wie in Wien, werden Penthäuser, deren Bau vielfach sogar mit öffentlichen Mitteln gefördert wurde, zu Aussichtsterrassen über der Stadtlandschaft für Angehörige oberer Einkommensschichten, darunter auch zahlreiche Ausländer.

ad (2)
Der Input von ausländischer Bevölkerung und ausländischen Arbeitskräften in städtische Systeme wird aus lokaler und nationaler Perspektive vielfach als besonderes Problem Europas betrachtet. Ein Blick auf die USA erscheint ange-

Die Zukunft der europäischen Stadt in Ost und West 215

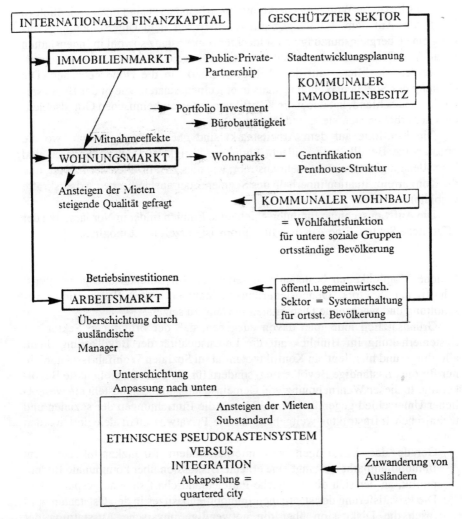

Figur 1: Internationalisierung versus Geschützter Sektor

bracht: Dort hat die Zählung 1991 einen Anteil von 24 % ausländischer Bevölkerung ergeben, insgesamt 65 Millionen. Dem stehen in den EG 16 Millionen gegenüber. In den USA sind die Kernstädte heute multiethnische Zentren geworden, in denen schwarze, hispanische und ostasiatische Bevölkerungen zusammen die Mehrheit bilden. In Europa haben etwa die Benelux-Städte Brüssel und Amsterdam bereits die 30%-Marke überschritten, in Wien wurden kürzlich 24% als Schätzwert genannt.

Die Effekte im Wohnungsmarkt und im Arbeitsmarkt sind unterschiedlich zu beurteilen. Auf dem Wohnungsmarkt resultiert aus dem Unterschichtungsvorgang eine Übergangsnutzung von schlechter Bausubstanz sowohl in Innenstädten als auch in Großwohnanlagen und Behelfssiedlungen des Stadtrandes, gleichzeitig werden die Mieten auf dem Billigwohnmarkt in die Höhe getrieben. Die Öffnung des Sozialen Wohnungsbaus in einzelnen Staaten, wie in der Bundesrepublik Deutschland, hat dabei die Konflikte mit den einheimischen Grundschichten eher erhöhen statt sie zu reduzieren.

Die Konflikte auf dem Arbeitsmarkt sind überall dort geringer, wo die ortsständige Bevölkerung schlecht entlohnte Tätigkeiten des sekundären und Dienstleistungssektor nicht mehr anstrebt, wie dies z.B. in Wien der Fall ist, und die Konkurrenzsituation innerhalb des Segments der ausländischen Arbeitskräfte verbleibt.

Die Aufstiegsschiene für unterschichtende Ethnien bildet in Nordamerika der öffentliche Sektor. Eine Aussage für Europa ist derzeit nicht möglich.

ad (3)
Welche Möglichkeiten bestehen von seiten des öffentlichen und gemeinwirtschaftlichen Sektors, Gegensteuerungsmaßnahmen gegen Segregation, Abschottung und wachsende Disparitäten in Gang zu setzen?

Grundsätzlich muß man davon ausgehen, daß der öffentliche Sektor zur Systemerhaltung im Hinblick auf die Lebensqualität der Bevölkerung dient, allerdings, und hier liegt ein Konfliktpotential im Sozialen Wohlfahrtsstaat, nicht nur für die ortsständige Bevölkerung, sondern für die gesamte wohnhafte Bevölkerung. In dieser Wahrnehmung von Gemeinschaftsaufgaben besteht ein wesentlicher Unterschied gegenüber den USA, wo die Einrichtungen der sozialen und technischen Infrastruktur weitgehend an die Privatwirtschaft delegiert worden sind.

(1) Gerade das Vordringen von internationalem Finanzkapital auf dem Immobilienmarkt erzwingt eine erneute Diskussion über kommunale Bodenpolitik, an der sich die politische Parteienlandschaft stets aufgespalten hat. Die Privatisierung des staatlichen Immobilienbesitzes in den Oststaaten wird rasch die Diskussion über die notwendige physische Ausstattung der Munizipalbehörden und local states entfachen, man wird erkennen, daß sie nur dort, wo sie über ausreichenden Grundbesitz in den von ihnen verwalteten und regierten Städten verfügen, imstande sind, Stadtentwicklungsplanung und Vorhaben der Public-Private-Partnership effizient durchzuführen.

(2) Der Wohnungsmarkt in europäischen Städten ist bisher von der nationalen und lokalen Wohnungspolitik gesteuert worden. Hierbei wurde in der Neubautätigkeit im abgelaufenen Jahrzehnt der Soziale Wohnungsbau stark reduziert und die Objektförderung vielfach in eine Subjektförderung transformiert. Der öffentliche Wohnbau hatte und hat eine Wohlfahrtsfunktion für untere Gruppen, aber auch für breite Mittelschichten der metropolitanen Bevölkerung.

Beispiele hierfür sind die Niederlande, Dänemark, Schweden, aber auch Österreich. In diesem Zusammenhang verdient Beachtung, daß in Budapest von Sozialwissenschaftlern bereits ernsthafte Kritik an der Privatisierung geübt und ein Abstoppen des Privatisierungsprozesses bei staatlichen Wohnbauten gefordert wird, wenn es nicht gelingt, über Subjektfinanzierung die sonst entstehenden räumlichen und gesellschaftlichen Disparitäten teilweise abzufangen.

(3) Zur Wohlfahrtstradition Europas gehört auch das breite Spektrum des geschützten Arbeitsmarktes, der vielfach Bildungs- und Sozialeinrichtungen zu ubiquitären Ressourcen werden ließ. Kritik an der Vergeudung dieser Ressourcen ist vielfach berechtigt. Nichtsdestoweniger zählt ein effizientes öffentliches Schulsystem zu den wichtigsten integrativen Instrumenten einer Gesellschaft.

Die entscheidenden Frage, wie die Effizienz der europäischen Wirtschaft über ihre Metropolen tatsächlich weiter erhalten und verstärkt werden soll, muß Bildungs- und Forschungsaufgaben als zentrales Anliegen auffassen. Die Konsequenzen neuer ökonomischer Konzentrationsprozesse werden unabhängig davon eine neue soziale Frage erzeugen. Sozialer Frieden und soziale Gerechtigkeit waren Eckpfeiler der sozialen Wohlfahrtstradition Europas und haben bisher soziale Desorganisationserscheinungen nicht zum Flächenbrand werden lassen. Es ist zu hoffen, daß die Sorgfalt in der Abwägung und Durchführung von Maßnahmen zum Rückbau des Sozialen Wohlfahrtsstaates den europäischen Metropolen eine Konvergenz zur US-amerikanischen Entwicklung ersparen wird.

Literatur

EIGLER, R. (Hrsg.) 1992: Büroflächenentwicklung in Wien unter Berücksichtigung internationaler Trends. In: Beiträge zur Stadtentwicklung 35

HEGUDÜS, J./K. MARK/R. STRUYK/I. TOSICS 1993: Local Options for Transforming the Public Rental Sector: Empirical Results from Two Cities in Hungary. In: Cities 3, S. 257–271

HOLZGREVE, M. 1993: Der Prager Arbeitsmarkt. (Diplomarbeit Univ. Wien)

KINGSLEY, G. Th./P. TAJCMAN/S. W. WINES 1993: Housing reform in Czechoslovakia: Promise Not Yet Fulfilled. In: Cities 3, S. 224–236

LICHTENBERGER, E. 1990: Die Auswirkungen der Ära Reagan auf Obdachlosigkeit und soziale Probleme in den USA. In: Geographische Rundschau 42, S. 477–481

LICHTENBERGER, E. (Hrsg.) 1991: Die Zukunft von Ostmitteleuropa. Vom Plan zum Markt. Wien (= ISR Forschungsberichte 2, Österr. Akad. d. Wiss.)

LICHTENBERGER, E. 1992: Political Systems and City Development in Western Societies. A Hermeneutic Approach. In: Ehlers, E. (Hrsg.): Modelling the City. Cross-Cultural Perspectives. Bonn (= Colloquium Geographicum 22)

LICHTENBERGER, E. 1993a: Vienna. Bridge Between Cultures. London, New York

LICHTENBERGER, E. 1993b: Wien-Prag. Metropolenforschung. Wien

STANGL, B. 1989: Räumliche und gruppenspezifische Segmentierung des Wiener Arbeitsmarktes. (Diplomarbeit Univ. Wien) Wien

VERZEICHNIS DER AUTOREN

Prof. Dr. Hans-H. Blotevogel
Universität-Gesamthochschule Duisburg,
FB 6, Postfach 101503
47057 Duisburg

Prof. Dr. Ekkehard Buchhofer
FB Geographie d. Univ. Marburg
Deutschhausstr. 10
35032 Marburg

Dr. Hans-Joachim Bürkner
Universität Göttingen, Goldschmidtstr. 5
37077 Göttingen

Dr. Rudolf Burkhalter
Schusshaldenstr. 1
CH-3000 Bern 32

Rainer Danielzyk
Universität Oldenburg, FB 3
Postfach 2503
26015 Oldenburg

Prof. Dr. Jürgen Deiters
Universität Osnabrück
Fachgebiet Geographie
49069 Osnabrück

Prof. Dr. Heiner Dürr
Geographisches Institut
Ruhr-Universität
Universitätsstr. 150
44801 Bochum

Dr. Heinz Fassmann
Institut für Stadt- und Regionalforschung
Österr. Akademie der Wissenschaften
Postgasse 7
A-1010 Wien

Prof. Dr. Horst Förster
Geographisches Institut
Universität Tübingen, Hölderlinstr. 12
72074 Tübingen

Prof. Dr. Jürgen Friedrichs
Universität Köln, Greinstr. 2
50939 Köln

Prof. Dr. Wolf Gaebe
Institut für Geographie
Universität Stuttgart
Azenbergstr. 12
70124 Stuttgart

Prof. Dr. Rainer Graafen
Geographisches Institut
Universität Stuttgart
Azenbergstr. 12
70124 Stuttgart

Prof. Dr. Peter Gräf
Geographisches Institut
RWTH Aachen, Templergraben 55
52056 Aachen

Prof. Dr. Peter Hall
Univ. of California at Berkeley
501 Earth Sciences Building
Berkeley/California 94720

Prof. Dr. Günter Heinritz
Geographisches Institut
TU München, Arcisstr. 21
80290 München

Daniel Höltgen
Dept. of Geography
Univ. of Cambridge, Downing Place
Cambridge CB2 3EN

Dr. Peter Jordan
Geogr. Abt. d. Österr. Ost- u. Südosteuropa-
Instituts, Josefplatz 6
A-1010 Wien

Prof. Dr. Bronislaw Kortus
Universität Krakau, UJ Cracow-ul. Grodzka 64
31-044 Kraków

Prof. Dr. Rainer Krüger
Universität Oldenburg, FB 3, Postfach 2503
26015 Oldenburg

Prof. Dr. Klaus Kunzmann
Universität Dortmund, Postfach 500500
44227 Dortmund

Prof. Dr. Helga Leitner
Univ. of Minnesota, 414 Social Sciences Building, 267 19th Avenue South
Minneapolis, MN 55455

Dipl.-Geogr. Maria Lezzi
Geographisches Institut
Universität Zürich, Winterthurerstr. 190
CH-8057 Zürich

Prof. Dr. Elisabeth Lichtenberger
Institut für Geographie
Universität Wien, Universitätsstr. 7
A-1010 Wien

Prof. Dr. Joachim Masuhr
Süßeroderstr. 13
30559 Hannover

Prof. Dr. Peter Meusburger
Geogr. Inst. d. Univ. Heidelberg
Im Neuenheimer Feld 348
69120 Heidelberg

Prof. Dr. Eric S. Sheppard
Univ. of Minnesota, 414 Social Sciences Building, 267 19th Avenue South
Minneapolis, MN 55455

Dr. Jürgen Siebeck
Komm. d. Europ. Gemeinschaft,
200, Rue de la Loi
B-1049 Brüssel

Prof. Dr. Jörg Stadelbauer
Institut für Kulturgeographie
Universität Freiburg, Werderring 4
79085 Freiburg

Dr. Frank-W. Strathmann
Eschenstr. 39
83607 Holzkirchen

Dr. Jochen Vos
Regierung von Oberfranken
Postfach 110165
95420 Bayreuth

Andreas M. Walker
Jauslin + Stebler Ingenieure AG
Felsplattenstr. 22
CH-4055 Basel

Dr. Benno Werlen
Geographisches Institut
Universität Zürich, Winterthurstr. 190
CH-8057 Zürich

Dr. Gerald Wood
Universität Duisburg, FB 6, Lotharstr. 1
47048 Duisburg